*EM*Lösungen
➤ Haus &
Garten

Möglichkeiten und Grenzen
der Effektiven Mikroorganismen

tosa

Ernst Hammes & Gisela v. d. Höövel

EMLösungen
Haus &
Garten

Möglichkeiten und
Grenzen der Effektiven
Mikroorganismen

Inhalt

▪ **Vorwort zur überarbeiteten Neuauflage 2015**   7

▪ **Vorwort**   9

▪ **1 Einleitung: Mikroben – unsichtbar und doch von unermesslicher Bedeutung für das Leben**   16

▪ **2 Die EM-Technologie – und wie sie die Welt verändert**   24

▪ **3 Über die Herstellung von Effektiven Mikroorganismen**   30

3.1 Herstellung und Wirkung von EM   30
3.2 Herstellung und Nutzen von EMa   32
3.3 Geräte zur Herstellung von EMa (Fermenter)   39
3.4 Die häufigsten Fragen und Antworten zur Herstellung von EMa   40

▪ **4 Lebensmittel und Mikroben**   44

4.1 Über die Funktion von Lebensmitteln für den Körper   44
4.2 Energie in den Lebensmitteln   45
4.3 Elektronen und Strom in Lebensmitteln messen   50
4.4 EM-Lebensmittel gibt es schon zu kaufen   53
4.5 Mikroben machen Lebensmittel   59

▪ **5 EM und EM-Keramik in Küche und Haushalt**   66

5.1 Das Besondere an der EM-Keramik.....................................   66
5.2 EM in der Ernährung und Haut- und Wundpflege   73
5.3 Sauberkeit im Haus..   76
5.4 Weitere Erfahrungen aus dem Haushalt mit EM   79
  5.4.1 EM-Salz   84
5.5 EM-Keramik in Haushalt und Gewerbe   85
5.6 Wasser...   85
5.7 Technik zur Wasseraufbereitung mit Keramik..........................   89
5.8 Kühlen...   90
5.9 Spülmaschine   91
5.10 Wäsche waschen   92
5.11 Frittieren   93
5.12 EM-Keramik als Schmuck und EM-Gebrauchskeramik   94
5.13 Schnitt- und Topfblumenpflege   97

6 Bokashi – allerlei fermentiertes organisches Material   102

6.1 Küchenbokashi für die Blumenkästen und andere Lösungen   106
6.2 Küchenbokashi im Blumenkasten   110
6.3 Knochen und Zitrusfrüchte zu Bokashi verarbeiten   113
6.4 Bokashi aus Getreide oder Altbrot   115

7 Mikroben und Hygiene – ein Exkurs   120

7.1 Die Bedeutung der Verdauung für das Immunsystem   120
   7.1.1 Das Immunsystem – ein komplizierter Sachverhalt, einfach erklärt   123
   7.1.2 Das Verdauungssystem als Nervenzentrum   125
   7.1.3 Mikrobenmilieu und Geburt   128
   7.1.4 Die Bedeutung der Erstbesiedelung von Därmen   130
   7.1.5 Ist die Kolostralmilch noch gut?   134
7.2 EM und Hygiene   137
   7.2.1 Unsere Glaubenssätze zur Hygiene sind durch
       Louis Pasteur und Robert Koch geprägt   138
   7.2.2 Milch erklärt die Zusammenhänge   139
   7.2.3 Die heutige Hygienepraxis ist überdenkenswert   141
   7.2.4 Warum sich Mikroben so schnell anpassen können   144
   7.2.5 Moderne Wissenschaftler stützen die Milieutheorie   145
7.3 EM-Reiniger   146
   7.3.1 EM-Reiniger im Praxiseinsatz   146
   7.3.2 Putzen und Reinigen mit EM und EM-Produkten   148
   7.3.3 EM im Badezimmer   152
   7.3.3.1 EM-Zahncreme   158
   7.3.3.2 EM-Kosmetik   160
   7.3.4 EM in Autowaschanlagen   162
   7.3.5 Fertigprodukt oder eigene Herstellung?   165
7.4 EM – eine Aussicht auf Kostensenkung in der Abwasserproblematik   166
   7.4.1 Was haben häusliche Abwässer und Gülle gemein?   168
   7.4.2 EM und EM-Keramik in kleinen Abwasseranlagen   175

8 EM-Technologie im Garten   182

8.1 Wie sich Pflanzen ernähren   183
8.2 Gießen, Beizen und Düngen   187
   8.2.1 Organisches und mineralisches Düngen   188
   8.2.2 Gießrezepte   189
   8.2.3 EM pur gießen oder mit Wasser verdünnen?   190
8.3 Mit EM Saatgut fördern   191

8.4 Rasen.. 192
    8.4.1 Rasenschnitt wird Mulchmaterial 192
    8.4.2 Rasenbokashi 193
    8.4.3 Rasenschnitt liegen lassen 195
    8.4.4 Rasenschnitt als Mulch, ohne zu bokashieren.................. 196
    8.4.5 Rasen sanieren 196
8.5 Kompost.. 199
    8.5.1 Kompostpflege mit EM-Technologie............................ 199
    8.5.2 Kompost wie Stapelmist führen 200
    8.5.3 Moderner Kompost ist verrostet............................. 202
8.6 Bokashi.. 204
    8.6.1 Bokashi für den Garten...................................... 204
    8.6.2 Küchenbokashi für die Beete 205
    8.6.3 Streufähiges Bokashi 207
    8.6.4 Andere Möglichkeiten, Bokashi herzustellen.................. 209
    8.6.5 Super Bokashi *Terra Preta* – die Schwarze Erde der Indios 210
8.7 Ungeziefer 212
    8.7.1 Schmetterlinge, Raupen und sonstige Schädlinge.............. 212
    8.7.2 Aufgaben des Ungeziefers 213
    8.7.3 EM verringert Schädlingsbefall 215
8.8 Wertvolle Bäume retten... 217
8.9 Biologischer Pflanzenschutz – Rezepte und Anweisungen 220

9   Teiche   224

10 EM-Technologie auf Reisen   228

11 Ausblick   234

12 Anhang   240

12.1 Danksagung 240
12.2 Kundenbrief 241
12.3 Wasser und EM-Keramik 242
12.4 Krankenhaushygiene: Raum für fiese Keime 253
12.5 Literatur 254
12.6 Die Autoren 255

Vorwort zur überarbeiteten Neuauflage 2015

Liebe Leserinnen und Leser,

vor 9 Jahren wurde dieses Buch erstmals angeboten. Viele Dinge haben sich verändert, viele Erfahrungen haben wir gesammelt. Die sind nun wieder auf den neusten Stand gebracht. Ein Dank an alle Leser, und es waren viele, die über ihre Anregungen und Nachfragen uns dazu bewogen haben, neue Gedanken aufzunehmen und einiges einfacher und genauer zu beschreiben.

Die „Effektiven Mikroorganismen" haben sich intensiv über die ganze Welt verbreitet. Als wir 1997 zum ersten Male mit diesen Mikroben konfrontiert wurden, war sofort klar: Da haben wir ein wunderbares Instrument zur Lösung vieler aktueller Probleme. EM kann eines ganz hervorragend: Es schützt vor Fäulnis und unerwünschten Mikroben. Diese hervorragende Eigenschaft trägt dazu bei, dass inzwischen in fast allen Ländern der Erde EM angeboten wird. Unzweifelhaft

ist die Beratungsqualität in den Ländern sehr unterschiedlich. Aber die EM-Verantwortlichen sind weltweit miteinander vernetzt und im Regelfall findet man auf jede Frage eine Antwort. Wir stehen in Kontakt mit EM-Anwendern in Asien, Afrika, ein wenig auch mit EM-lern auf dem amerikanischen Kontinent und natürlich in allen europäischen Ländern. Es ist eine Freude zu erleben, wie überall auf der Welt preiswerte und für die Natur profitable Lösungen heranwachsen.

EM ist eine „Erfahrungswelt", denn wir haben es mit Natur zu tun. Jedes Blatt, jede Blüte, jeder Windstoß und jede Welle ist anders.

Und Natur hat noch einen weiteren Vorteil, denn Natur ist in weitem Rahmen nachsichtig. Müssen wir bei physikalischen oder chemischen Experimenten immer genau die Dosis und die Werte einhalten, hat die Natur im Normalfall Spielraum. So kann man EM oft hoch verdünnt anwenden, obwohl auch hohe Konzentrationen keinen Schaden verursachen würden. Wenn man mit purem EMa das Moos im Rasen verätzt, wächst daraus schon ganz bald bestes Gras. Scheinbar ist oft genau das Gegenteil auch richtig. Deswegen sollte man die Effektiven Mikroorganismen ein wenig verstehen. Dann kann man keine Fehler machen und wenn man Fehler macht, entstehen keine schlimmen Situationen. Und genau deswegen haben wir die Buchreihe „EM Lösungen" geschrieben. Jeder soll es wagen, die einfachen Lösungen mit EM zu nutzen.

Das Allerwichtigste: Mikroben sind im Regelfall unsere Freunde. Ohne Mikroben kein Leben! Mikroben haben ein Eigeninteresse daran, dass höhere Wesen (Menschen, Tiere) diese Welt bevölkern. Denn die höheren Wesen sind gleichzeitig immer neuer Lebensraum für die Mikroben! Und seien Sie sich selbst gegenüber nachsichtig, denn an neue Freunde muss man sich erst gewöhnen. Dazu gehört, dass man sich denen ein wenig widmet. Dabei sollen unsere Bücher helfen.

Bleiben Fragen offen? Suchen Sie Ihren EM-Berater in der Nähe oder über das Internet. Sollten Sie dann noch offene Fragen haben, wenden Sie sich an uns.

Ernst Hammes und
Gisela van den Höövel

Vorwort

Im September 2002 wurde das erste Praxis-Buch über Effektive Mikroorganismen (EM) in Deutschland veröffentlicht. Darin haben Franz-Peter Mau und ich unsere praktischen Erfahrungen niedergelegt und versucht, allen interessierten Menschen den damaligen Wissensstand über EM verfügbar zu machen. Nun sind mehrere Jahre vergangen und das Wissen um die Anwendung von EM hat sich wesentlich erweitert. Wissensquellen hierfür sind die eigenen Erfahrungen und der Austausch mit anderen Anwendern, Forschern und Testern.

Ohne die vielen Anfragen der EM-Anwender jedoch wären viele Fragestellungen nie erfolgt, die im vorliegenden Buch aufgegriffen und beantwortet werden.

EM lebt aus der Praxis. Mit diesem Beitrag möchten meine Frau, Gisela van den Höövel, und ich mit allen an EM interessierten Menschen den aktuellen Erkenntnisstand teilen.

Für das Verständnis von EM-Technologie ist Offenheit im Denken erforderlich. Alte Glaubenssätze müssen auf ihre Logik hin überprüft werden.

Der größte Teil naturwissenschaftlichen Wissens entsteht auf der Grundlage statistischer Berechnungsmethoden. Doch jede Statistik kann nur in dem Sinne aussagekräftig sein, wie die logischen Verbindungen zu Beginn der Fragestellung es zulassen. So kann man – meine erste Statistikvorlesung 1970 begann so – aus der Abnahme der Störche von 1950 bis 1970 den Rückgang der Geburten von Kindern in Deutschland statistisch unzweifelhaft erklären. Betrachtet man die Zahlenreihen,

*Robert Koch
(1843 – 1910)*

Nun neigt man nicht erst seit heute dazu, mit Hilfe von Statistiken Sachverhalte zu erklären. Robert Koch, Entdecker des Tuberkelbazillus und Wegbereiter der modernen Allergieforschung, hat in seinem berühmten Vortrag in der Berliner Charité viele statistische Methoden benutzt: Er verknüpfte das Vorkommen von vielen pathogenen Mikroben mit bestimmten Krankheiten. Die Fachwelt schloss daraus, dass diese Mikroben die Krankheit verursachten. Da wir dies nun seit weit über 100 Jahren glauben, fragen wir nicht mehr, ob die Grundannahme stimmt. Wir haben vergessen, dass Milieutheoretiker um Rudolf Virchow, ebenfalls Professor an der Berliner Charité, zur gleichen Zeit erklärten, dass die Mikrobe nichts, das Milieu aber alles sei.

sieht man auf den ersten Blick, dass es jedes Jahr weniger Störche gab. Betrachtet man die Zahl der Geburten von Kindern, so nimmt auch diese regelmäßig ab. In den statistischen Verfahren wird nun überprüft, wie die eine Zahlenreihe die andere erklärt. Hier wird nicht mehr gefragt, ob die Grundannahme wahr ist, dass beides, Störche und Geburten, zusammenhängt. Wir wissen aber aus unserer Lebenserfahrung, dass die Störche nichts mit den Geburten von Kindern zu tun haben, und können über eine solche gedankliche Verbindung kräftig lachen.

Schauen wir in das praktische Leben, so erkennen wir schnell, dass die Milieutheorie ihre Berechtigung hat: Lassen wir eine frisch gemolkene Milch im Sommer in der Wärme auf dem Küchentisch stehen, ist diese nach einigen Stunden milchsauer dick geworden. Über viele Generationen war das die Art, wie man Milch in ländlichen Haushalten genoss. Wir haben dann eine wunderbar gesunde Mahlzeit.

Lassen wir aber eine pasteurisierte oder ultrahoch erhitzte Milch offen in der Wärme stehen, dauert es relativ lange, bis sie sich verändert. Sie wird faul. Sie zieht Fäden und schmeckt bitter.

Die frisch gemolkene und die pasteurisierte Milch werden dem gleichen mikrobiellen Umfeld der Küche und der Wärme ausgesetzt. In der frischen Milch setzen sich die Milchsäurebakterien durch, in der pasteurisierten Milch aber die Kolibakterien. Möglicherweise wurde das Milieu der Milch durch das Pasteurisieren so verändert, dass sie mikrobiell völlig anders reagiert. Grund genug, sich die Milieutheorie genauer anzuschauen und einen Schritt weiter zu gehen.

Das Erfolgsrezept der EM-Technologie basiert auf der Annahme und mittlerweile auch auf der Erfahrung, dass man mit einem milchsauren Milieu ein Umfeld schaffen kann, das krankmachende Mikroben im Zaum hält. In diesem Umfeld können die krankmachenden Mikroben nicht die Dominanz übernehmen.

Nun leben wir aber auch in einer Konsumgesellschaft und haben oft gar nicht die Zeit zur Reflexion. Deshalb ist bei vielen von uns der Eindruck entstanden, Mikroben, Bakterien und Pilzkulturen seien etwas durchweg Schlechtes und Bekämpfenswertes. Insbesondere die Werbung für Reinigungs- und Hygieneprodukte vermittelt den Eindruck, es sei unerlässlich, ein möglichst steriles, antibakterielles häusliches Umfeld zu schaffen, um gesund zu bleiben. Dass dies jedoch weder gesundheitsfördernd noch wünschenswert, geschweige denn möglich ist, werden wir im Folgenden erläutern. Wir Menschen wären nicht stark, widerstands- und anpassungsfähig, wenn unsere Spezies in einem „antibakteriellen" Umfeld groß geworden wäre.

Multimikrobenpräparate sind solche Produkte, die viele unterschiedlich wirksame Mikroben beinhalten. Das bekannteste in Deutschland ist der Kanne-Brottrunk. Der Bäckermeister Kanne hatte als Soldat in Russland beobachtet, dass die arme Bevölkerung dort viel Kwass trank. Diese Menschen waren trotz ihrer ansonsten kargen Ernährung sehr gesund.

Kwass entsteht durch das Einweichen von trocken gewordenem Sauerteigbrot in Wasser. Diese Mischung beginnt nach kurzer Zeit zu gären

und dabei entsteht ein erfrischendes, leicht alkoholisches Getränk.

Grundlage für die Mikrobenkultur sind die Mikroben aus dem Sauerteig, deren Zusammensetzung bis heute noch nicht endgültig wissenschaftlich beschrieben ist.

Meine Liebe zu EM entstand 1998, als ich versuchte, faulenden Rasenschnitt mit einigen Multimikrobenpräparaten in einen gut riechenden Kompost zu verwandeln. Alle Hersteller solcher Präparate behaupteten, dass sie Fäulnis bearbeiten könnten. Das gelang auch mit allen Präparaten, die auf der Basis von Milchsäure zusammengestellt worden waren. Mit EM brauchte ich nur eine Anwendung. Die anderen Präparate musste ich mehrmals anwenden, um den gleichen Effekt zu erzielen.

Als ökonomisch denkender und handelnder Mensch habe ich nach diesem Aha-Erlebnis dann EM und die damit verbundene und abgeleitete Technologie nach und nach zu meinem Lebensinhalt gemacht – zuerst als Steckenpferd während meiner Zeit als Landwirtschaftsdirektor, seit Mitte 2004, nach meiner Pensionierung, nun auch ganztags. Meine Frau und ich arbeiten zu Hause, im Garten und in der Beratung immer dann mit EM, wenn EM einen Erfolg verspricht.

Wir selber sind immer wieder fasziniert, wie oft die Effektiven Mikroorganismen Probleme verändern, lösen und uns inspirieren, neue Fragestellungen aufzuwerfen, zu überdenken und Lösungen mit EM zu erarbeiten.

Öffnen Sie sich dem Gedanken, liebe Leserinnen und Leser, dass man mit ungewöhnlichen Denk- und Handlungsweisen Ungewöhnliches erreichen kann. Anwenden von EM heißt immer, dass man beobachten soll. Sie werden feststellen, wie groß die Freude an der Entdeckung von Naturgesetzen sein kann.

Diese Freude beim Umgang mit den Effektiven Mikroorganismen wünschen Ihnen

Ernst Hammes
Gisela van den Höövel

1

EINLEITUNG

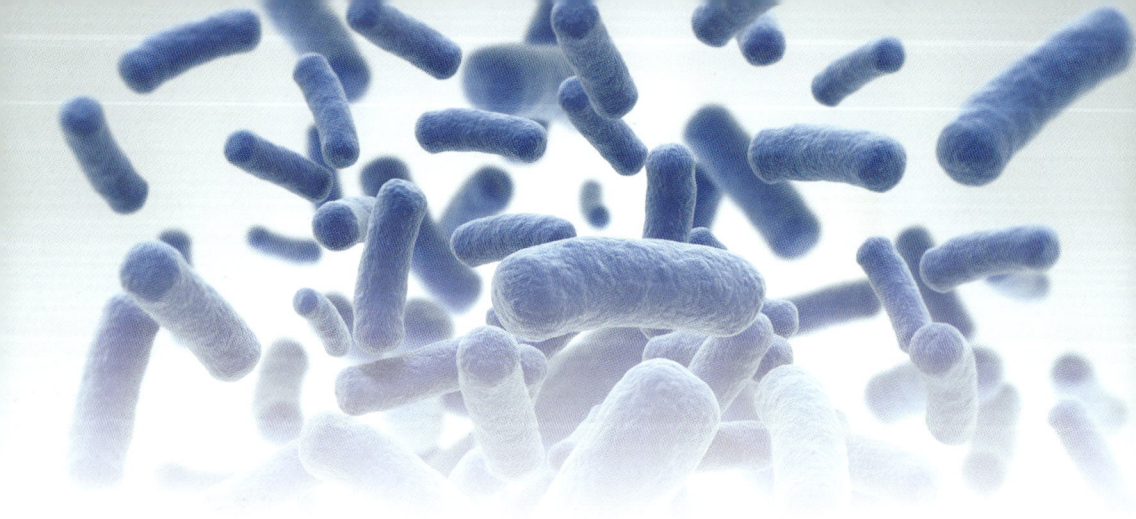

➤ 1 **Einleitung**: Mikroben – unsichtbar und doch von unermesslicher Bedeutung für das Leben

Mikroben sind für das bloße Auge nicht sichtbar. Sie sind ein tausendstel Millimeter große Grundformen des Lebens und können nur unter dem Mikroskop beobachtet werden. Sie bilden von daher eine Welt des Geheimnisvollen. Als Einzeller sind sie komplett lebensfähige Wesen. Auch wenn wir Mikroben nicht wahrnehmen, leben wir tagtäglich mit ihnen und von ihnen.

Die medizinische Wissenschaft erklärt uns, dass in unserem Verdauungstrakt zehnmal mehr Mikroben leben als wir Körperzellen haben.

Unsere Haut und alle Oberflächen dieser Welt sind mit Mikroben besiedelt. Mikroben waren die ersten Lebewesen auf der Erde, als diese vor fünf Milliarden Jahren entstand und wüst und leer war. Mikroben haben einen ungastlichen Planeten in diesen wunderschönen Blauen Planeten verwandelt.

Die ersten Mikroben tragen den Namen Ur-Prokaryota. Sie haben damit begonnen, den Planeten so umzugestalten, dass höheres Leben entstehen konnte. Trugen diese Mikroben schon den gesamten Bauplan der höheren Wesen auf der Erde in sich? Es ist wahrscheinlich, da sie die Urväter allen Lebens, der Pflanzen, Tiere und Menschen, sind. Der Planet Erde besteht seit ungefähr fünf Milliarden

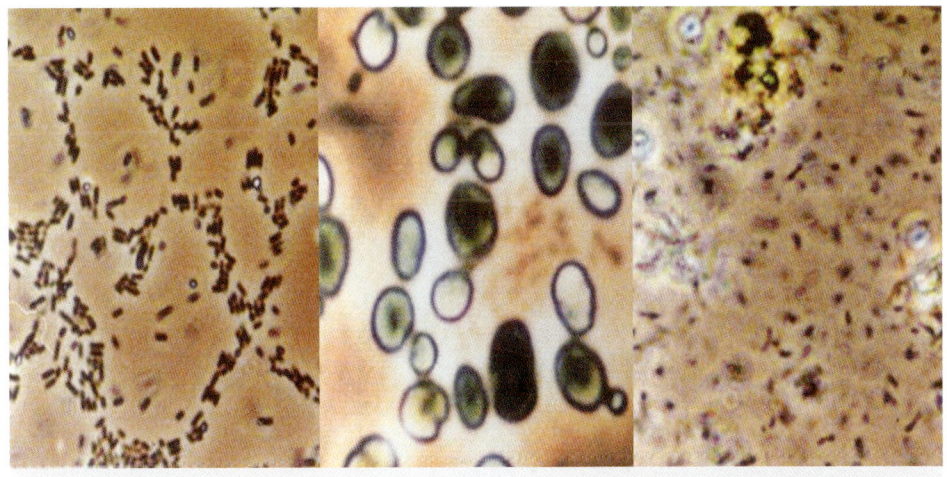

Milchsäurebakterien   Hefen   Photosynthesebakterien

Jahren. Ungefähr eine Milliarde Jahre nach der Entstehung der Erde begannen die ersten Mikroben sich zu entwickeln und zu arbeiten. In den letzten 0,1 % dieser Zeit, vor fünf Millionen Jahren, entstanden Lebensformen, die als Vorläufer des Homo sapiens, des heutigen Menschen, gelten.

Mikroben leben in den tiefsten Tiefen der Erde [1] und auch im Weltall. Sie sind sehr anpassungsfähig und halten Hitze, Kälte, Strahlung, Druck und Dunkelheit auch in extremer Form aus. Sie vermehren sich unter optimalen Bedingungen alle zwanzig Minuten. Bei jedem Vermehrungsschritt können sie sich durch Veränderungen des Erbgutes an veränderte Umweltbedingungen anpassen. Wegen der extrem schnellen Anpassungsmöglichkeiten konnten sie die Veränderungen auf der Erde überleben. Für 200 000 Generationen und Anpassungsschritte brauchen die Mikroben bei optimalen Lebensbedingungen für ihre jeweilige Art gerade mal siebeneinhalb Jahre. Die Menschheit würde für 200 000 Anpassungsschritte in der genetischen Entwicklung fünf Millionen Jahre brauchen. Mikroben sind einfach schneller in der Anpassung an sich ändernde Lebensbedingungen auf der Erde als Menschen.

[1] Literatur: *Deep Subsurface Microbiology*, Bulletin der ETH Zürich, Nr. 294, August 2004

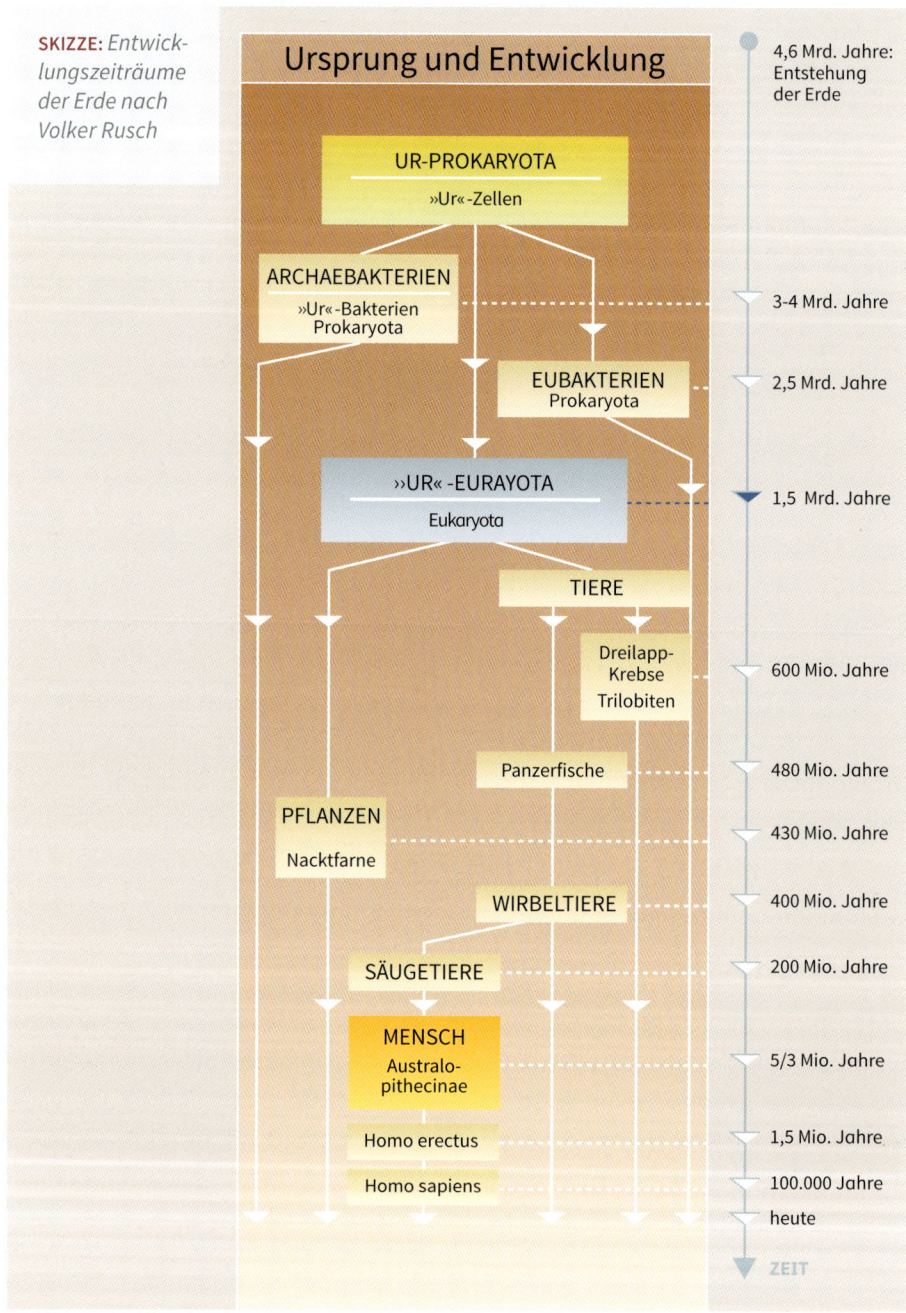

SKIZZE: *Entwicklungszeiträume der Erde nach Volker Rusch*

Ursprung und Entwicklung

4,6 Mrd. Jahre: Entstehung der Erde

UR-PROKARYOTA
»Ur«-Zellen

ARCHAEBAKTERIEN
»Ur«-Bakterien
Prokaryota

3-4 Mrd. Jahre

EUBAKTERIEN
Prokaryota

2,5 Mrd. Jahre

»UR«-EURAYOTA
Eukaryota

1,5 Mrd. Jahre

TIERE

Dreilapp-Krebse
Trilobiten

600 Mio. Jahre

Panzerfische

480 Mio. Jahre

PFLANZEN
Nacktfarne

430 Mio. Jahre

WIRBELTIERE

400 Mio. Jahre

200 Mio. Jahre

SÄUGETIERE

MENSCH
Australo-pithecinae

5/3 Mio. Jahre

Homo erectus

1,5 Mio. Jahre

Homo sapiens

100.000 Jahre

heute

ZEIT

Über Mikroben, Bakterien, Hefen, Pilze und auch noch viele andere Einzeller sprechen wir im täglichen Leben meistens nur, wenn wir sie als Krankheitsverursacher zu erkennen glauben. Dann möchten wir sie natürlich bekämpfen. Dass die meisten Mikroben uns Menschen, Tieren und Pflanzen jedoch helfen zu leben und unser Leben angenehm zu machen, ist uns nicht so sehr bewusst. Die Hefen helfen uns, Hefebrot, Wein oder Bier herzustellen. Sauerteigbrot ist das Ergebnis eines mikrobiellen Umsetzungsprozesses vieler verschiedener Bakterien, Hefen, Pilze usw.

Im Mund finden die Wissenschaftler in der Speichelflüssigkeit $10\,000\,000\,000$ (10^{10}) Mikroben je ml. Im Magen sind es nur noch 100 (10^{2}) Mikroben je ml Mageninhalt. Diese Zahl steigt dann im Dünndarm wieder auf 10^7 an. Betrachten wir den Dickdarminhalt mit 10^{11} Mikroben je ml Inhalt, so erkennen wir, dass wir ohne Mikroben nicht leben können.

In einer bunten Vielfalt leben dort Milchsäurebakterien, Hefen, Pilze, Kolibakterien, Clostridien, Aktinomyzeten und viele Arten mehr. Je nach wissenschaftlichem Standpunkt bewerten die Wissenschaftler dieses Zusammenleben als kooperativ oder als kämpferisch. Wäre Kampf das Grundmuster, gäbe es dort überwiegend Leichen und die stärkste Art würde dominieren. Doch im Dickdarm finden die Wissenschaftler viele Vitamine und Enzyme, die für Mensch und Tier lebenswichtig sind.

Mikroben machen unsere Lebensmittel schmackhaft und haltbar. Käse, Sauerkraut und Dauerwurst gäbe es ohne die kleinen Helfer nicht.

Die Vitamine und auch andere gesundheitsfördernde Substanzen sind Stoffwechselprodukte der Mikroben, die im Darm ihren Lebensraum haben. Könnte es sein, dass die Mikroben so zusammenarbeiten, dass das Beste für Menschen und Tiere entsteht?

Meistens geht es den Mikroben gut. Dann fühlen wir uns gesund und leistungsfähig. Manchmal haben die Mikroben im Darm jedoch ein Problem. Dann haben wir Durchfall oder sind anderswo krank. Der Volksmund sagt auch: Der Tod liegt im Darm. Wir formulieren lieber um und sagen: Das Leben liegt im Darm. Geht es den Mikroben in uns gut, geht es auch uns gut. Sie sind der wesentliche Faktor eines Systems, das wir Immunsystem nennen. Darüber später mehr.

In einer Handvoll Erde leben mehr Mikroben als Menschen auf der Welt. Dort bilden die Mikroben das Immunsystem der Pflanzen. Auch hierüber später mehr.

Denken Sie also immer daran, dass ohne Mikroben kein Leben möglich ist. Sie sind aus naturwissenschaftlicher

In einer Handvoll Erde leben mehr Mikroben als Menschen auf der Erde.

Manchmal leben wir so, dass die Mikroben in uns kein einfaches Leben haben. Wir fühlen uns krank und wissen dann, dass wir etwas anders machen sollten.

Sicht die Träger allen Lebens. Leben ist nach einfachen Prinzipien aufgebaut. Die Aufgabe der Naturwissenschaftler besteht darin, die Grundprinzipien des Lebens zu erkennen und uns zu helfen, unser Leben einfacher zu organisieren.

Es gibt nur eine Natur, aber über achtzig verschiedene naturwissenschaftliche Disziplinen, die getrennt arbeiten. EM-Technologie erfordert eine Zusammenarbeit über diese Grenzen hinweg. Fangen wir also an, die

Wissensgebiete noch intensiver miteinander zu verbinden, als es bisher schon geschieht, dann werden die EM-Technologie und die daraus abgeleiteten Denkmodelle die Grundlage für viele segensreiche Weiterentwicklungen auf der Erde werden, da sie mit den Mikroben arbeitet und nicht gegen sie.

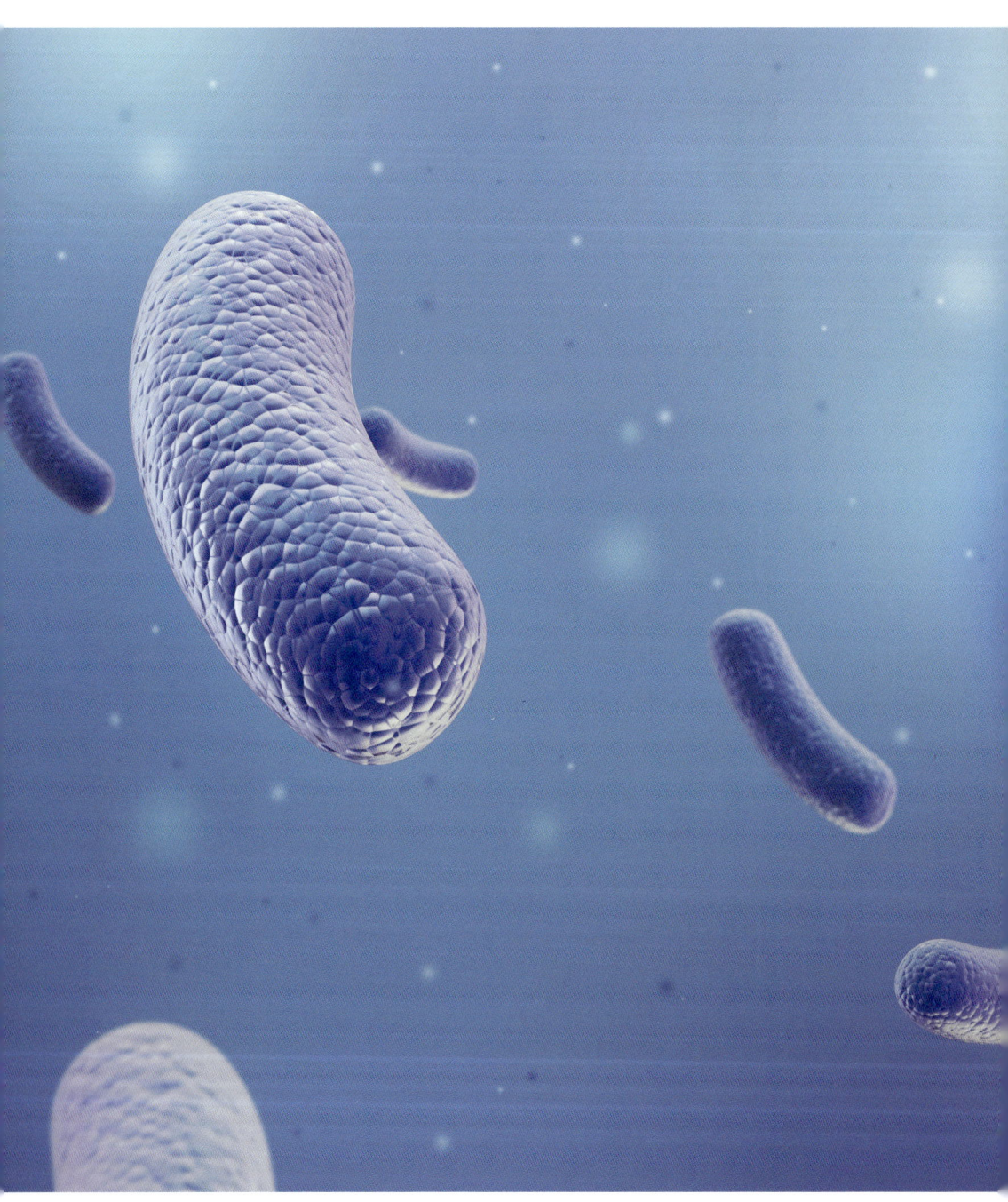

EMLösungen

2

EM-TECHNOLOGIE

2 Die EM-Technologie – und wie sie die Welt verändert

EM wirkt auf allen Gebieten des Lebens, in lebendigen und technischen Bereichen. Der Grund für die universelle Anwendungsbreite scheint darin zu liegen, dass die Mikroben in EM einen Energieüberschuss herstellen. Um EM zu verstehen, muss man physikalische und biochemische Erfahrungen aus dem täglichen Leben zusammenbringen.

EM ist eine fast universell einsetzbare braune Flüssigkeit, die leicht säuerlich riecht. Die Hauptfähigkeit von EM besteht darin, Fäulnis zu bearbeiten und Zerfall umzukehren oder zu stoppen. Da dies sowohl in lebendigen als auch in technischen Bereichen möglich ist, stoßen EM und die daraus entwickelte EM-Technologie häufig bei der ersten Begegnung auf großes Unverständnis.

Ein Kollege, promovierter Diplomagraringenieur, meinte vor Jahren, dass ihm EM einleuchte. Aber dass man mit EM auch Schrauben entrosten könne, überschreite seine wissenschaftliche Toleranz. Wir kennen diese Reaktion von uns selbst. Erst nachdem wir selbst EM angewendet hatten und die versprochenen Ergebnisse eintraten, öffneten wir uns dem Gedanken, dass EM-Technologie tatsächlich eine universell einsetzbare Technologie ist.

Um diese Universalität zu verstehen, muss man biochemische und biophysikalische Wissenselemente und Erfahrungen miteinander verbinden. Das sind wir in der heutigen Zeit nicht gewöhnt. Die einzelnen Wissenschaftsbereiche arbeiten und denken getrennt.

Wunder dürfen Sie nicht erwarten. Doch wenn Sie Ihre bisherigen Ansichten zu Fragen im täglichen und beruflichen Leben um die Dimension der Welt der Mikroben erweitern, eröffnen sich neue Wege zu bisher nicht erwarteten Problemlösungen.

Aus der Praxis der EM-Anwendung wissen wir, dass EM Fäulnis effektiv bearbeitet und milchsaure Prozesse effektiv lenkt. Nachdem aufgefallen war, dass die Maschinen der Landwirte, mit denen sie EM und das daraus vermehrte EMa einsetzen, kaum noch rosten, wurden die technischen

Effekte sichtbar, die mit EM erreichbar sind.

Jeder kann das in einem kleinen Experiment nachvollziehen: Man lege eine Schraube mit fest angerosteter Mutter in EM oder EMa und nach zwei bis vier Wochen kann man die Mutter von einem fast tadellosen Gewinde herunterdrehen.

Bei unseren Vorträgen und Diskussionen mit Landwirten hören wir immer wieder, dass ein solcher Effekt auch mit Cola erreichbar ist. Nur gibt es dabei einen wesentlichen Unterschied. Die Schraube mit Mutter, die man aus der Cola herausholt, hat eine Oberfläche mit Kratern. Man kann erkennen, dass die Säure des Getränks den Rost abgelöst hat. Nimmt man die verrostete Schraube aus EM oder EMa heraus, so ist

die Oberfläche wieder glatt und nahezu unzerstört. Es sieht so aus, als ob irgendetwas in EM die metallene Oberfläche wieder in ihren Originalzustand bringt. In der chemischen Analyse zeigt sich, dass sich Hammerschlag gebildet hat.

Die Erklärung dieses Phänomens ist nur möglich, wenn wir uns vergegenwärtigen, was Milchsäurebakterien und ihre Begleiter in EM tun. Sie produzieren Vitamine. Ein Vitamin entfaltet seine hauptsächliche Wirkung nicht durch die Zusammensetzung der verschiedenen Elemente, sondern durch ein Elektron, das nicht unbedingt für die Aufrechterhaltung der eigenen Struktur nötig ist. Vitamine können dieses „überzählige" Elektron abgeben, ohne selbst zu verfallen und ein freies Radikal zu werden. Wie Vitamine diese Energie abgeben können, erfahren Sie im Anhang. Sie spenden das Elektron an die sogenannten freien Radikale, die dadurch ihre Aggressivität verlieren.

Nun sehen wir in der Praxis, dass diese Elektronenspende nicht nur physiologisch wirksam ist. Dieses freie Elektron kann offensichtlich auch auf tote Stoffe (anorganisch chemisch) einwirken. Es verwandelt den Rost zurück in Eisen (Hammerschlag). Man kann in der Praxis des Lebens erkennen, dass anorganische Chemie und organische Chemie, also Technik, Physik und die Physiologie des Lebens eng zusammenhängen. Dieses Phänomen fassen wir im Begriff der EM-Technologie zusammen.

3

HERSTELLUNG

3 Über die Herstellung von Effektiven Mikroorganismen

3.1 Herstellung und Wirkung von EM

EM ist eine braune Flüssigkeit, deren Geruch ein wenig an den Saft von milchsauer eingelegtem Gemüse erinnert. Bei der Herstellung von EM werden genau definierte Mikrobenstämme, Milchsäuremikroben, Hefen und Photosynthesebakterien[2] in einer Lösung mit Zuckerrohrmelasse vermehrt. Da dies nicht in absoluter Sterilität möglich ist, kommt

Als EM bezeichnen wir hier die Ursubstanz, die Sie bei Ihrem Händler kaufen können. Mit Zuckerrohrmelasse und Wasser können Sie diese Ursubstanz vermehren. Diese vermehrten EM bezeichnen wir als EM-aktiviert, kurz EMa.

es zur natürlichen Kontamination mit den jeweils in der Herstellungsregion vorhandenen Mikroben, die sich gerne im milchsauren Milieu

---

[2] Mit „Photosynthesebakterien" sind hier solche Mikroben gemeint, die sich seit Anbeginn der Welt nicht verändert haben und ihre Energie aus chemischen Verbindungen gewinnen, die für Menschen und Tiere schädlich sind. Durch diese Mikroben werden die chemischen Verbindungen unschädlich und können von anderen Mikroben weiter verarbeitet werden.

aufhalten. Deswegen sind alle Chargen unterschiedlich. Geschmack und Geruch differieren leicht, doch die Leitmikroben behalten nach sorgfältiger Analyse in unabhängigen Laboren immer die Oberhand und bestimmen das gesamte Verhalten der Lösung. Das Geheimnis, weshalb diese Lösung so stabil und so lange haltbar ist, liegt offensichtlich nicht im Vorhandensein bestimmter Mikroben, sondern darin, wie man den Prozess der Vermehrung steuert.

EM ist überall auf der Welt im verschlossenen Originalgebinde ein Jahr haltbar geschrieben. In einem privaten Versuch haben wir eine Flasche EM über vier Jahre lang alle paar Wochen geöffnet, daran gerochen, etwas geschmeckt und den pH-Wert gemessen. Die Flasche stand in unserem Keller, also bei recht konstant niedriger Temperatur und Dunkelheit. Bis zum Schluss war das EM in Ordnung. Vom letzten Rest haben wir noch EMa bereitet, das wir im folgenden Kapitel vorstellen werden. Das Ergebnis war hervorragend. Diese privaten Versuche haben natürlich nicht den Wert einer repräsentativen empirischen Studie, aber sie erweitern unseren Erfahrungsschatz.

EM ist sehr lange haltbar, wenn es kühl und dunkel gelagert wird. Überall auf der Welt gilt eine Mindesthaltbarkeit von einem Jahr in verschlossenen Gebinden.

Wir erklären uns die gute Haltbarkeit durch die Vorstellung, dass die Mikroben im EM „schlafen". In diesem Zustand sind sie kaum zu erschüttern. EMa, das *aktivierte* EM, soll aber innerhalb von zwei Wochen verbraucht werden. Wenn EM oder das daraus vermehrte EMa verdirbt, riecht es sehr eindringlich nach Schwefelwasserstoff, nach faulen Eiern.

Unter ungünstigen Bedingungen verdirbt EM natürlich auch schneller als angegeben. Man soll es kühl und dunkel aufbewahren. Im heißen Sommer 2003 hatten wir ab Mai eine angebrochene Flasche EM im Auto liegen. Sie war unter einen Sitz gerutscht. Wir fanden sie im September wieder. In der Zwischenzeit war es sehr heiß im Auto und manchmal auch recht kühl. Diese Flasche begleitete uns bis Mitte Dezember zu unseren Vorträgen und wurde von uns als Extrembeispiel für die Haltbarkeit von EM benutzt. Mitte Dezember dann öffneten wir die Flasche wieder einmal, um die sehr gute Haltbarkeit von EM zu demonstrieren: Es stank fürchterlich nach faulen Eiern! Der Gestank war eindeutig. Die Haltbarkeitsgrenze war erreicht. Die Erkenntnis jedoch blieb: Hält

EMa kostet weniger als einen Euro pro Liter und reicht aus, zwei Wochen lang den Haushalt mit EM-Technologie zu führen. EMa ist keine Verdünnung von EM, sondern eine Vermehrung. Diese ist nicht sehr lange haltbar.

Man soll EMa in vierzehn Tagen verbrauchen. Zuerst ist es sinnvoll, EMa nach den Originalrezepten herzustellen. Danach sind der Erfinderfreude keine Grenzen gesetzt.

man sich an das, was auf der Flasche steht, hat man schon einen sehr großen Spielraum in der Haltbarkeit.

3.2 Herstellung und Nutzen von EMa

EMa ist die Vermehrung von EM. Viele neue EM-Anwender meinen im ersten Moment, es ginge darum, EM zu verdünnen. Das trifft an dieser Stelle des Umgangs mit EM noch nicht zu. Hier werden die Mikroben aus EM zuerst einmal vermehrt.

Zur Vermehrung brauchen die Mikroben Futter. Dieses Futter ist Zuckerrohrmelasse. Auch die muss von guter Qualität sein. Die im EM-Fachhandel vertriebene Zuckerrohrmelasse wird laufend auf bestimmte Qualitätskriterien kontrolliert. Schlechtes Mikrobenfutter kann nie zu einer optimalen Mikrobenvermehrung führen.

EM zur Anwendung zu vermehren ist ratsam, wenn man viel braucht, weil EM-Technologie damit sehr preiswert wird. In der Standardrezeptur kann man aus einem Liter EM 33 Liter EMa bereiten. Die Vermehrung erfolgt nach folgendem Grundrezept: 94 % Wasser mit 3 % Zuckerrohrmelasse

Mehl und sechs bis sieben Teelöffel Zucker in kaltem Wasser auf, als ob man eine Soße mit Mehl andicken wollte, füllt den Rest mit heißem Wasser aus der Warmwasserleitung auf und gibt 45 ml EM (⅓ Kaffeetasse oder zwei gut gefüllte Schnapsgläser) hinzu. Nun stellt man die Flasche sieben Tage lang warm.

Es braucht die Vielfalt, damit das Werk gelingt. Natur ist immer vielfältig. Einzelne Mikrobenstämme sind eine unnatürliche Erscheinung. In einer reinen Zuckerlösung haben die Effektiven Mikroorganismen keinen „Versammlungsplatz" und sie können nicht optimal zusammenarbeiten.

Bemerkenswert ist der völlig andere Geschmack des EMa mit Stärke und Zucker. Es schmeckt sehr angenehm und ist bedeutend heller in der Farbe. Wegen dieser Unterschiede sollte man solche Experimente erst machen, wenn man umfangreiche Erfahrungen hat.

Interessant zur Qualität von EMa und EM sind die Arbeiten am *Institut für Mikrobiologie und Bakteriologie* der veterinärmedizinischen Fakultät in Leipzig. Dort wurde festgestellt, dass die Mikroben in EMa, das mit Zuckerrohrmelasse hergestellt wurde, die größte

Auch das Kochwasser von stärkehaltigen Lebensmitteln wie Nudeln kann zum Ansetzen für EMa verwendet werden.

Aktivität entwickeln. Alle Vermehrungen mit anderem Mikrobenfutter und EM waren weniger aktiv und damit auch weniger wirksam. Gerade Anfängern empfehlen wir deswegen, sich an die Originalrezepturen zu halten. Dann geht am wenigsten schief und der Erfolg stellt sich ein.

In der Beratung von Landwirten haben wir immer wieder das Problem, dass sie andere „Futter" für die Mikroben einsetzen wollen, weil diese oft billiger als sehr gute Zuckerrohrmelasse sind. So ist Zuckerrübenmelasse ein sehr gängiges Futtermittel und zudem recht preiswert.

Hauptproblem bei Zuckerrübenmelasse aus dem Handel ist, dass nur

Im Profifermenter (3) gelingt EMa regelmäßig. Ein elektrischer Einkochapparat (2) kann als Wärmekammer verwendet werden. Notfalls geht es auch auf der Heizung (1), wenn diese im Winter permanent läuft. Der Fermenter für Landwirte und Gärtner produziert ca. 100 Liter pro Woche (4).

eine recht geringe Zuckerkonzentration nach den rechtlichen Bestimmungen möglich ist. Dann haben die Mikroben zu wenig Futter und der Erfolg kann sich nicht einstellen. Außerdem, so das Institut und unsere langjährige Erfahrung, ist EMa aus Zuckerrübenmelasse weniger leistungsfähig.

Es gibt also nur sehr wenige Gründe, von den hier vorgestellten Grundrezepturen abzuweichen, weil das Ergebnis nicht optimal ist. Arbeit, Zeit und Geld werden vergeudet. Näheres zu diesen Fragestellungen werden Sie in den EM-Büchern für die Landwirtschaft finden, die in Vorbereitung sind.

4-mal 1000 Liter EMa können in dieser Anlage eines Landwirtes pro Woche produziert werden. Die notwendige Temperaturführung wird durch einen Anschluss an die Hausheizung über Thermostate gesichert.

EMa-Herstellung braucht sieben Tage bei 35 bis 40 Grad Celsius. Geräte, die diese Temperatur halten können, werden im EM-Fachhandel angeboten.
Erfindertypen und Praktiker bauen sich diese Geräte mit großem Erfolg selbst.

3.3 Geräte zur Herstellung von EMa (Fermenter)

Im EM-Fachhandel werden verschiedene Fermenter angeboten. Sie sind so aufgebaut, dass sie bei ordnungsgemäßer Anwendung beste Temperaturen für die Mikrobenvermehrung erzeugen. Wer es also einfach haben will, der findet dort die Technik, mit der er ein gutes EMa herstellen kann.

In der Praxis gibt es aber auch viele intelligente Lösungen im Eigenbau. Wir selbst hatten uns anfangs aus sechs Isolierschaumplatten eine Wärmekammer in unserem Keller aufgebaut, in die bis zu sechs Kanister von je zehn Litern passten. Die improvisierte Wärmekammer wurde mit den frischen und warmen EMa-Ansätzen in den Kanistern befüllt. Die Wärmekammer hielt die Temperatur von 36 °C. Dies kontrollierten wir über einen Temperaturfühler. Sank die Temperatur unter 35 °C, so schaltete sich eine 60-Watt-Glühbirne ein, die genügend Wärme bis 37 °C lieferte und sich dann wieder ausschaltete.

Andere Anwender haben sich alte Kühlschränke oder alte Kühltruhen entsprechend ausgestattet. Eine Landfrau stellt ihren elektrischen Einkochapparat auf 35 °C und erreicht mit dieser Technik ein hervorragendes EMa. Für Bastler und Tüftler ist hier ein wunderbares Betätigungsfeld.

Beispiele von Tüftlern finden Sie auch auf den Webseiten des EM e. V. und in den EM-Journalen.

3.4 Die häufigsten Fragen und Antworten zur Herstellung von EMa

➤ **Frage:** Mein EMa riecht nicht gut. Was bedeutet das?

Antwort: Der Geruch von EM und EMa ist für die meisten Menschen gewöhnungsbedürftig. Am besten gewöhnt man seine Nase an den Geruch, indem man an frischem Sauerkraut und anderen milchsauren Lebensmitteln, auch Dauerwurst, riecht. Abweichend davon hat EM oder EMa das Süß-Würzige von Zuckerrohrmelasse.

Riecht das EM nach dem sauren Aufstoßen eines Babys, kommt der Geruch einiger Mikroben in den Vordergrund, deren Ausscheidungsprodukte so riechen. Das ist sachlich nicht schlecht, aber belästigend. Macht man von solchem EM jedoch EMa, tritt der Geruch in den Hintergrund.

Wenn jemand den Geruch grundsätzlich nicht leiden mag, empfehlen wir bei der Anwendung als Reinigungsmittel oder beim Sprühen ein bis zwei Tropfen natürlicher Essenzen zuzugeben. Lavendel oder Zitrone überlagern den EM-Geruch am besten. Wenn jemand EM trinken will und den Geruch nicht mag, kann er ein paar Tropfen davon in Obstsaft geben.

➤ **Frage:** Mein EMa hat immer einen zu hohen pH-Wert. Was kann ich dagegen tun?

Antwort: EMa wird bei der Vermehrung durch sehr viele Faktoren beeinflusst. Deswegen ist es wichtig, zuerst das Wasser zu prüfen. Hat man schlechtes Leitungswasser, kann das schon durch Zugabe einiger Pipes (siehe Kasten S. 41) in das Gärgefäß so weit verbessert werden, dass das EMa gelingt. Hat man Wasser mit Chlorgeruch, sollte man das Wasser

ein bis zwei Tage in einem offenen Gefäß (Krug) stehen lassen oder abkochen. Das Chlor verfliegt und man kann gutes EMa herstellen. Reicht das nicht, könnte man etwas guten Obstessig mit in den Ansatz geben. Ein bis zwei Esslöffel pro Liter reichen meistens. Wir empfehlen dafür nicht pasteurisierte Obstessige aus ökologischer Produktion.

Eine weitere Zugabe von sehr gutem Kristall- oder Steinsalz stützt ebenfalls die Fermentation. Die Mineralienvielfalt des nicht raffinierten Salzes fördert die Mikroben. Ein, maximal zwei gehäufte Teelöffel pro Liter Ansatz haben sich bewährt.

Elektrosmog beeinflusst ebenfalls die Entwicklung der Mikroben. Legen Sie ein eingeschaltetes Handy neben den Fermentationsbehälter und Sie werden Ihren EMa-Ansatz verderben. Überprüfen Sie, ob Ihre Wärmequelle strahlungsarm ist. Es hat auch schon oft geholfen, den

Sie können es selbst ausprobieren: Legen Sie Ihr eingeschaltetes Mobiltelefon so oft wie möglich, zum Beispiel über Nacht, an die Stelle, an der Sie EMa machen. Der pH-Wert wird um mindestens 0,2 höher und damit schlechter.

Fermentationsbehälter an einen anderen Ort zu stellen, wenn der Elektrosmog aus anderen Quellen stammt.

Seien Sie nicht ängstlich. Machen Sie viel EMa. Es macht Spaß, zu sehen, wie das Leben funktioniert. Jedes gelungene EMa macht Freude und jede Anwendung ist ein Erfolg.

➤ **Frage:** Muss der Behälter für den EMa-Ansatz voll sein?

Antwort: Grundsätzlich raten wir, den Behälter fast bis zum Rand zu füllen. Für einen Ansatz von 1 Liter nimmt man eine 1-l-Flasche, für 5 Liter einen 5-l-Kanister. Ist das Gefäß zu voll, kann es überschäumen. Ist zu viel Luft darin, kann der Sauerstoff Probleme bei der Fermentation bereiten.

*EM*Lösungen

4

LEBENSMITTEL

4 Lebensmittel und Mikroben

4.1 Über die Funktion von Lebensmitteln für den Körper

Lebensmittel sollen Stoffe und Energie in Form von gespeichertem Strom oder Elektronen liefern. Wir brauchen fließende Energie für die Funktionen des Lebens.

Wir sprechen hier bewusst von Lebensmitteln, nicht von Nahrungsmitteln. Dieser Unterschied erklärt sich sehr leicht aus der medizinischen Praxis und aus der Ernährungslehre. Die Mediziner messen in unseren Körpern den Stromfluss. Wenn kein Strom mehr fließt, heißt es, der Mensch oder das Tier lebe nicht mehr. Fließt kein Strom mehr im Gehirn (EEG), sprechen sie von Hirntod. Wenn Ärzte keinen Stromfluss am Herzen (EKG) mehr messen können, bedeutet das den Herztod.

Also scheint der Fluss von Elektronen sehr entscheidend dafür zu sein, ob wir leben oder nicht. Nach dieser Denkweise könnte es beim Essen darauf ankommen, möglichst viele Elektronen zu essen, weil wir nach der medizinischen Denkweise und Analyse Elektronen zum Leben brauchen.

Ernährungswissenschaftler dagegen nennen eine Ernährung als förderlich für das Leben, wenn genügend Fett, Eiweiß, Kohlenhydrate (Zucker, Mehl) und sogenannte Vitalstoffe mit der Nahrung aufgenommen werden.

4.2 Energie in den Lebensmitteln

Jede Lebensäußerung lässt sich als Fluss von Strom messen. Die Kohlenhydrate, Fette, Eiweiße und anderen Inhaltsstoffe sind die „Batterie" für den Strom. Bei der Bearbeitung verlieren Nahrungsmittel Energie. Stress verbraucht unnütz Energie.
Lebensmittel aus stressarmer Produktion haben mehr Energie.

Betrachten wir einmal das Leben von der praktischen Seite, so wie es sich abspielt. Als aktives Leben empfinden wir in den meisten Fällen nicht das Vorhandensein unseres Körpers in der Umwelt. Wir fühlen uns lebendig, wenn wir lachen, uns streiten, lieben, nachdenken, laufen. Für all diese Funktionen muss Strom in unserem Körper fließen. Wir verbrauchen, um zu leben, Energie. Wenn man einen Strom messen kann, so fließen Elektronen.

Fett macht klug und ist gesünder als man denkt

The Big Fat Surprise: Why Butter, Meat and Cheese Belong in a Healthy Diet („Die große Fette Überraschung: Warum Butter, Fleisch und Käse in eine gesunde Ernährung gehören"), Simon & Schuster, ISBN 978-1451624427

Die Journalistin Nina Teicholz aus New York verdient ihr Geld als Restauranttesterin und nimmt während ihrer Recherchen viel fette Nahrung zu sich. Sie nimmt dabei ab und ihr Cholesterinspiegel bleibt unten. Das nahm sie zum Anlass, zahlreiche wissenschaftliche Studien noch einmal auszuwerten. Ihr Ergebnis: Die Wissenschaft weiß schon viele Jahre, dass der Ratschlag, möglichst Fett zu vermeiden, Unsinn ist. Entsprechende Aussagen machen auch Gulia Enders in ihrem Buch „Darm mit Charme" und auch Dr. David Perlmutter in seinem Buch „Dumm wie Brot".

Das große Ernährungsproblem unserer Zeit ist, dass in vielen vorverarbeiteten Lebensmitteln Kohlenhydrate versteckt sind. Die tickern die Bauchspeicheldrüse an und der Kohlenhydratüberschuss wird als Fett eingelagert. Unser Hirn und unsere Nerven bestehen zu fast 90 % aus Fett. Zur Bildung der Nerven brauchen wir aber möglichst wenig verarbeitete Fette, Butter, Schmalz, native Öle. Nina Teicholz zieht das Fazit: Gegen gesättigte Fettsäuren zu kämpfen, hat uns nicht gesünder gemacht.

Unser Wille veranlasst, dass wir einen Schritt tun. Das Wollen allein ist schon als Strom im Gehirn messbar. Dabei wird Energie verbraucht.

Nun der Schritt: Dafür braucht es verschiedene elektrische Impulse, bis wir das Bein heben und den Fuß tatsächlich einen Schritt vorsetzen. Für jeden weiteren Schritt brauchen wir elektrische Impulse.

Wenn wir nachdenken oder sogar nur träumen, messen die Ärzte weitere elektrische Impulse, also Energieverbrauch, in unserem Gehirn. Darüber bestimmen Mediziner auch die Intensität der Empfindungen von Mensch und Tier. Wir erkennen hieran, dass der Fluss von Elektronen einen

Zucker versorgt den Körper schnell mit Energie.

entscheidenden Einfluss auf die Abläufe des Lebens und die Lebensqualität hat.

Natürlich brauchen wir auch Kohlenhydrate, Fett, Eiweiße und sekundäre Pflanzeninhaltsstoffe oder, wie man heute meistens sagt, bioaktive Stoffe. Es sind die Stoffe, in die die Energie, die Elektronen, eingebunden ist. Wenn wir Körper chemisch analysieren, finden wir diese Stoffe. Wir wissen, dass die Kohlenhydrate die schnellsten Energielieferanten sind. In ihnen sind die Elektronen besonders leicht verankert.

Als Kinder haben wir ein böses Experiment gemacht: Eine Fliege wurde mit den Hinterbeinen an einen Zwirnsfaden geklebt. Nun sauste sie mit unheimlicher Geschwindigkeit wie ein Propeller um den Zwirnsfaden. Nach kurzer Zeit erlahmte sie. Dann ließen wir sie an einem Zuckerkörnchen lecken. Sofort nach der Aufnahme des Zuckers begann sie sich wieder wie ein Propeller um den Faden zu drehen. Daran konnten wir sehen, dass Kohlenhydrate in Form von Zucker dem Körper sehr schnell verfügbare Energie liefern. Wenn wir zu viele Kohlenhydrate essen, können sie auch vom Körper als Fett (Energiedepot) eingelagert werden,

wie wir alle inzwischen aus der Werbung für Diäten wissen.

Schlank oder dick scheint aber auch etwas mit den Elektronen zu tun zu haben. Dazu ein kleiner Umweg über die Mikrowelle. Die Länder der Erde, in denen wir die meisten Mikrowellengeräte finden, haben die dicksten Einwohner: USA und Großbritannien. Warum sollten aber Menschen, die ihr Essen in der Mikrowelle erwärmen, besonders dick sein? Es ist doch analytisch inzwischen tausendmal belegt, dass vor und nach der Erwärmung einer Mahlzeit in der Mikrowelle

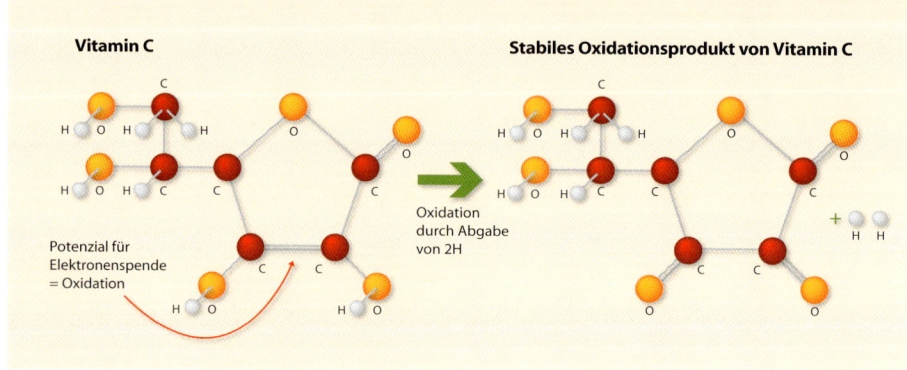

Wie Vitamin C Energie freisetzen kann

immer die gleichen Nahrungsbestandteile vorhanden sind. Nach wie vor findet man Kohlenhydrate, Fett, Eiweiß und Vitamine, genau so viele wie vor der Behandlung in dem kleinen Wunderkasten.

Nun, schauen wir auf die Funktion der Mikrowelle: Mikrowellenherde erwärmen die Mahlzeit, ohne dass der Teller, auf dem man die Mahlzeit in die Mikrowelle schiebt, warm wird. Ein solches Gerät sendet elektromagnetische Wellen aus, die die Nahrungsmittel, bildlich gesprochen, so lange schütteln, bis sich die in der Nahrung enthaltenen Energiebestandteile aus den chemischen Verbindungen lösen und damit die Nahrungsmittel erwärmen. Die Wellen wirken nicht auf die starken chemischen Verbindungen des Tellers, schütteln aber die loseren Verbindungen der Nahrungsmittel bis zur Abgabe der Elektronen zu deren Erwärmung.

Ein Mensch, der so erwärmte Nahrungsmittel isst, nimmt zwar genug Nährstoffe auf, aber wenig Energie, die eigentlich in Form von Elektronen im Nahrungsmittel gespeichert sein sollte. Sie wurde bereits zur Erwärmung der Nahrung verbraucht.

Man erreicht mit Nahrung aus der Mikrowelle eine kurzfristige Sättigung, hat aber relativ bald das Gefühl, man brauche wieder etwas zu essen. Außerdem wird man nach dem Essen solcher Nahrung müde. Die Energiedefizite lassen sich durch die im nächsten Kapitel beschriebenen Verfahren messen.

Energiemangel findet man bei intensiv bearbeiteten Nahrungsmitteln. Wenn ich schon mal bei einem der großen Hamburger-Anbieter esse, weil mich die Werbung überrumpelt hat oder ich die Zeit nicht aufwenden wollte, etwas anderes zum

Essen zu finden, habe ich spätestens nach zwei Stunden wieder Hunger. Es scheint auch die physikalische Messgröße „Gehalt an Elektronen" und nicht nur der Gehalt an Kohlenhydraten, Fett und Eiweiß dafür ausschlaggebend zu sein, ob ich für längere oder kürzere Zeit satt bin.

Solche Beobachtungen machen auch Menschen, die sich regelmäßig mit frisch zubereiteten Nahrungsmitteln ernähren. Frisch und wenig verarbeitete Nahrungsmittel machen eher satt und halten länger vor. Gemüse aus dem Garten macht schneller satt als eine Mahlzeit aus Konserven. Das ist eine ganz praktische Lebenserfahrung.

Ein hoher Gehalt an Elektronen in Lebensmitteln sichert diese vor schnellem Verderben. Diese Tatsache kommt in einer Untersuchung der Stiftung Warentest zum Ausdruck. Es wurde festgestellt, dass Lachs aus Wildfängen wesentlich weniger oft verdorben ist als Lachs aus Zuchtanstalten.

Die Erklärung liegt auf der Hand. Ein Wildlachs nimmt nur solche Nahrung zu sich, die er für sich als richtig ansieht. Zuchtlachse bekommen das zu fressen, was der Halter als physiologisch und ökonomisch sinnvoll ansieht.

Wildlachse haben die Weite des Meeres und der Flüsse als Bewegungsraum und meiden natürlicherweise, was ihnen zusätzlichen Stress bereitet. Lachse in allen fischwirtschaftlichen Haltungsverfahren müssen in einem Netz oder Teich oder Becken leben, sehr eng mit den Artgenossen zusammen. Das erzeugt Dauerstress.

Stress, so wissen wir alle von uns selbst, kostet Energie. Dabei fließen viele Elektronen. Diesen unnötigen Elektronenfluss nennen wir bei uns selbst „unnötige Aufregung". Nach stressigen Tagen sind wir eher müde und leistungsschwach. Man muss wieder Energie tanken, sonst wird man krank, sagt der Volksmund. Bei Stress fließt also viel Strom, ohne dass wir Menschen oder die Tiere einen Nutzen davon haben.

Stressarme Tierhaltung bedeutet immer, dass später auch im Fleisch mehr Energie enthalten ist, weil die

Stressarme Tierhaltung bedeutet energiereicheres und hochwertigeres Fleisch.

Tiere ein gesünderes Leben geführt haben.

In der guten veterinärmedizinischen Beratung wird heute sehr viel über den Komfort bei der Tierhaltung diskutiert, weil man aus der Praxis erkennt, dass stressarme Haltungssysteme die Gesundheit der Zucht- und Masttiere fördern und diese gesünder und kostengünstiger heranwachsen.

Die am stressärmsten aufgewachsenen Lachse, die Wildlachse, sind nach den Untersuchungen der Stiftung Warentest im Regelfall länger haltbar als alle Zuchtlachse. Der relative Energieüberschuss wirkt stabilisierend auf das aus dem Tier erstellte Lebensmittel. Uns persönlich behagt auch das Geschmackserlebnis, wenn wir Wildlachs essen. Das hören wir auch von vielen Freunden.

Deswegen essen wir wenig Lachs, genießen den Wildlachs aber dann besonders.

4.3 Elektronen und Strom in Lebensmitteln messen

Mit der Biophotonenanalyse nach Popp und den Redoxpotenzialmessungen nach Hoffmann kann man Energie in Lebensmitteln mit physikalischen Methoden preiswert messen.

Elektronen sind eine physikalische Größe, die mit physikalischen Messinstrumenten nachweisbar ist. Uns sind zwei leicht nachvollziehbare Methoden bekannt: Biophotonen-Messung nach dem Grundlagenphysiker Prof. Dr. Fritz Albert Popp und die Messung des Redoxpotenzials nach Prof. Dr. Manfred Hoffmann, einem Wissenschaftler, der seine aktive Berufszeit an der landwirtschaftlichen Fakultät der Fachhochschule Weihenstephan/Triesdorf verbracht hat.

Fritz Albert Popp hat eine Methode zur Messung ultra-schwachen Lichts entwickelt. Mit dieser Methode gelang es ihm, nachzuweisen, dass jede lebende Zelle Licht, also Energie abstrahlt. Es sind sehr kleine Energiemengen, deren Existenz vor den Arbeiten von Prof. Dr. Popp geleugnet wurde. Erst nachdem er Eier von Hühnern, die Auslauf hatten, eindeutig von Eiern von Hühnern aus Stallhaltung unterscheiden konnte, schenkte man seiner Messmethode Glauben. Heute untersucht er für sehr große, weltweit agierende Lebensmittelkonzerne Rohstoffe. Er kann mit der Messung der Lichtemission aus Lebensmitteln genau voraussagen, welche

besonders zur Verarbeitung geeignet sind. Die Messung erfolgt in weit weniger als einem Tag. Die physikalische Analyse erfolgt bedeutend schneller und kostengünstiger, als es mit einer chemischen Analyse möglich wäre.

Gute Biophotonenwerte bedeuten, dass ein Nahrungsmittel gut schmeckt und besonders haltbar aus seiner eigenen Qualität heraus ist. Benutzt man solche Nahrungsmittel zur Herstellung von Konserven, hat man weniger Probleme mit der Lebensmittelhygiene im Betrieb und erreicht auch gute Mindesthaltbarkeiten. Lange Mindesthaltbarkeiten sind für die meisten

Regionale Lebensmittel, möglichst aus ökologischem Anbau, entsprechen am meisten der Idealvorstellung von guten Lebensmitteln. Wenn man diese dann noch schonend in der Küche behandelt, tut man das Bestmögliche für sich und seine Familie.

Pflanzen, die auf mit EM-Technologie behandelten Böden wachsen, sind gesünder.

seine Untersuchungen zur technischen Bearbeitung von Lebensmitteln. Er nennt solche Bearbeitungsschritte schonend, die einen möglichst geringen Elektronenverlust verursachen. In Geschmackstests erwählten die Testpersonen auch immer solche Lebensmittel als am besten schmeckend, die viele freie Elektronen hatten.

Konsumenten ein Qualitätskriterium, weil die Mindesthaltbarkeit uns verspricht, dass man das Nahrungsmittel völlig unbedenklich auch erst später mit gleichem Nutzen verzehren kann. Die mit der Methode von Popp gemessenen Lichtbestandteile in den Zellen von Lebensmitteln weisen auf elektrische Ladungen hin.

Manfred Hoffmann bestimmt mit der Messung des Redoxpotenzials das Potenzial der freien Elektronen in Lebensmitteln. Sie erinnern sich daran, dass freie Elektronen ein wesentlicher Bestandteil von Vitaminen sind.

Je mehr Elektronen nach der Methode von Hoffmann in einem Lebensmittel gemessen werden können, desto haltbarer ist es. Interessant sind

Beide Messmethoden wurden schon auf mit EM produzierte Lebensmittel angewendet. In allen Fällen wurden diese als am besten erkannt. Beide Methoden sind schnell und zeichnen sich dadurch aus, dass das Lebensmittel nicht völlig aufgelöst werden muss, wenn es untersucht wird. Die Proben kann man nach der Messung immer noch bedenkenlos essen und deren Geschmack erkennen.

In chemischen Untersuchungen werden die Lebensmittel mit Chemikalien in die allerkleinsten Bestandteile zerlegt. Sie sind, als Probe aufbereitet, ungenießbar. So kann man messen, welche Stoffe in den Lebensmitteln sind, aber nicht, wie viel Energie sie wirklich enthalten. Chemische Untersuchungen beschreiben nur, wie viel Energie freigesetzt wird, wenn man das Lebensmittel im

Feuer verbrennt. Es kann nicht berücksichtigt werden, wie viel Energie freigesetzt wird, wenn die Lebensmittel im physiologischen Prozess in kleinen Stufen bei maximal 37 °C umgebaut werden.

Besonders interessant ist auch, dass Pflanzen, die auf mit EM-Technologie gepflegten Böden heranwachsen, weniger anfällig gegen Schädlinge sind. Sie sind gesund und können sich bei Schädlingsbefall wehren. Sie haben mehr Elektronenspender, also viel Energie. In den Böden sind auch höhere Elektronenpotenziale nachzuweisen, insbesondere wenn der Boden auch noch mit Bokashi, fermentierter organischer Substanz, gedüngt wurde.

Dazu erfahren Sie mehr im Kapitel 8 – *EM-Technologie im Garten*, wo wir uns nochmals mit den Bindungen von Energie in einer Pflanze auseinandersetzen.

4.4 EM-Lebensmittel gibt es schon zu kaufen

Es ist offensichtlich geworden, dass EM-Lebensmittel eine besondere Qualität haben. Inzwischen wird bei uns Kaffee aus EM-Anbau in Indien und Costa Rica angeboten. EM-Kaffee aufgebrüht hat ein besseres Redoxpotenzial als das Wasser aus der Leitung, mit dem der Kaffee aufgebrüht wurde. Das fertige Getränk hat mehr Energie als das Wasser. Der Kaffee erscheint uns sehr bekömmlich und man braucht recht wenig Kaffeemehl, um einen aromatischen Genuss zu haben. Vom üblichen Kaffee brauchen wir für unsere große Press-Kaffeekanne fünf Kaffeemaß.

Vom EM-Kaffee brauchen wir nur dreieinhalb Maß. So kommen wir in einem Zwei-Personen-Haushalt mit einem Kilogramm Kaffee mehr als vier Wochen aus. Früher brauchten wir alle drei Wochen neuen Kaffee.

Gemüse, das mit EM angebaut wird, findet seine Kundschaft, weil es so gut schmeckt, berichten die EM-Gemüseanbauer. Fragen Sie bei

> ### Die wichtigsten EM-Lebensmittel am Markt
>
> *EM-Kaffee, roh, geröstete Bohnen, gemahlene Bohnen; EM-Gemüse; EM-Erdbeeren, EM-Äpfel; EM-Käse aus Milchviehhaltung mit EM; EM-Eier; EM-Fisch; EM-Fleisch, EM-Wurst; EM-Wein; EM-Honig.*

Ihrem EM-Berater nach, welcher Bauer oder Gärtner in Ihrer Nähe solches Gemüse anbaut.

In der Erdbeererzeugung hat uns die praktische EM-Anwendung überzeugt. Ein Landwirt aus Flerzheim / Rhld. baut 15 Hektar Erdbeeren an. Seine EM-Erdbeeren halten sich bei Wärme ohne Kühlung länger als die von anderen Bauern. Außerdem haben sie ein sehr festes Fruchtfleisch und einen intensiven Geschmack. Wir hatten schon Erdbeeren von ihm einfach so in der Küche bei sehr warmem Wetter eintrocknen lassen, ohne dass sie faulten oder schimmelten. Der Erdbeerbauer hat eine etwa um 20 % höhere Ernte. Da die Erdbeeren jedoch ein höheres spezifisches Gewicht haben (sie sind bei gleicher Größe

schwerer), hat er Probleme, mit 500 g Erdbeeren die genormten Erdbeerschälchen zu füllen. Nun passen in die normalen Schalen 600 g, bevor eine solche Schale auch vom optischen Eindruck her richtig voll ist. Das bereitet bei der Vermarktung auf den normalen Verkaufswegen über den Großhandel Probleme, jedoch nicht in der direkten Vermarktung. Denn da kann er den Kunden probieren lassen und die Vorteile aufzeigen.

Die vielleicht besten Apfelchips (getrocknete Apfelscheiben) erzeugt und verkauft Sepp Huber aus Wurmsham. Er arbeitet in seinem Bio-Obstanbau seit 1999 mit EM. Seine Äpfel haben 18 % Trockensubstanz. Ganz praktisch heißt das, dass er von 1 kg seiner Äpfel 180 g Chips erntet. Trocknet er Äpfel von anderen Bauern, kann er nur zwischen 100 g und 120 g Chips verkaufen. Geschmack liefert die Trockensubstanz, nicht das Wasser. Wir raten Ihnen, sich diese Apfelchips einmal bei Ihrem EM-Berater oder unter www.winklhof.de zu bestellen.

Wir waren selbst erstaunt, als wir EM auf der *Biofach* im Jahre 2003 vorstellten und die Apfelchips von Sepp Huber zum Probieren anboten. Allein

schon das Aussehen der getrockneten Äpfel lockte die Besucher der
Messe auf den EM-Stand. Die Apfelchips waren nicht braun verfärbt, obwohl kein Konservierungsstoff zu-
gefügt worden war. Das war für alle
Fachleute ein Beweis, dass hier eine
besondere Anbaumethode vorliegen
muss.

Inzwischen stellen einige Bauern
Käse aus Landwirtschaft mit EM-Nut-
zung her. Der Vorteil für diese Käserei-
en ist der, dass eine stabile Milch eine
einfache Verarbeitung ermöglicht.
Wenn die Kühe ein mikrobiell optimal besiedeltes Futter bekommen,
haben sie alle eine gute Verdauung.
Eine gute Verdauung bedeutet, dass
der Mist der Tiere weniger Ansied-
lungsmöglichkeiten für unerwünschte Keime bietet. Wenn gleichzeitig der
Stall auch noch mit EM ausgesprüht
wird, ist die Vermehrung von nicht erwünschten Mikroben fast unmöglich.
Das bedeutet, dass auch in großen
Herden der Gesundheitszustand aller
Kühe unproblematisch ist. Die Tiere
sind ruhiger und insgesamt herrscht
wenig Stress im Stall.

Kommt nun die frisch gemolkene Milch mit den erwünschten Umweltmikroben in Kontakt, stören
die Mikroben das Biotop der Milch

keineswegs. Einige Käsereien haben
die Erfahrung gemacht, dass sie
mit solcher Milch sehr zuverlässig
Rohmilchkäse herstellen können.
Das gelingt insbesondere dann,
wenn auch die Hygiene der Käserei
mit EM hergestellt wird.

Den ersten Kontakt zu EM in der
Fleischverarbeitung hatte ich bei einem Tiroler Bergbauern. Der gab der
Salzlake, in der er den Speck und den
Schinken vor dem Räuchern einlegte,
etwa 5 % EMa zu. Er war der Meinung,
dass sein Tiroler Speck mild sei wie

kein anderer. Das entsprach durchaus auch meiner Wahrnehmung. Entsprechend dieser Erfahrung benutzten auch andere Landwirte bei Ihren Hausschlachtungen EM, ebenso auch als Starter bei der Herstellung von lufttrockenen Würsten. Dabei muss man wissen, dass bei der Herstellung von traditioneller Dauerwurst das Fleisch einen Milchsäureprozess durchläuft. Im Handwerk und auch in der Wurstindustrie sind milchsaure Starterkulturen ein übliches Hilfsmittel. EM als Starter scheint den Reifungsprozess zu beschleunigen und führt dazu, dass wesentlich seltener Probleme mit Schimmel bei der

Reifung auftreten. Die Wurst wird von Konsumenten immer als „harmonischer" im Geschmack beschrieben. Ebenso sind die Wurstprodukte haltbarer. Möchte jemand EM auch im Handwerk entsprechend einsetzen, kann er unbedenklich die als Lebensmittel oder Nahrungsergänzungsmittel zugelassenen EM-Produkte als Starter einsetzen.

Auch Weine aus EM-Anbau zeichnen sich dadurch aus, dass sie ein natürlich gutes Redoxpotenzial haben. Für den Konsumenten ist wichtig, dass die Geschmacksstoffe sich zu einem sehr harmonischen Ganzen

EM-Kompost stellt jeder Landwirt nach seinen eigenen Rezepten her. Die Winzer mischen Mist, Holzhäcksel und Weintrester und sprühen beim Aufsetzen des Kompostes EMa. So erhalten sie optimalen Kompost für den Weinberg.

Die Jungpflanze bekommt zur Unterstützung ihrer Entwicklung in den nächsten Jahren speziellen EM-Kompost.

vereinen. Die Weine sind besonders lecker. EM-Weine aus Österreich, Spanien und der Region um Stuttgart sind im EM-Fachhandel erhältlich.

Die bekannte Bio-Brauerei Lammsbräu hat ebenfalls einen EM-Entwicklungsplan. Die Hygiene in der Brauerei wird mit EM organisiert. Eine interessante Beobachtung soll hier beschrieben werden: Man hatte in einem Flaschenlager öfter das Problem, dass die Etiketten von einem Schwärzepilz befallen wurden. Dann mussten alle Flaschen entleert werden. Das Bier wurde Abfall, und die Flaschen mussten neu gespült, befüllt und etikettiert werden. Das war teuer. In dem Lager wurde dann über eine Verneblungsanlage ein EM-Schleier gelegt und damit war das Problem behoben.

Nach diesen Erfolgen in der Hygiene hatten die Bio-Hopfenanbauer ein Problem. Deren Möglichkeiten, über Bio-Pflanzenschutzmittel den Hopfen im Herbst möglichst lange gesund zu halten, wurden durch gesetzliche Einschränkungen verringert. Sie befürchteten daher herbe Verluste, weil die wichtigen Inhaltsstoffe des Hopfens erst spät im Jahr gebildet werden. Deswegen waren die Hopfenanbauer als Erste bereit,

EM im Anbau zu erproben. Ein EM-Berater entwickelte eine Strategie speziell für Hopfen, die neben dem Einsatz der EM-Technologie auch noch weitere ackerbaulich sinnvolle Komponenten enthält. Im nächsten Herbst nun fragten die benachbarten Hopfenanbauer, die nicht mit EM arbeiteten, was die EM-Bauern denn nur gemacht hätten. Der Bio-Hopfen mit EM war schöner und gesünder als der konventionelle Hopfen!

So kommt es, dass EM sich in der Landwirtschaft nicht durch die vielen staatlichen und privaten Berater verbreitet, sondern dadurch, dass die Bauern die Erfolge bei ihren Nachbarn sehen.

Auch haben schon viele von Ihnen, liebe Leserinnen und Leser, unwissentlich EM-Eier gegessen. Viele größere Bio-Hühnerhalter versorgen ihre Hühner mit Bokashi und organisieren die Stallhygiene und den Mist mit EM. Diese größeren Betriebe liefern die Eier in die Bio-Linien der großen Handelsketten. Wenn Sie im konventionellen Lebensmittelhandel Bio-Eier kaufen, haben Sie große Chancen, EM-Eier zu erhalten. Ebenso wird in der Aufzucht von Puten und Schweinen schon sehr oft EM eingesetzt. So bekommen viele Menschen EM-Lebensmittel, ohne dass sie es wissen. Darüber freuen wir uns. Die Qualität der Lebensmittel steigt und niemand muss sich besonders dafür anstrengen.

Viele Direktvermarkter arbeiten schon viele Jahre mit EM. Auf solchen Höfen sind alle selbst erzeugten Lebensmittel EM-Lebensmittel.

Inzwischen arbeiten viele Fischzuchten in allen Ländern der Welt mit EM. Die Fische fressen und koten im gleichen Wasser. Dann sollte das Wasser schon eine solide Selbstreinigungskraft haben, damit die Ausscheidungen nicht zur Quelle von Problemen werden. In Deutschland war die Ahrenhorster Edelfisch GmbH Pionier in der EM-Anwendung in der Fischzucht. Gerade für den Waller, der in warmem Wasser heranwächst, ist eine optimale Mikrobiologie lebenswichtig. Eine zentrale Kenngröße

Der Europäische Waller oder Wels ist ein sehr gesuchter Speisefisch. Er kann auch in Aquakultur gezüchtet werden. Besonders gut gelingt das mit der richtigen EM-Technologie.

zeigt den Erfolg des Betriebes. Stolz vermelden sie auf der Website und sagen es auch bei jeder Führung einer Besuchergruppe: Die Schlupfrate liegt über 90 %. Nach meinem Wissensstand ist das weltweit einmalig. Die Natur lässt die Fische so viele Eier legen, weil in der Natur nur wenige zur Reife kommen. Familie Otto-Lübker hat alles so weit im Griff, dass bei den Ahrenhorstern fast alle Eier zu Fischen heranwachsen.

Auch in der Jungfischphase haben sie so gut wie keine Verluste mehr. Die Fische fühlen sich wohl. Das kann jeder sehen, riechen und schmecken.

Die Ahrenhorster liefern ihre Fische in ganz Deutschland und auch bis nach Österreich an den Fachhandel. Im Hofladen gibt es frischen und geräucherten Fisch. Bei der Schlachtung der Fische fallen natürlich auch Schlachtabfälle an. Diese bereiteten im Sommer immer Geruchsprobleme. Seit die Abfälle mit EM eingesprüht werden, riecht es in der Produktion und im Lädchen fast wie an einem schönen, ruhig gelegenen Gewässer im Sommer.

Die hier angeführten Lebensmittelproduzenten sind nicht alle Anbieter, die Lebensmittel aus EM-Technologie anbieten. Mit Hilfe Ihrer EM-Berater finden Sie weitere Anbieter.

Langfristig gehen wir davon aus, dass Lebensmittel in EM-Qualität sich am Markt einen sicheren Platz erobern werden. Täglich werden es mehr Erzeuger, die EM in der Landwirtschaft einsetzen. Die Lebensmittel sind aus eigener Kraft länger haltbar und haben einen ausgezeichneten Geschmack. Der Kaufmann bekommt eine Ware, die sehr einfach im Angebot zu pflegen ist, weil auch bei warmem Wetter zum Beispiel die Salate nicht so schnell schlaff werden. Der Kunde bekommt geschmackreiche Lebensmittel, die ihm außerdem viel Energie liefern.

4.5 Mikroben machen Lebensmittel

Die Menschen benutzen Mikroben seit Tausenden von Jahren zur Bearbeitung von Lebensmitteln.

Lebensmittel werden durch die Behandlung haltbar und wertvoller für die Ernährung. Bis heute sind die Mikroben jedoch von der Wissenschaft nicht endgültig erforscht, noch weniger, wie sie zusammenwirken.

Mich erinnert die Herstellung von EMa aus EM immer wieder an meine Großmutter. Sie backte alle zwei bis drei Wochen Brot. Dazu weichte sie Roggenschrot in Wasser ein und stellte das Gefäß abgedeckt in die Nähe des Küchenherdes. Sie bereitete den Sauerteigansatz meistens frisch. Spätestens am zweiten Tag nach dem Ansatz saßen wir Enkel vor dem Gefäß und genossen den aromatisch sauren Duft, der aus diesem Gefäß aufstieg.

Wissenschaftlich gesehen geschah Folgendes: Die in der Region auf dem Getreide vorhandene milchsaure

Mikrobenflora nutzte in Feuchtigkeit und Wärme die aus dem Roggen gelösten Kohlenhydrate zur Vermehrung der Mikroben im Teig.

Im Gärgefäß blubberte es geheimnisvoll, langsamer und etwas

Sauerteig macht das Brot zum Heilmittel. So backt das westfälische Pumpernickel mindestens 16 Stunden bei sehr geringer Hitze. Dabei entwickelt sich offensichtlich ein sehr interessanter Fermentationsprozess. Es schmeckt herb-süß, abhängig vom eingesetzten Sauerteig. Die Zutaten sind Roggen, Salz und Wasser.

anders, als wir Enkel es aus dem Weinkeller kannten. Manchmal wurde auch ein Sauerteigansatz von der Großtante aus dem Oberdorf zum Backen benutzt. Dann schmeckte das Brot meistens etwas milder.

So lernte ich in meiner Kindheit aus der Lebenspraxis, dass an verschiedenen Orten der Erde unterschiedliche milchsaure Mikrobenfloren leben, auch wenn ich es damals noch nicht so formulieren konnte.

Milchsäurebakterien, Hefen, Pilze und all die uns immer noch nicht im Einzelnen bekannten Einzeller scheinen sich an jedem Ort der Erde ein wenig zu unterscheiden. Gemeinsam ist ihnen, dass in diesen guten Milieus die Milchsäure den Rahmen gibt.

Ähnliche Erkenntnisse konnte ich bei der Herstellung des Weins und von Dauerwurstwaren erleben. Wein aus dem gleichen Dorf bei gleichen Traubensorten und gleichen Böden entwickelte unterschiedlichen Geschmack in den unterschiedlichen Kellern des Dorfes. Jeder Weinkeller roch anders und die Weine unterschieden sich in Nuancen voneinander.

Noch spannender waren für mich als Kind die unterschiedlichen Dauerwürste, die damals noch in jedem Haushalt selbst geräuchert wurden und reiften. Auch sie durchlaufen einen milchsauren Prozess. Dadurch werden sie haltbar und entwickeln den jeweils typischen Geschmack. Die Wurst hing in Kellern oder Reiferäumen, die nie blitzsauber geputzt wurden, sondern immer ihren eigenen Geruch und Mikrobenbelag an den Wänden hatten. Das war zwar nicht unangenehm, aber gewöhnungsbedürftig.

Ein besonderes Erlebnis war für mich eine Studienfahrt durch die verschiedenen Reiferäume von luftgetrockneten Fleischwaren in der norditalienischen Po-Ebene. Das dortige Klima lässt unvergleichlich individuelle Wurstwaren in uralten Reiferäumen mit jeweils individuellem Mikrobenbesatz heranreifen.

Eine ähnliche Qualität in neu erbauten industriellen Reiferäumen mit Klimaautomatik und intensiven Reinigungsintervallen konnten wir nicht finden. Deswegen raten wir jedem Feinschmecker, wenn es ihm möglich sein sollte, veredelte Lebensmittel aus traditioneller bäuerlicher Herstellung zu genießen. Die Unterschiedlichkeit und Vielfalt der Natur kann man kaum an anderer Stelle so intensiv und genussvoll erleben.

Die Qualität von traditionellen italienischen Wurstwaren ist von industriellen Produkten nicht zu erreichen.

	Zahl der beschriebenen Arten	Geschätzte Zahl an Arten	Bekannte Arten in %
Mikroorganismen			
Bakterien	5 000	1 000 000	0,5
Pilze	72 000	1 500 000	5
Protozonen	40 000	200 000	20
Algen	40 000	400 000	10
Pflanzen	270 000	320 000	84
Tiere			
Nematoden	25 000	400 000	6
Insekten	950 000	8 000 000	12
Wirbeltiere	45 000	50 000	90

Quelle: Rundgespräche der Kommission für Ökologie, Nr. 23, München 2002, Seite 15

Geschätzte Zahl der Arten der wichtigsten Lebewesen

Gleiches kenne ich inzwischen von den vielen Bauernkäsereien, die ich in meinem Beruf als Landwirtschaftsberater besichtigen durfte. Gerade die Käse, die in den traditionellen Reiferäumen reifen, bilden sehr individuelle Geschmacksvarianten aus. Werden wegen steigender Nachfrage oder auch behördlicher Auflagen neue Reiferäume gebaut, verändert der Käse sein Aroma. Es scheint nur in begrenztem Ausmaß möglich zu sein, Mikrobenfloren in ihrer Gesamtheit an einen anderen Ort zu übertragen.

Wir sind heute üblicherweise der Meinung, wir hätten die Natur verstanden und würden alle Vorgänge bis in die Einzelheiten kennen. Deswegen war es für uns eine große Entlastung, als wir eine Zusammenfassung einer Tagung der Bayrischen Akademie der Wissenschaften (siehe Literaturverzeichnis) fanden. Am Ende stellte ein Mikrobiologe fest, dass das verfügbare Wissen über Mikroben doch sehr lückenhaft ist. Wir kennen bisher nur 0,5 % der wahrscheinlich auf der Erde vorkommenden Bakterien, 2 % der Pilze, 10 %

der Algen und 20 % der Protozoen. Über die Zusammenarbeit der Mikroben wissen wir fast nichts. Nach dem Vorhandensein von Mikroben geben wir krankhaften Prozessen einen Namen. Warum die Krankheiten wirklich auftreten, wissen wir in den meisten Fällen nicht. Wir bekämpfen die Bakterien oder versuchen, die Aktionen der Viren zu unterbinden. Doch wir wissen nicht wirklich, warum sie da sind.

In der Forschung mit EM verlassen wir uns auf unsere Logik und auf unsere Sinne. Wenn das Ergebnis das Erwünschte ist und krankmachende Elemente, soweit wie wissenschaftlich möglich, nicht nachweisbar sind, freuen wir uns und entwickeln immer weitere Anwendungsmöglichkeiten.

Versuch und Irrtum bringen den anwendenden Naturforscher weiter, der die Gesetze der Natur erkennen will. Aus welchem Grund die Ergebnisse eintreten, sollen die Kollegen aus der Grundlagenforschung erarbeiten. Deren Erkenntnisse werden uns später helfen, weitere Anwendungen zu erschließen und bestehende Verfahren zu verbessern und noch weiter zu vereinfachen.

5

HAUSHALT

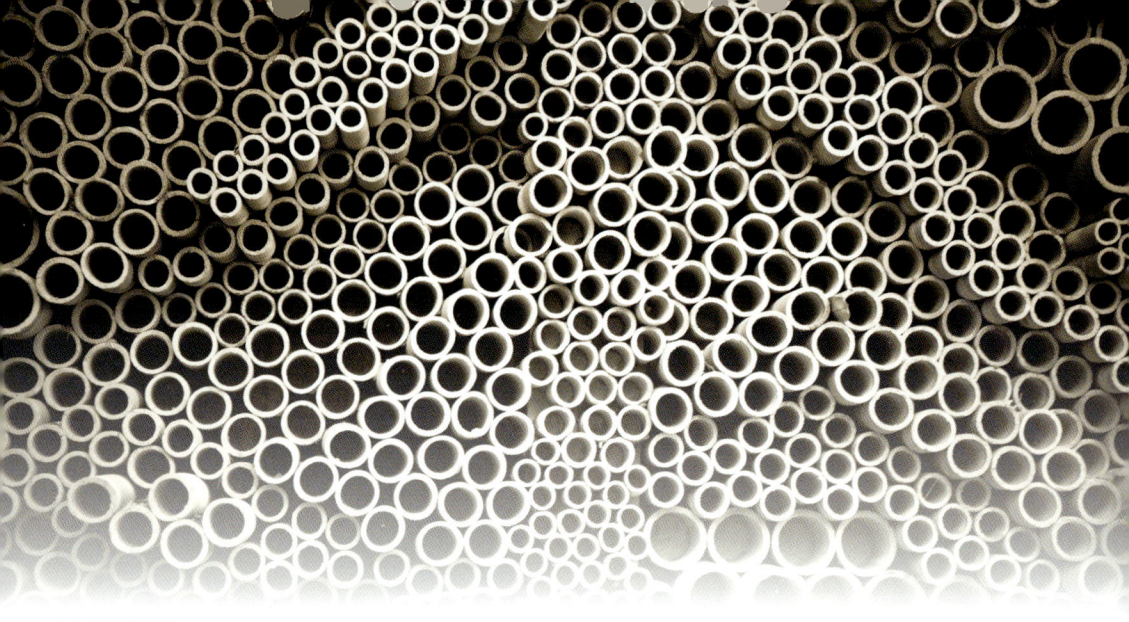

5 EM und EM-Keramik in Küche und Haushalt

5.1 Das Besondere an der EM-Keramik

Prof. Higa, der Finder der Effektiven Mikroorganismen, kam auf die Idee, sich mit Keramik und Mikroben zu befassen, als er feststellte, dass seine Keramik-Mörser auch nach der Desinfektion im Autoklav (Schnellkochtopf, Gerät zur Sterilisation medizinischer Geräte und Herstellung von Konserven) nicht zu 100 % sauber waren. Nach kurzer Zeit der Benutzung tauchten in „reinen" Mikrobenkulturen auch andere Eiweiße auf, die eigentlich dort nicht hätten sein dürfen. Er schloss daraus,

Mikroben überleben in allen bisher bekannten wirtlichen und unwirtlichen Regionen des Weltalls. Deswegen kann es sein, dass in der EM-Keramik die Mikroben noch wirken. Diese EM-Keramik hat ein ausgeprägtes Magnetfeld und beeinflusst besonders Wasser. Es gibt rosa und graue EM-Keramik.

dass sich in den Kulturen fremde Mikroben entwickelten. Die Eiweiße konnte er Mikrobenstämmen zuordnen, die er vorher, also vor der

Sterilisation, in den Mörsern bearbeitet hatte. Sie mussten also die Sterilisation überlebt haben.

Diese Beobachtung machte auch schon der Humanmediziner Dr. Rusch in den 1950er-Jahren, der organische Substanzen bei 1400 °C verbrannte und beobachtete, dass sich in der Asche bei einem bestimmten Verfahren wieder Leben entwickelte. Aus neueren Untersuchungen wissen wir, dass sowohl in 3 km Tiefe in der Erde als auch auf und in Meteoriten lebende Einzeller gefunden werden. Von daher steht Prof. Higa mit seinen Beobachtungen nicht allein, dass auch bei Zuständen, die wir als absolut lebensfeindlich ansehen, die Grundlagen des Lebens, Mikroben, überleben.

EM-Keramik entsteht durch die Reifung eines speziellen japanischen Tons unter der Zugabe von EM. Den Ton beschreibt Prof. Higa so: *„Der einzigartige Kibushi-Ton aus Seto, der für die Herstellung der EM-Keramik verwendet wird, ist sehr flexibel [...] Er enthält organisches Material von Pflanzen, die eine Million Jahre alt sind, welches dann die Nahrung von EM wird. Die urzeitlichen*

Mikroben haben noch Enzyme gebildet. EM, urzeitliche Mikroorganismen und Pflanzen, sie alle kommen in EM-Keramik zusammen! Es ist, als ob die Ewigkeit der Geschichte in der Keramik eingeschlossen wäre."

Jeder, der einen Bezug zu einem Töpfer hat, kann dort erfahren, dass auch Töpfer ihren Ton so lange reifen lassen, bis er eine optimale Verarbeitungskonsistenz erreicht. Diese Reifung ist ebenfalls ein Prozess, an dem Mikroben beteiligt sind. Prof. Higa erkannte, dass EM diesen Prozess beeinflusst.

Er gab diese Grunderkenntnis an Fachleute aus der Keramikindustrie weiter. Diese experimentierten mit verschiedenen EM-Mengen bei der Reifung und mit verschiedenen Reifezeiten.

Mit diesen Experimenten entwickelten die Spezialisten eine Keramik mit besonderen Eigenschaften, über deren Auswirkung wir hier kurz berichten.

Von Keramik ist allgemein bekannt, dass sie ein eigenes magnetisches Feld hat. Dieses magnetische Feld ist bei der EM-Keramik besonders ausgeprägt. Es nimmt Einfluss auf alle

Materie, die mit der Keramik in Verbindung gebracht wird. Insbesondere scheint Wasser seine Eigenschaften zu verändern: Gibt man zum Beispiel den Ring für Getränke aus grauer EM-Keramik in einen Krug mit Wasser, verändert sich der Geschmack nach recht kurzer Zeit.

Gute Weine oder Obstsäfte werden im Geschmack runder. Eine anschauliche Beschreibung hierzu finden Sie in dem Beitrag „Wasser" von Daniel Zippel im Anhang.

EM-Ring für Getränke

Wasser ist immer am Leben beteiligt. Menschen und Tiere bestehen zum überwiegenden Teil aus Wasser. Wasser ist unser Grundnahrungsmittel Nummer eins (siehe das Rundschreiben der tierärztlichen Praxis von Dr. Sieverding im Anhang). Alle Gemüse und Früchte bestehen zum überwiegenden Teil aus Wasser.

Wenn wir also das Wasser verändern, nehmen wir sehr direkten Einfluss auf die Lebensvorgänge.

In der EM-Technologie werden zwei unterschiedliche Arten von Keramik angeboten: die graue Keramik und die rosa Keramik. Sie unterscheiden sich durch die Brenntemperatur und deswegen auch im Einsatzbereich.

Rosa Keramik wird bei 900 °C gebrannt und ist wenig kompakt, also sehr mit Poren durchsetzt. Sie eignet sich hervorragend, wenn Verunreinigungen, zum Beispiel Schwermetalle, aus dem Wasser herausgezogen werden sollen. Die große poröse Oberfläche lagert solche Verunreinigungen an. Deswegen ist diese Keramik in ihrer Wirkung sehr begrenzt. Je nach Belastung soll sie nach sechs Monaten ersetzt werden. Rosa Keramik eignet sich vor allem für die Hand erfahrener Fachleute, die beurteilen können, wann die Wirksamkeit erschöpft ist.

Bei eigenen Experimenten konnten wir feststellen, dass nach etwa fünfmonatigem Einsatz von rosa Keramik das Wasser im Wasserkrug pelzig zu schmecken begann. Das war der Zeitpunkt, an dem die rosa Keramik-Pipes auf den Komposthaufen im Garten wanderten.

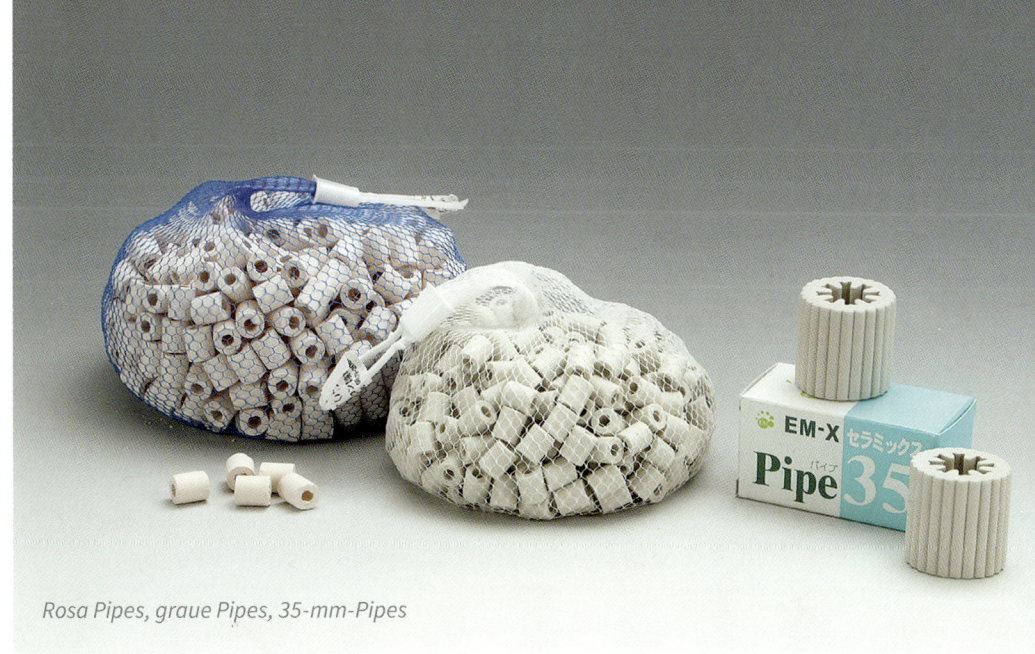

Rosa Pipes, graue Pipes, 35-mm-Pipes

Graue Keramik wird in verschiedene Formen gebracht und bei 1300 °C gebrannt. Auch die Form nimmt Einfluss auf die Wirksamkeit. Wir nutzen die unterschiedlichen Formen je nach Einsatzbereich und entscheiden über die Form nach den technischen Notwendigkeiten. Universell einsetzbar sind die grauen Keramik-Pipes. In einem Beutelchen von 500 g sind ca. 350 Pipes. Mit diesen kann man schon sehr viele Nutzungsformen ausprobieren, wie in diesem Kapitel und im Kapitel *8 – EM-Technologie im Garten* beschrieben wird.

Die ältesten Keramikpipes in unserem Haushalt sind 35-mm-Pipes aus dem Jahre 2000. Davon haben wir ein Pipe in den Vorratsbehälter der Toilettenspülung gelegt. Nach wie vor können wir beobachten, dass sich keine Kalkränder (über die sich andere Leute in unserem Dorf beklagen) ansetzen und die Toilette sehr einfach sauber zu halten ist. Unvergessen ist uns eine Begegnung mit Sven Kühnel vom Laden für Hausgartenbedarf *GrasGrün* aus Berlin, der damals sehr begeistert berichtete, dass selbst Teereste, die in seinem Laden immer über die Toilette entsorgt werden, keine Ränder mehr hinterlassen. Bevor er die Keramikpipes in die Toilettenspülung eingebaut hatte, musste die Toilette

Links: Der Kalkbelag (nach etwa 3 Monaten) im Wasserkocher mit EM-Keramik lässt sich ohne größere Probleme mit dem Finger wegwischen. Rechts: Nach der Reinigung des Wasserkochers mit der Spülbürste ist der Kalkbelag bis auf kleine Reste verschwunden.

immer mit Scheuermittel und viel Kraftaufwand von den Rändern befreit werden. Seit die Pipes das Wasser beeinflussen, reicht es, mit der Toilettenbürste normal durch die Toilettenschüssel zu bürsten. Das weist darauf hin, dass Wasser kleinere Cluster bekommt, die bekanntermaßen wesentlich eher in der Lage sind, Schmutz aufzunehmen und zu transportieren. Ähnliche Erfahrungen machen professionelle Gebäudereiniger, die mit Pipes-Wasser wesentlich weniger Wasser brauchen, um Räume zu reinigen.

Man selbst kann diesen Effekt „kleine Wasser-Cluster" bei sich bemerken. Wenn man beginnt, mit EM-Keramik aufbereitetes Wasser zu trinken, muss man zwei bis drei Tage

lang wesentlich öfter zur Toilette, um Urin zu lassen. Dieser Effekt stärkt die Vermutung, dass die kleinen Wassercluster mit weniger Aufwand durch die Wände der Körperzellen wandern und Schlacken heraustransportieren. Diese Schlacken werden über den Urin ausgeschieden.

Ein weiterer Effekt wird bei älteren Menschen beobachtet, die nicht so gerne oder nur mit großer Anstrengung die empfohlene Wassermenge von bis zu 2 l pro Tag trinken wollen. Gibt man ihnen mit Keramikpipes energetisiertes Wasser, fällt es ihnen sehr oft leichter, etwas mehr zu trinken. Wir konnten das sehr gut bei meiner über 80-jährigen Mutter beobachten, die mit Pipes aufbereitetes Wasser in Mengen von

Beispiele für die Verwendung von EM-Keramikprodukten:

- *Geben Sie den „Ring für Getränke" oder ein paar graue Pipes in Fruchtsaft oder Wein. Der Geschmack wird angenehmer.*
- *Man gibt ein 35-mm-Pipe oder einen „Ring für Getränke" oder ein bis zwölf graue Pipes in eine Wasserkaraffe. Damit wird das Wasser sehr schnell positiv verändert.*
- *Ältere Menschen, die Schwierigkeiten haben, genug Wasser zu trinken, trinken Pipes-Wasser lieber.*
- *Tiere trinken lieber Wasser, das Kontakt mit EM-Keramik hatte.*
- *Man kann mit EM-Keramik bei sehr empfindlichen Menschen das Wasser überenergetisieren. Dann reicht eventuell eine Pipe auf einen Liter Wasser.*
- *Trinkt man selbst erstmalig Wasser, das mit EM-Keramik aufbereitet wurde, muss man sehr häufig zur Toilette gehen.*
- *Ein 35-mm-Pipe sollte in den Wasserkocher. Es reichen auch zehn graue Pipes. Die sind aber manchmal unpraktisch, weil sie mit in den Tee oder den Kaffee rutschen können.*
- *Ein 35-mm-Pipe sollte in den Vorratsbehälter der Wasserspülung in der Toilette.*
- *Im Gewächshaus gibt man zwischen 5 g und 10 g EM Super Cera Pulver (EM-Keramikpulver) je Quadratmeter. Dazu vermischt man das Keramikpulver mit Urgesteinsmehl. Es lässt sich so besser verteilen.*

bis zu 1,5 l pro Tag trank, ohne dazu aufgefordert zu werden. Bei Mineralwasser schaffte sie maximal 0,75 l. Ähnliche Beobachtungen machten Mitarbeiter in der professionellen Seniorenbetreuung. Sie berichten immer wieder, dass mehr Wasseraufnahme bei den alten Patienten auch zu wesentlich besserem Allgemeinbefinden führt. Eine Erklärung dafür könnte darin liegen, dass der ältere Körper nicht mehr die Energie aufwenden will, die nötig ist, um große Cluster aufzuspalten. Wird dem Körper Wasser angeboten, das einfach durch die Zellwände wandert und seine Arbeit verrichtet, wehrt er sich nicht gegen die Wasseraufnahme.

Ein weiterer Hinweis darauf, dass EM-Keramik tatsächlich etwas am Wasser verändert, beschreibt Franz-Peter Mau in dem Buch „EM". Er stellt dort nach Angaben eines ihm bekannten Arztes eine Frau vor, die gegen alle möglichen Dinge des täglichen Lebens allergisch war. Sie hatte Überreaktionen ihres Körpers, wenn sie zu Beginn der Behandlung Wasser trank, das mit mehr als einem Pipe pro Liter im Krug aufbereitet war.

Erst nach längerer Behandlung empfand sie Pipes-Wasser mit sechs bis neun Keramik-Pipes pro Liter Wasser als angenehm und für sich verträglich. Das sei ein Hinweis darauf, dass man nicht nach dem Motto „Viel hilft viel" verfahren, sondern immer genau die Reaktionen des Körpers beachten soll.

Jeder Mensch ist sehr individuell und hat individuelle Reaktionen. Kann man solche Reaktionen nicht selbst sicher beurteilen, sollte man unbedingt einen Fachmann, Arzt oder Heilpraktiker um Rat fragen.

Besonders hat uns die Wirkung der EM-Keramik überzeugt, als wir ein Experiment in einem Gewächshaus machten. Dieses Gewächshaus in einem Bio-Betrieb wurde nicht geheizt. Im Februar stand dort Feldsalat. Auf zehn Quadratmetern hatten wir 100 g

EM Super Cera Pulver (graues Keramik-pulver sehr fein vermahlen) vermischt mit einem Kilogramm Urgesteinsmehl ausgebracht und in der Zeit der Kultur des Feldsalates ab Oktober fünfmal mit 0,5 l EMa pro 10 l Wasser gegossen. Da der Boden genügend organisches Material hatte, wurde nicht zusätzlich mit Bokashi gedüngt.

Der Feldsalat war intensiver grün, hatte einen um gut 10 % höheren Ertrag und keinen Befall mit Mehltau. Für uns war besonders spannend, dass die Bodentemperatur in etwa 10 cm Tiefe um 3 °C höher war als in dem nicht behandelten Teil des Bodens. In dem Teil, in dem wir nur mit EMa gegossen hatten, lag die Temperatur nur um 1 °C höher und die Ertragssteigerung war geringer.

Da wir aus Versuchen in Japan wissen, dass man die Keramik nur einmal für viele Jahre geben muss, erscheint es uns betriebswirtschaftlich sinnvoll, Keramikpulver einzusetzen. Die höhere Bodentemperatur lässt sich nur aus stärkerer mikrobieller Aktivität im Boden erklären.

Die EM-Keramik scheint auf die Aktivität der Mikroben einen erheblichen Einfluss zu nehmen. Man muss natürlich beachten, dass erhöhte mikrobielle Aktivität auch einen schnelleren Abbau der organischen Substanz im Boden erwarten lässt. Deswegen ist Düngung mit organischem Material besonders wichtig. Dazu mehr im praktischen Teil des Buches über den EM-Einsatz im Garten (ab Seite 180).

5.2 EM in der Ernährung und Haut- und Wundpflege

EM ist rechtlich ein Bodenhilfsstoff und als EM-Silo/EM-Silan ein Silierzusatzstoff für die Landwirtschaft.

Die im EM-Fachhandel erhältlichen Reiniger sind eigene Entwicklungen und über Sicherheitsdatenblätter und entsprechende

- *EM ist ein Bodenhilfsstoff und als Sonderanfertigung ein Silierzusatzstoff für die Landwirtschaft. Alle anderen Anwendungen geschehen auf eigene Verantwortung.*
- *EM-Keramik ist lebensmittelrechtlich unbedenklich.*
- *Die EM-Reiniger sind bei den zuständigen Stellen als Reiniger registriert.*

öffentlich-rechtliche Registrierungen für diesen Einsatz nach geltendem Recht in der Europäischen Union abgesichert. Keramik ist nach geltendem Recht eine bei über 1000 °C gebrannte Tonerde und deswegen hygienisch unbedenklich.

Allgemeingültige Arbeitsanweisungen lassen sich nicht geben. Wir berichten an dieser Stelle über unsere eigenen Erfahrungen und die Erfahrungen von anderen begeisterten EM-Anwendern.

Uns allen ist klar, dass man die Anwendungen auf eigenes Risiko macht. Wichtig für uns ist in jedem Fall, dass die EM-Herstellung bei den uns bekannten Unternehmen sehr sorgfältig geschieht und mikrobiologisch dahingehend kontrolliert wird, dass eine Verunreinigung mit möglicherweise krankmachenden Mikroben ausgeschlossen wird.

Wir haben auch schon EM-Herstellung in anderen Ländern dieser Welt gesehen. Überall haben wir die Vertrauen erweckende Sorgfalt kennen gelernt, mit der die Menschen EM herstellen. Trotzdem steht auf jeder Flasche, auch weltweit, dass man es nicht einnehmen darf. Wegen der nicht vorhandenen Zulassungen führt EM den Anwender auf seine Eigenverantwortung zurück.

Auf der anderen Seite nutzen viele Ärzte und Heilpraktiker EM im Rahmen ihrer Therapiefreiheit, um damit Menschen zu helfen. Sie lassen es innerlich und äußerlich anwenden.

In der Zwischenzeit haben einige Hersteller EM-Produkte entwickelt, die als Nahrungsmittel oder Nahrungsergänzungsmittel zugelassen sind. Diese Produkte helfen den Menschen, sich mit weniger Widerstand den Mikroben zu nähern, so wie sie Joghurt oder Sauerkraut als die Gesundheit unterstützende Nahrung nutzen. Wir selbst benutzen fast ausschließlich EM und EMa in unserem Haushalt, wo wir in eigener Verantwortung für uns handeln können.

Wir benutzen EM zum Beispiel als Hilfsmittel bei Sonnenbrand. Äußerlich unverdünnt aufgetragen beruhigt sich eine verbrannte Haut in sehr kurzer Zeit. Das führt natürlich dazu, dass wir EM auch bei Brandverletzungen einsetzen. Eine Freundin hatte sich vor kurzer Zeit am Samstagmittag kochendes Nudelwasser mit etwas Öl zur Minderung der Schaumbildung über eine Hand gegossen. Hautfetzen lösten sich, als wir etwa fünf Minuten nach dem Vorfall die Hand ansahen. Ein Umschlag aus verdünntem EM, bis Sonntagabend fünfmal erneuert, führte dazu, dass sie am nächsten Montag ohne Beschwerden arbeiten gehen konnte. Leider haben wir in der Aufregung vergessen, das Vorgehen mit Fotos zu dokumentieren.

Ähnlich verfahren wir bei Prellungen oder Blutergüssen. Wir feuchten eine Binde mit EM oder EMa intensiv an und fixieren sie an den betroffenen Stellen. Solche Erfahrungen liegen auch aus dem Profi-Sport vor.

Eine sehr engagierte ältere Naturheilärztin, Dr. Carstens, hatte vor einigen Jahren in ihrer Vereinszeitschrift veröffentlicht, dass sie nach Erfahrungen am eigenen Leibe nun ihren recht alten Patienten mit drei bis fünfzehn Tropfen EM in Wasser verdünnt morgens vor dem Frühstück zu regelmäßigem Stuhlgang verhilft. Die Menge sei so gering zu halten, weil sie sonst Durchfälle nicht ausschließen könnte.

Zur gleichen Zeit berichtete ein befreundeter junger Arzt, dass er nach jedem Essen einen Esslöffel voll EM pur einnehmen lasse. Da seine Patienten

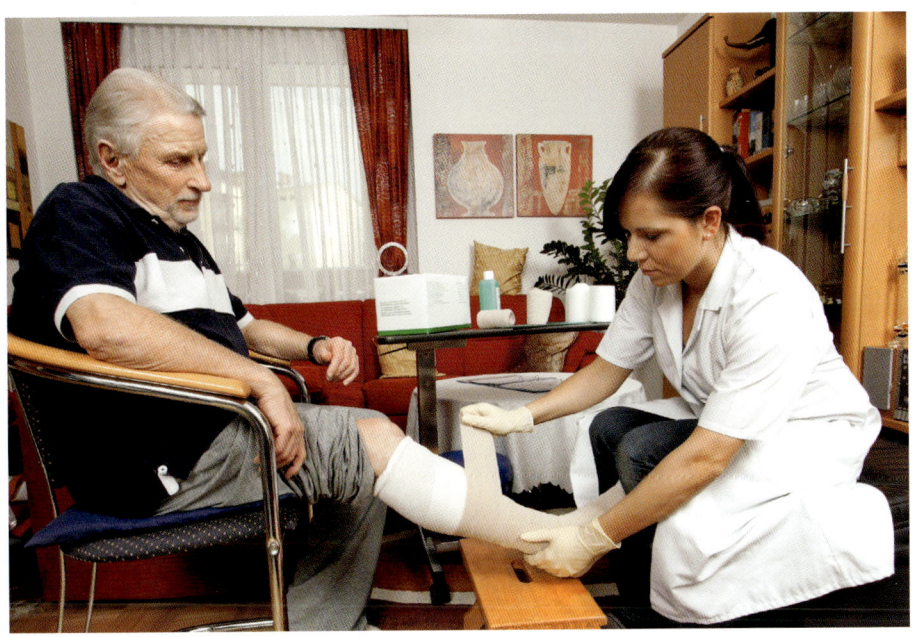

Eine befeuchtete Binde mit EM oder EMa hilft auch bei Verletzungen.

jünger seien, belehre er sie darüber, dass eventuell auftretende Durchfälle eine natürliche Reaktion auf auszuscheidende Substanzen im Körper seien. Erst wenn ein Durchfall nach zwei Tagen nicht nachlasse, sei er näher beachtenswert. Er habe nämlich festgestellt, dass sowohl bei Verstopfungen als auch bei Durchfällen die Mikrobenstruktur im Verdauungssystem sich neu strukturieren müsse. Natürlich bleibe er bei Beginn der Behandlung in direktem Kontakt zu den Patienten, um sie bei der Eigenverantwortung und bei der Beobachtung der Körperreaktionen zu unterstützen.

Wenn man also abseits der rechtlich geschützten Anwendung EM nutzt, sollte man immer beachten, wie der eigene Körper reagiert, und sich der Eigenverantwortung bewusst sein. Wer sich das nicht zutraut, sollte seine EM-Anwendungen auf die Raumhygiene, die Abwasserbehandlung und auf den Garten beschränken. Wenden Sie EM innerlich oder äußerlich an, bitten wir Sie, mit Ihrem Naturheilarzt oder Ihrem Heilpraktiker in engem Kontakt zu bleiben. Die in Fragen der menschlichen Gesundheit ausgebildeten Fachleute werden Ihnen helfen, die Antworten Ihres Körpers verantwortungsvoll zu interpretieren.

5.3 Sauberkeit im Haus

Sauberkeit bedeutet, dass alter Schmutz abgewaschen wird und alle Oberflächen mit guten Mikroben dominant besiedelt sind. Mikroben besiedeln von Natur aus alle Oberflächen. Es erscheint sinnvoll, die Besiedlung mit erwünschten Mikroben herzustellen.

Die beste Voraussetzung für ein angenehmes Leben ist Sauberkeit. Als Kinder haben wir immer die jungen Möhren im Garten aus der Erde gezogen, die anhaftende Erde mit der Hand abgestreift und dann sofort gegessen. Es knirschte zwar etwas zwischen den Zähnen, der Genuss des jungen, frischen Gemüses hob aber bei Weitem die mechanischen Beeinträchtigungen auf.

Instinktiv haben wir Kinder gewusst, dass auf Salat, auf Obst, auf allem, was man roh aß, die Mikroben des Bodens und der Umgebung sitzen. Sie können dem gesunden Menschen nichts anhaben, weil genau diese Mikrobenbiotope in der aktuellen Umwelt unserer Körper den Mikrobenbiotopen in unseren Därmen bekannt sind. Sie bilden die Grundlage unseres Immunsystems, regeln die Verdauung. Durch ihre Vielfalt und ihre Unterschiede halten sie unser Immunsystem wach.

Natürlich mussten wir uns vor dem Essen und auch abends gründlich waschen. Es ist mit Sicherheit nicht angebracht, alten Schmutz auf Haut und Haaren vor sich hinschimmeln zu lassen. Aber muss man jedes Mal die natürliche Fettschicht auf der Haut mit Seifen oder Desinfektionsmitteln entfernen? Eine gesunde Haut lässt Schmutz nicht so intensiv haften.

Wir finden heute immer wieder in den Medien Hinweise, dass übertriebener Reinlichkeitssinn gesundheitsschädlich sei. Wir verweisen an dieser Stelle auch auf unsere Ausführungen zum Immunsystem.

Unter „sauber" versteht man heute meistens „frei von Mikroben", eine Option, die es praktisch nicht gibt. Nur die Werbung für die verschiedenen Reiniger und Desinfektionsmittel macht uns glauben, dass es diese Art von Sauberkeit gebe.

Betrachtet man sogenannte glatte Oberflächen aus Edelstahl oder Kunststoff unter einem Elektronenrastermikroskop, so erblickt man eine von Riefen durchzogene Kraterlandschaft.

In den Riefen bleiben auch bei noch so gründlicher Reinigung organische Reste haften. Hat man diese Oberflächen desinfiziert, so bleiben dennoch organische Reste übrig. Allein schon aus dem Staub der Luft fallen sofort entsprechende Substanzen innerhalb von Bruchteilen von Sekunden wieder darauf. Auch sind die Stäube mit Mikroben besiedelt.

Alle Oberflächen dieser Welt sind mit Mikroben besiedelt. Wären Mikroben rot, wäre die ganze Welt, alle Tische, alle Häute, alle Kleidung, rot. Deswegen kann Desinfektion nur

Alle Oberflächen werden nach der Desinfektion direkt wieder aus der Umwelt mikrobiell besiedelt. Deswegen ist es sinnvoll, direkt die erwünschten Mikroben anzusiedeln. Warum sollte man das dem Zufall überlassen?

einige Sekunden lang als erfolgreich angesehen werden. Lange wirkende Desinfektionsmittel, die Mikroben töten, töten auch die Mikroben auf und in Mensch und Tier. Sie schwächen unsere Lebensgrundlage.

Nach einer gründlichen Reinigung sind natürlich weniger Mikroben auf einem Gegenstand zu finden. Insbesondere ist aber beim Reinigen wichtig, dass organische Substanz und mit ihr auch schlechte Mikroben entfernt werden. Dann hat man zwei Möglichkeiten: Man überlässt die Wiederbesiedlung der gereinigten Oberfläche dem Zufall oder man besiedelt die gereinigte Oberfläche wieder gezielt mit Mikroben.

EM-Technologie beruht darauf, dass man selbst die Initiative ergreift und die milchsaure Mikrobenflora nutzt. Diese stützt unsere Verdauungsmikroben und unsere Hautmikroben. Deswegen ist die beste Gesundheitsvorsorge im Hause, dass man alle Oberflächen mit den erwünschten Mikroben besiedelt. Wie man das macht, wird im Kapitel *7.3 EM-Reiniger* beschrieben.

Erste Rezepte für den Haushalt:

- *Angebranntes mit EM oder EMa in Wasser einweichen.*
- *Kochmulde oder Ceranfeld mit EM-Verdünnung einsprühen und einwirken lassen.*
- *Älteren schmierigen Fettbelag öfter einsprühen und EM einwirken lassen, dann einfach mit warmem Wasser und Mikrofasertuch abwischen.*
- *Glatte Bodenbeläge mit Wachsresten öfter mit EM-Reinigern putzen. Die Wachsreste werden zersetzt. Vorsicht: Der Boden kann zu glatt werden.*
- *Schuhe und Stiefel mit EM-Verdünnung aussprühen, eventuell eine Messerspitze Super Cera Pulver bei Bedarf in die Schuhe streuen.*
- *EM-Salz vermehren und zum Würzen einsetzen.*

5.4 Weitere Erfahrungen aus dem Haushalt mit EM

In diesem Zusammenhang wollen wir noch über weitere persönliche Erfahrungen berichten. Es kommt bei uns immer wieder mal vor, dass in einem Topf etwas anbrennt. In solchen Fällen lüften wir als Erstes die Küche und sprühen sie anschließend gründlich aus, damit der unangenehme Geruch möglichst schnell verschwindet. In den Topf mit dem Angebrannten kommt Wasser und ein kleiner Schuss EM, das immer griffbereit auf der Spüle steht. Der Topf wird einige Stunden stehen gelassen, anschließend löst sich das Angebrannte ohne intensives Scheuern.

Einen vergleichbaren Effekt erreichen wir auf dem Kochfeld aus Ceran. Wir sprühen nach dem Kochen etwas EM-Verdünnung auf das Feld, wenn es stark verschmutzt ist auch mehrere Male, und lassen die Verdünnung einwirken. Dann wird mit einen feuchten Tuch nachgewischt und anschließend trockengerieben. Das Ceranfeld sieht immer aus wie neu. Seit mehr als 13 Jahren haben wir nicht mal eine Flasche Spezialreiniger verbraucht.

Als wir EM kennenlernten und noch nicht regelmäßig mit EM-Verdünnung in der Küche sprühten, hatten wir hin und wieder einen schmierigen Fettbelag auf den Küchenschränken. Da wir von den „Wundertaten" von EM gehört hatten, probierten wir die Wirkung an dieser besonders schwierigen Stelle aus. Wir sprühten EM-Verdünnung (eine Verschlusskappe auf einen halben Liter Wasser in der Spruhflasche) auf den Küchenschrank, machten den Tag über unsere normale Arbeit, sprühten zwischendurch noch zwei- bis dreimal. Abends ließ sich die Fettschmiere mit warmem Wasser und einem Mikrofasertuch ohne besonderen Kraftaufwand abwaschen.

Vor unserem Kontakt mit EM war die Reinigung der oberen Abdeckung der Küchenschränke immer wieder mit großem Kraftaufwand und aufwendigem Einsatz von Scheuermittel und Fettlöser verbunden. Diese besondere Aktion ist heute nicht mehr nötig, da sich bei uns auf den Küchenschränken keine besonderen Probleme mehr aufbauen. Die permanent durchs Sprühen verteilten Effektiven Mikroorganismen leisten dort andauernd gute Arbeit.

Ähnliche Erfahrungen machen auch Reinigungsunternehmen. Oft baut sich am Rand von Räumen und Fluren mit glatten Belägen eine Schmutzschicht auf. Der Fußboden erscheint dort dunkler. Bei konventioneller Behandlung muss man je nach Verschmutzung ein- bis zweimal im Jahr diese Stellen einer Sonderreinigung unterziehen. Wird nun in solchen Objekten mit EM-Reinigern gearbeitet, baut sich der dunklere Belag schrittweise ab. Das lässt darauf schließen, dass die Mikroben an allen Tagen weiterarbeiten, neue Schmutzhaftung vermindern und den alten Schmutz langsam zersetzen.

In einer Schule wurde die Reinigung mit EM wieder eingestellt. Dort waren die Kunststoffbeläge der Böden nach etwa zwei Jahren so sauber und glatt geworden, dass man um die Rutschsicherheit fürchtete.

Schuhe lassen sich mit EM von unangenehmen Gerüchen befreien.

Mit den aggressiven konventionellen Reinigern wird nun jedes zweite Mal gereinigt und der Boden bleibt rau.

Eine Grundregel in all diesen Unternehmen ist aber auch, dass, soweit wie möglich, alles Putzwasser durch EM-Keramik beeinflusst wird. Nicht erwünschte Gerüche hat man öfter schon mal in Schuhen oder Stiefeln. Abends sollte man dann die Schuhe mit EM-Verdünnung aussprühen. In extremen Fällen kann man auch EM pur einsetzen. Uns ist es angenehm, alle Schuhe zusätzlich ab und zu mit EM-Keramikpulver auszupudern. Wir haben den Eindruck, dass die Füße länger frisch bleiben und auch bei weiten Wanderungen länger fit sind.

Die gleiche Denkweise, alle Oberflächen mit guten Mikroben zu besiedeln, wenden wir und viele andere EM-Nutzer beim Waschen von Gemüse oder Salat an. Zerteilt man Gemüse oder Salat, werden nährstoffhaltige Zellen aufgebrochen. Diese können Nährboden für alle möglichen Keime sein. Deswegen geben wir vier bis fünf Sprühstöße EM-Verdünnung ins Waschwasser und besiedeln die Gemüse

EM-Verdünnung im Gemüsewaschwasser. Dieses wird später zum Blumengießen verwendet.

gezielt mit den Effektiven Mikroorganismen. So gewaschener Salat lässt sich über mehrere Tage in einer Tupperschüssel aufbewahren, ohne dass er unansehnlich wird. In unserem Zwei-Personen-Haushalt ist das sehr praktisch, weil gerade im Sommer die Salate sehr groß sind und wir mehrere Tage an einem Salat essen. Ein sehr interessanter Nebeneffekt ist, dass man auch etwas schlaffen Salat oder Möhren zehn bis zwanzig Minuten in der Lösung liegen lassen kann und dann Salat oder Gemüse wie frisch geerntet schmecken.

Die Idee zur Anwendung von EM bei der Zubereitung von Salat und Gemüse kam uns, als Freunde von einem Besuch bei einem Salatanbauer in Kalifornien berichteten. Dieser baute seine Salate im Sonnenstaat an, machte sie dort verzehrfertig und verpackte sie in Kunststoffschalen. Vor der Verpackung wurden die Salate nicht völlig trockengeschleudert. In die Kunststoffschale kam ein Vlies, das die überschüssigen Wassermengen aufsaugte und genügend Feuchtigkeit für die Tage zwischen Lieferung und Verkauf für den Salat abgab. Die fertigen Packungen wurden per Kühltransport in die Region von New York gebracht und dort verkauft. Bevor der Salathersteller mit EM arbeitete, mussten die Salate innerhalb von vier Tagen verkauft sein. Trotz geschlossener Kühlkette waren sie nicht länger haltbar. Mit EM-Technologie konnte er das Mindesthaltbarkeitsdatum auf zehn Tage erhöhen. Damit stiegen die Absatzmöglichkeiten, weil die Kaufleute den fertig geputzten Salat nach Anlieferung über mehrere Tage abverkaufen konnten, ohne dass die Ware unansehnlich wurde oder verdarb.

Ein besonderes EM-Erlebnis hatten wir, als wir nach einem Seminar im Sommer in Thüringen von einem Bauern ein halbes frisch geschlachtetes Lamm geschenkt bekamen. Wie sollten wir es ohne Kühlung transportieren? Der Bauer, ein richtiger Praktiker, sagte: „Macht doch das, worüber ihr im Seminar gesprochen habt. Sprüht das Fleisch ein und nehmt es mit!" Das Lammfleisch wurde intensiv mit EM-Verdünnung eingesprüht, blieb einen Tag in der ordnungsgemäßen Kühlung hängen, wurde am nächsten Morgen nochmals intensiv eingesprüht und dann in eine große Plastiktüte gepackt. Weil es draußen am Tag über 35 °C warm wurde, packten wir das Fleischpaket in zwei Wolldecken als Isolierung.

Auf der Rückreise ins Rheinland hatten wir noch zwei Betriebsberatungen und waren erst am späten Abend zu Hause. Das Fleisch hatte beim Auspacken eine Kerntemperatur von 25 °C, roch aber richtig gut. Wir legten das Fleisch direkt in die Kühltruhe, aber nicht, ohne vorher eine Probe für eine Lebensmitteluntersuchung in einem Labor zu entnehmen. Das Ergebnis der Untersuchung lautete: Unbedenklich! Mit viel Genuss verspeisten wir unseren Lammbraten auf der Terrasse als Lohn für unsere Arbeit. EM hatte dafür gesorgt, dass das Fleisch nicht faulte.

Den besten Tiroler Speck haben wir bei einem Bergbauern in der Nähe von Sand in Taufers gegessen. Er gibt als routinierter EM-Anwender etwas EM in die Salzlake, in der sein Speck gesalzen wird. In der Reifekammer für seine Räucherwaren sprüht er regelmäßig EM-Verdünnung. Hygienische Probleme hat der Bauer keine.

Diese Erfahrung nutzen wir in der Form, dass wir traditionell geräucherte Würste in unserer Küche einfach aufhängen. Die Würste bekommen immer wieder Effektive Mikroorganismen, wenn wir in der Küche sprühen. So können wir solche Würste über Monate nachreifen und auch trocknen lassen. Die geschmackliche Qualität wird immer besser, je länger wir sie reifen lassen.

Der Einsatz von EM in Käsereien hat gute Ergebnisse erbracht.

Auch in einigen Bauernkäsereien wird EM als Symbioselenker [3] genutzt. Die Käser sprühen regelmäßig die Reiferäume aus. Gerade die Bauern, die Rohmilchkäse herstellen, haben mit dieser Vorgehensweise sehr gute Erfolge, insbesondere dann, wenn ihre Kühe auch schon mit EM heranwachsen.

Interessant ist, dass die Abwasserkästen der Käsereien keine stinkenden schwarzen Rückstände haben, sondern sich auch dort eine gut riechende Käseschmiere hält.

Fäulnis und krankmachende Mikroben haben bei intensiver EM-Anwendung keine Chance.

Unsere Euphorie für EM sollte aber keinen Käser oder Metzger dazu verleiten, gesetzlich vorgeschriebene Desinfektionsmaßnahmen zu unterlassen. Sie könnten jedoch darüber nachdenken, zum Beispiel mit Peressigsäure zu arbeiten. Peressigsäure ist in der Handhabung etwas aufwendiger, verursacht aber wesentlich weniger Umweltprobleme. Außerdem lässt sie in ihrer

---

[3] Als Symbioselenker bezeichnet man Produkte, die die natürliche Ordnung oder eine gewollte Ordnung in Biotopen herstellen.

desinfizierenden Wirkung nach etwa einer halben Stunde nach und erlaubt dann, erwünschte Mikrobenbiotope zu etablieren. Wissenschaftlich abgesicherte Untersuchungen liegen vor. Dadurch könnte die Qualität der veredelten Lebensmittel steigen.

5.4.1 EM-Salz

Ein paar Worte zum EM-Salz: Prof. Higa und Ryuichi Chinen erklären, wie dieses Salz aus Meerwasser aus bestimmter Tiefe nach traditionellem

Salzverdunstungsbecken in Guérande – mit dem von dort stammenden Meersalz lässt sich EM-Salz vermehren.

Verfahren gewonnen wird. Dieses Salz enthalte viele Spurenelemente und Mineralien. Es werde zusätzlich mit EM und EM-X fermentiert. Das urzeitliche Meer habe die gleiche Zusammensetzung wie Fruchtwasser oder Körperflüssigkeiten der Menschen.

Menschen brauchen Salz, aber das richtige. Da reines EM-Salz so wertvoll ist, empfiehlt Prof. Higa, es mit einem guten, in der Sonne getrockneten Meersalz, zum Beispiel „Fleur de Sel de Guérande", zu vermehren. Dazu mischt man 5 bis 10 % EM-Salz unter gutes Meersalz. Dann besprüht man die Salzmischung einige Male mit EM und EM-X und lässt die Mischung dann zwei bis drei Tage an der Sonne oder unter Infrarotlicht trocknen. Die gut getrocknete Salzmischung füllt man in eine Dose und lässt das Salz drei Wochen stehen. Durch die Reifung entstehe ein Salz, das etwa 70 % der antioxidativen und regenerativen Eigenschaften von reinem EM-Salz hat.

Diese Vermehrung kann man dann in vielen Bereichen des Lebens anwenden (Rezept und Bewertung entnommen aus dem Buch „EM-Salz"). Außer in der Küche dient es für belebende und entgiftende Fußbäder, zur

Herstellung einer Salzsole, verdünnt mit Wasser als Nasenspray usw.

5.5 EM-Keramik in Haushalt und Gewerbe

EM-Kenner wenden EM und EM-Keramik in vielen Bereichen der Küche und des Haushalts an.

5.6 Wasser

In unserer Küche steht immer ein EM-Keramikkrug mit einem „Ring für Getränke" auf dem Küchentisch. Aus diesem Krug nehmen wir unser Trinkwasser. Wenn wir ihn frisch befüllen, dauert es circa zehn bis zwanzig Minuten, und das Wasser schmeckt wesentlich besser. Befüllt

---

Die wichtigsten Rezepte mit EM-Keramik für Haushalt und Gewerbe:

- In den Trinkwasserkrug drei bis zwölf graue Pipes oder ein 35-mm-Pipe oder einen Ring für Getränke geben; Krug nie ganz leeren, sondern immer nachfüllen.
- In die Wasserflasche fürs Auto drei bis zwölf Pipes geben und das Wasser bleibt frisch.
- Ein 10 l-Glasballon mit einem 35-mm-Pipe bietet immer frisches Wasser im Wohnraum.
- Alte Menschen trinken Pipe-Wasser lieber als anderes Wasser.
- Haustiere bevorzugen Pipe-Wasser.
- Zwanzig graue Pipes oder ein 35-mm-Pipe im Tank der Kaffee- oder der Espressomaschine verbessern das Kaffeewasser

- und verringern den Reinigungsaufwand.
- Pipes in der Wasserleitung verändern den im Wasser enthaltenen Kalk so, dass er nicht kristallin, sondern amorph ausfällt und sich leichter entfernen lässt.
- In die Wasserleitung kann man hinter dem Grobschmutzfilter einen zusätzlichen Filter einbauen und dort die Filterpatrone gegen graue Pipes oder 35-mm-Pipes austauschen.
- In einen Duschkopf oder hinter das Sieb am Wasserhahn passen Yu-Go-Kugeln.
- Zwanzig bis dreißig Pipes im Kühlschrank mindern die Entwicklung des typischen

Kühlschrankgeruchs. Die Wirkung wird beschleunigt, wenn man die Pipes vorher eine Stunde lang in EM tränkt.

- *Professionelle Kühlräume sind hygienisch einfacher zu führen, wenn man 500 g graue Pipes je Kubikmeter Rauminhalt am besten unter dem Kühlgebläse einbringt.*
- *In Käse- oder Wurstdosen gibt man zusätzlich drei Pipes.*
- *Professionelle Spülmaschinen brauchen weniger Reiniger, wenn man je 20 l Sumpfinhalt 500 g graue Pipes gibt (der „Sumpf" ist das Auffangbecken für gebrauchtes Wasser, das öfter zum Vorspülen verwendet wird und Frischwasser spart).*
- *In privaten Spülmaschinen gibt man zwanzig bis dreißig graue Pipes oder zwei 35-mm-Pipes in den Besteckkorb. Pro Spülgang gibt man zwei Esslöffel EM oder EMa und braucht nur etwa die Hälfte an Spülmitteln.*
- *In die Waschmaschine gibt man pro Waschgang zwei Esslöffel EM oder EMa und, in einen Waschhandschuh eingenäht, zwanzig bis dreißig graue Pipes. Das spart die Hälfte des Waschmittels.*
- *Mit Geruch belastete Kleidung sprüht man mit EM-Verdünnung, eventuell mehrmals, ein.*
- *In eine Fritteuse gibt man ein 35-mm-Pipe oder sechs graue Pipes und das Fett bleibt länger haltbar.*

man ihn völlig neu, braucht es bis zur wahrnehmbaren Veränderung mehrere Stunden. Wir ersparen uns den Mineralwasserkauf, wobei aber zu bemerken ist, dass wir schon recht gutes Wasser in unserer Gemeinde haben.

Auch Kinder und ältere Menschen, die sonst wenig trinken, trinken bei uns Wasser. Nach Berichten von anderen EM-Anwendern wissen wir,

dass selbst Quellwasser seinen Geschmack nach Kontakt mit EM-Keramik positiv verändert.

Am Anfang war die nach einigen Tagen entstehende dünne Schleimschicht im Krug gewöhnungsbedürftig. Es bilden sich jedoch keine Algen. Wir ließen diese Schleimschicht mikrobiologisch untersuchen. Das Ergebnis war: unbedenklich!

Aus ästhetischen Gründen spülen wir nun den Krug alle paar Tage einmal durch, weil die Schleimschicht, eine Schutzschicht von Mikroben gegen mögliche Umwelteinflüsse, wächst und sich irgendwann Teile davon lösen können und im Wasser herumschwimmen.

Diese Bildung von Schleim haben wir in unserem Glasballon im Wohnzimmer nicht. Dort haben wir in einem 10 l-Ballon eine 35-mm-Pipe und ein paar Quarze. Der Ballon steht in einer dunkleren Ecke des Zimmers. Er ist immer mit Wasser gefüllt und dieses kann über einen Ablaufhahn entnommen werden.

Glasballon mit Wasser und EM-Keramik

Es gibt viele Geräte zur Trinkwasserverbesserung. Hier ein Aktivkohlefilter, der an der Hauptentnahmestelle für Trink- und Kochwasser installiert ist.

Es ist schon interessant, zu beobachten, wie viel Wasser Gäste trinken, auch solche, die noch nie über Wasserqualität nachgedacht haben. Bei einer Feier von 17:00 Uhr bis 23:00 Uhr in unserem Haus tranken fünfzehn Gäste sechs Flaschen Wein, fünf Flaschen Bier und fast zwanzig Liter Wasser.

In Altenheimen hat man die Erfahrung gemacht, dass die Bewohner Pipe-Wasser auch sehr gerne trinken. Gerade ältere Menschen trinken häufig zu wenig. Stehen nun

Vorratsbehälter mit Pipe-Wasser in den Aufenthaltsräumen, trinken die älteren Menschen wesentlich mehr.

Die einzige Erklärung, die uns für dieses Phänomen einfällt, ist, dass solches Wasser vom Körper ohne zusätzlichen Energieaufwand verstoffwechselt werden kann. Sind die Wassercluster groß, kann das Wasser nicht durch die Zellwände wandern. Dann muss der Körper zuerst Energie aufwenden, um die Cluster so klein zu machen, dass sie durch die Durchlässe der Zellmembranen passen. Erst dann kann Wasser nicht mehr verwertbare Reste aus den Zellen transportieren. Ist ein Körper schon im Energiemangel, der ja letztendlich Alterserscheinungen oder auch Krankheiten ausmacht, verweigert er die Aufnahme von grobem Wasser. Nach diesen Erfahrungen stellen wir uns die Frage, ob nicht gutes Wasser den Genesungsprozess in Krankenhäusern auch wesentlich unterstützen könnte.

Eigene Erfahrungen und Erfahrungen von Freunden bei Krankheiten bejahen diese Frage. Es kann nach diesen Vorstellungen nur unsinnig sein, schwachen Menschen mit Kohlensäure versetztes Wasser anzubieten, was man heute in fast allen Krankenhäusern bekommt.

Gerade mit Kohlensäure versetztes Wasser hat sehr grobe Cluster. Zusätzlich ist Kohlensäure ein Abfallstoff, den der Körper ausscheidet, weil er in zu hoher Konzentration tödlich wirken würde.

Aus der Haus- und Nutztierhaltung wissen wir, dass die Tiere Wasser, das in Gefäßen mit EM-Keramik angeboten wird, normalem Wasser gegenüber bevorzugen.

Einen Arbeit sparenden Nutzen hat die EM-Keramik in den Vorratstanks von Kaffee- und Espressomaschinen. In den Gebrauchsanweisungen für solche Geräte steht meistens, dass man in den Vorratstanks kein Wasser bevorraten soll. Gibt man jedoch zwanzig graue EM-Keramik-Pipes oder ein 35-mm-Pipe in den Vorratstank der Geräte, kann man beobachten, dass sich keine unansehnlichen Ränder bilden, das Getränk bekömmlicher ist und der Reinigungsaufwand sinkt. Meistens sollen Espressomaschinen einmal pro Woche mit einem speziellen Reiniger vom Kaffeefett befreit werden.

Wir kennen mehrere Haushalte, die ihre Espressomaschine über Jahre nicht mit den Reinigern behandelt

BILD LINKS: *Pipes im Wassertank machen den Kaffee schmackhafter und den Betrieb einfacher. Zusätzlich ist der Kaffeeschaum stabiler.*
BILD RECHTS: *Kaffeeschaum zehn Minuten nach dem Aufbrühen.*

haben. Dennoch sind die Geräte sauber. Das weist darauf hin, dass die Keramik tatsächlich Wasserstrukturen positiv beeinflusst und Pipe-Wasser eine höhere Lösungsfähigkeit hat.

Die Keramik spart die recht hohen Kosten für die Reiniger und zusätzlich wird das Abwasser weniger belastet.

Experimentierfreudigen Lesern sei folgender Versuch angeraten: Man gebe in zwei gleiche Gefäße je einmal die gleiche Menge Keramik-Wasser und einmal frisches Wasser aus der Leitung. Das Wasser in jedem Gefäß sollte die gleiche Temperatur haben. Dann gebe man in jedes Gefäß die gleiche Menge Salz

und beobachte, wie lange es dauert, bis sich das Salz gelöst hat. Hier wird das Keramikwasser seine größere Lösungsfähigkeit und damit seine kleineren Cluster demonstrieren.

5.7 Technik zur Wasseraufbereitung mit Keramik

Technisch haben einige uns bekannte Haushalte und auch Landwirte die Wasseraufbereitung dadurch gelöst, dass sie sich vom Klempner einen zusätzlichen Filter hinter den Grobstofffilter in der Wasserzuführung im Hause haben einbauen lassen. Dieser wird dann mit 35-mm-Pipes oder den grauen Pipes zur Gänze gefüllt. In die Wasserentnahmestellen geben diese EM-Nutzer zusätzlich kleine Yu-Go-Keramikkugeln. Sie passen hinter die kleinen Siebe an den Wasserhähnen und natürlich auch in die Duschköpfe.

Praktisch ist sehr schnell erkennbar, dass Kalkausscheidungen an den Duschköpfen sich mit einer Nagelbürste entfernen lassen. Aus Untersuchungen wissen wir, dass optimiertes Wasser die in ihm gelösten Kalke physikalisch verändert. Kalk

Yu-Go-Kugeln gehören mit zur Gruppe der grauen Keramik.

kristallisiert nicht mehr, sondern bleibt unstrukturiert und kann keine schwer zu lösenden Kristalle bilden. Das hat auch den Vorteil, dass Kalkablagerungen an den anderen Armaturen eines Haushaltes mit einer Bürste entfernt werden können. Für Hotels, die solche Schmutzecken sonst sehr aufwendig entfernen oder immer wieder neue Armaturen einbauen mussten, ist die Keramik ein echter Kostenverminderer.

5.8 Kühlen

Völlig unerwartet ist für die meisten EM-Nutzer der Einfluss von Keramik auf die Gerüche und die Haltbarkeit von Lebensmitteln. Zwanzig bis dreißig Pipes, im Kühlschrank verteilt, führen dazu, dass spätestens nach drei Tagen der Kühlschrank seinen typischen Kühlschrankgeruch verliert.

Will man diesen Effekt in wesentlich kürzerer Zeit erreichen, gibt man die Pipes vorher einige Stunden in EM oder EMa.

Es gibt inzwischen einige Restaurants, die ihre Kühlräume mit Keramik ausstatten und so einen positiven Einfluss auf die Frische der gelagerten Lebensmittel nehmen.

LINKS: *20 bis 30 Pipes im Kühlschrank absorbieren den typischen Geruch. 3 oder 6 Pipes in der Wurst- oder Käsedose halten die Lebensmittel länger frisch.*
RECHTS: *In Kühlhäusern hat es sich als vorteilhaft erwiesen, die grauen Pipes unter den Ventilator zu platzieren. Wenn man sie vorher einen Tag in EM tränkt, erlebt man deren Wirkung in wenigen Stunden. Sonst dauert es zwei Tage.*

Geringerer Verderb und besserer Geschmack lohnen eine solche Investition auf jeden Fall.

In Käse- oder Wurstdosen sollte man drei bis sechs Pipes legen. Diese sonst sehr empfindlichen Lebensmittel werden haltbarer.

Eine Konditorin hat die Feststellung gemacht, dass ein Beutel Keramik-Pipes in der Kühltheke zu einer wesentlich längeren Haltbarkeit von Sahnetorten führt. Der Erfolg wurde sensorisch und mikrobiologisch geprüft. Torten, die normalerweise in zwei Tagen abverkauft sein mussten, weil sie sonst den Anforderungen der Kunden und der Lebensmittelaufsicht nicht mehr genügten, blieben mit Keramik drei bis vier Tage frisch.

5.9 Spülmaschine

Ein weiterer ökonomisch interessanter Einsatzbereich für EM-Keramik-Pipes sind die großen professionellen Spülmaschinen. In diesen Maschinen wird das recht teure Spülmittel über Sensoren in den Spülsumpf dosiert. Die Sensoren ermitteln physikalische Kenngrößen des Wassers. Nach den bis jetzt vorliegenden Erfahrungen sind durch Zugabe von einem Beutel Pipes pro 20 l Sumpfinhalt (der „Sumpf" ist das Auffangbecken für gebrauchtes Wasser, das öfter zum Vorspülen verwendet wird und Frischwasser spart) bis zu 40 % des Spülmittels einzusparen.

In haushaltsüblichen Spülmaschinen nutzt man diesen Vorteil dadurch, dass man dreißig bis vierzig Keramikpipes im Kunststoffnetz oder zwei große 35-mm-Pipes in den Besteckkorb gibt und so das Spülwasser beeinflusst.

Wir geben entweder zusätzlich einen Esslöffel EM, EMa oder einen Teelöffel EM-Reiniger in das Fach für das Spülmittel. Bei der Vorgehensweise kann man das Spülmittel um mehr als die Hälfte reduzieren und hat die gleichen guten Spülergebnisse.

Seit ungefähr einem Jahr haben wir auch den Klarspüler zur Hälfte durch EM oder EMa ersetzt. Das führt aber nicht bei allen EM-Anwendern zu dem erwünschten Ergebnis. Die Wasserhärte hat dabei einen entscheidenden Einfluss. Hier bleibt wieder Platz für Ihre Experimente.

5.10   Wäsche waschen

Ähnlich ökonomisch und umweltrelevant ist die Nutzung von EM und Keramik in der Waschmaschine. Hier empfehlen wir, zwanzig bis dreißig Pipes in einen Waschhandschuh einzunähen und diesen immer mitzuwaschen. Auch geben wir in die Wäsche,

von der Feinwäsche bis zur Kochwäsche, zwei Esslöffel EM oder EMa und reduzieren auch beim Waschen das Waschmittel um die Hälfte.

Doch aufgepasst: In einem Fall gab es bei uns Probleme. Ein weißes Seidenshirt hatte nach der Wäsche braune Flecken, wie von Melasse. Die waren auch nicht wieder zu entfernen und das Shirt war als Oberbekleidung nicht mehr brauchbar.

Die Nutzung der EM-Technologie würde nicht nur in Haushalten, sondern auch in Wäschereien zu interessanten Kosteneinsparungen führen. Es gibt inzwischen einige Wäschereien und Textilreinigungsunternehmen, die EM-Technologie anwenden.

Als prägnanteste Beispiele fallen uns da Textilreiniger ein, die besonders schwer zu reinigende Textilien bearbeiten. Einer reinigt Theaterkostüme. Auch nach einer chemischen Reinigung, die wegen der unterschiedlichen Materialien nötig ist, rochen diese oft noch nach Schweiß. Seit sie nun vor und nach der Reinigung mit EM-Verdünnung eingesprüht werden, ist dieses Problem gelöst.

Ein anderes Reinigungsunternehmen wäscht Pferdedecken. Nach der Wäsche mit normalem Waschmittel,

Die EM-Technologie führt in Haushalten auch beim Wäschewaschen zu Kosteneinsparungen und Entlastung der Umwelt.

dieses reduziert um 30 % bei Zugabe von EM, riechen die Decken nach der Wäsche frisch und nicht mehr nach Pferd. Der Geruch störte zwar die Pferde nicht, aber die Inhaber des Reitstalles und die Reiter, die die Reinigung beauftragten.

In landwirtschaftlichen Familien führen wir die Leistung von EM gerne dadurch vor, dass wir die Arbeitskleidung, die im Stall getragen wird, mit EM-Verdünnung einsprühen. Diese Arbeitskleidung nimmt im Regelfall schon nach einmaligem Tragen einen intensiven Stallgeruch an. Dann stecken wir die Kleidung nach dem Einsprühen in einen Plastiksack, damit

die Feuchtigkeit nicht so schnell verdunstet. Die Arbeitsfähigkeit der Mikroben würde beschränkt. Nach zwei bis drei Stunden riecht die Kleidung nicht mehr nach Stall. Die Mikroben haben sich mit den belästigenden Geruchsstoffen auseinandergesetzt. Das Ergebnis ist Frische.

5.11 Frittieren

In einer Fritteuse wirken ein 35-mm-Pipe oder sechs graue Pipes, je nach Größe des Behälters, wahre Wunder.

Hat man eine Fritteuse in der Küche benutzt, riecht es oft nach Acrolein,

EM-Pipes in der Fritteuse

Im EM-Fachhandel werden verschiedene Armbänder und Halsketten aus kleinen Keramikperlen angeboten, die in Japan in Werkstätten für Behinderte gefertigt werden. Frau Higa, die Gattin des Finders der Effektiven Mikroorganismen, engagiert sich sehr in diesem Bereich der Behindertenarbeit. Wir selbst tragen solchen Schmuck auch und haben das Gefühl, dass er uns gut tut.

Einige EM-Nutzer halten die fertigen Ketten für zu teuer. Deswegen fädeln sie sich graue Pipes auf einen Faden oder auf ein Gummiband und nutzen sie als Ketten.

Wichtig bei der Fertigung ist, dass man die Pipes durch nicht leitende Materialien trennt. Die Pipes haben einen Plus- und einen Minuspol, weil sie ein magnetisches Feld erzeugen. Das Magnetfeld könnte kurzgeschlossen werden.

Zwischen die Pipes sollte man aus diesem Grund Holz- oder Kunststoffperlen fädeln. Andere Menschen schwören auf Halbedelsteine oder auf bestimmte Farb- und Materialkombinationen, die die Kraft der

einem Abbauprodukt von Fett, das den typischen Frittenbudengeruch hervorruft. Der Geruch weist darauf hin, dass das Fett weniger genusstauglich wird.

Riecht frisches Fett bei der Speisezubereitung schnell nach diesem Acrolein, ist das ein Hinweis darauf, dass das Fett zu heiß geworden ist und schon vorzeitig aufgespalten wurde. Unter dem Einfluss von Keramik bleibt das Fett wesentlich länger stabil.

Wenn Sie überprüfen wollen, ob diese Aussage zutrifft, empfehlen wir, das Fett in der Fritteuse zu wechseln und ein 35-mm-Pipe oder sechs graue Pipes in das frische Fett zu geben.

Diese Erfahrungen aus der Gastronomie und aus vielen privaten Haushalten wurden durch Kontrollen in Lebensmittellaboren bestätigt.

Diese Arten von Keramikketten kann man im EM-Fachhandel kaufen.

Keramik verstärken oder für bestimmte Lebenssituationen aufbereiten. Andere wählen die Perlen nach künstlerischen Gesichtspunkten aus. Da ist viel Platz für Individualität und Kreativität.

In der Beratung berichten die Klienten ganz erstaunliche Dinge. Besonders hat uns eine Rückmeldung erfreut. Ein Rollstuhl-Kind, das ständig Krämpfe in den Beinen hatte, verlor die Beschwerden, nachdem die Mutter ihm eine kleine Kette für die Fußgelenke gebastelt hatte. Seit wir diese Erfahrung weitergeben, kommen immer mehr Rückmeldungen dieser Art.

Es haben sich auch schon Menschen ein Netz aus Pipes für Sitze geknüpft, das sie als Stütze für ihre Fitness im Auto einsetzen.

Viele Gebrauchskeramiker verwenden inzwischen EM als Hilfe bei

Selbstgemachte Ketten und Armbänder aus EM-Keramik-Pipes und Schmuckperlen oder Halbedelsteinen.

*EM-Gebrauchskeramik von Uta Vedova, präsentiert im EM-Hofladen von EM-Nord in Reußen-köge. Siehe auch: **www.em-keramik-vedova.de***

der Reifung des Tons, mit dem sie arbeiten. Die meisten tun das, weil sie die technischen Vorteile von EM nutzen wollen. Viele Käufer berichten, dass solche Gefäße für sie energetisch wertvoll seien. Einige Keramiker arbeiten auch gezielt daran, durch EM-Einsatz und Formgebung bestimmte energetische Situationen zu erreichen. Die Beurteilung solcher Vorteile überlassen wir den Menschen, die solche Erscheinungen beurteilen können.

Wer keinen solchen Keramiker oder feinenergetisch arbeitenden Menschen kennt, kann sich im Internet unter www.spohr-keramik.de oder www.schaedler-keramik.com sehr schöne EM-Gebrauchskeramik anschauen und bestellen. Herr Spohr und Herr Eigenmann arbeiten in ihren Werkstätten schon seit einigen Jahren mit EM-Technologie.

Wir werden auch immer wieder gefragt, wie die Töpfer EM oder andere EM-Produkte verwenden.

Es entzieht sich ganz einfach unserer Kenntnis. Nach unserem Wissensstand hat jeder Töpfer seine ganz individuellen Rezepte, die für ihn unterstützend bei der Arbeit sind.

EM-Technologie schont die Umwelt, die Kläranlage, die Ausgabenseite des Haushaltskontos und die Kostenstellen in Unternehmen. So muss Umweltschutz sein, wie Prof. Higa immer wieder betont: ertragreich für die Umwelt und die Anwender.

5.13 Schnitt- und Topfblumenpflege

Blumenfreunde, die beginnen, EM einzusetzen, verzeichnen häufig als ersten Erfolg, dass Blumen, die fast schon weggeworfen werden sollten, nun wieder ihre volle Pracht entfalten. Der Grund dafür ist eine Handvoll Pipes im Gießwasser.

Diese Methode ist auch sehr erfolgreich bei der Orchideenzucht. Orchideen reagieren auf Pipe-Wasser besonders intensiv. Gibt man in das Gießwasser von Blumen pro Liter einmal in der Woche außerdem eine Verschlusskappe EM oder EMa, wird die Mikrobenwelt im Blumentopf

Gießen mit Pipe-Wasser, einmal in der Woche eine Verschlusskappe EM oder EMa pro Liter Gießwasser, drei bis sechs Pipes in die Blumenvase, ein Pipe oder eine Messerspitze Super Cera Pulver in den Blumentopf.

neu geordnet. Oft werden festgelegte Nährstoffe wieder mobilisiert und die Blumen wachsen üppiger.

In Versuchen der Lehr- und Versuchsanstalt für Gartenbau in Straelen am Niederrhein zeigte sich dieser Effekt sehr deutlich. In einem Exaktversuch wurde herausgefunden, dass Erden, die einen höheren Kompostanteil hatten und die auch noch mit 10 % Bokashi aufgewertet waren, die schönsten Alpenveilchen

Mit EM-Technologie wachsen Blumen besser, rechts mit EM.

hervorbrachten. Sie wurden mit Wasser gegossen, das zusätzlich 0,1 % EMa enthielt. Dieser Versuch zeigt, dass die Erden, die einen höheren Anteil an umsetzbarer organischer Substanz haben, für Blumen besser sind. Bokashi und Komposte sind gute Grundlagen dafür. Lenkt man darüber hinaus die Umsetzung mit den Effektiven Mikroorganismen, ist der Erfolg vorprogrammiert.

Orchideen ernähren sich nicht so sehr aus der Erde im Topf. Deswegen sollte man die Umsetzung in der speziellen Orchideenerde nicht oder nur unter bestimmten Umständen anregen. Wir hatten eine unserer Orchideen mit EM im Wasser gegossen. Daraufhin entwickelte sie ein sehr beachtliches Wachstum an den Blättern. In solchen Phasen entstehen aber keine Blüten. Wir wechselten auf reines Pipe-Wasser. Ein halbes Jahr später entwickelten sich wunderbare Blüten, an denen wir viele Wochen lang große Freude hatten.

Diese Pflanzen blühen nun zwei- bis dreimal im Jahr.

Unsere Blumen unterstützen wir auch noch auf andere Weise. In jedem Blumentopf haben wir entweder ein Keramik-Pipe oder eine volle Messerspitze Keramik-Pulver. Für die gärtnerische Praxis der Profis empfehlen wir, beim Anmischen von Blumenerde auf 100 l Erde zwei Esslöffel Keramikpulver einzumischen.

Damit man das Pulver besser verteilen kann, empfehlen wir, die Keramik in zwei Schaufeln Erde vorzumischen und die Vormischung dann in den großen Rest einzumischen. Sonst bekommt man Schwierigkeiten, diese kleinen Mengen

LINKS: *Mit Keramik trocknen die Blütenblätter von außen wie draußen im Garten.*
RECHTS: *Ohne Keramik faulen die Blütenblätter von Innen.*

Keramik-Pulver wirklich in der großen Menge Erde zu verteilen.

Aber auch bei Schnittblumen verhilft die Keramik dazu, dass man länger Freude an ihnen hat. Man gibt drei bis sechs Pipes ins Blumenwasser, welches wesentlich länger frisch bleibt.

Gerade haben wir eine Vase entleert, in der drei Wochen lang Forsythienzweige standen. Das Wasser wurde in der ganzen Zeit nicht gewechselt. Trotzdem war es nicht faul. Solange das Wasser nicht fault und übel riecht, halten die Blumen länger. Bei Rosen kann man sehr schön den Unterschied des verbesserten Blumenwassers zum normalen Leitungswasser erkennen. Bei normalem Wasser ist es oft so, dass die Blütenblätter vom Inneren der Blüte heraus faulen. Die Blütenblätter in der Vase mit Pipes-Wasser hingegen trocknen meist von außen her ein.

Beobachten Sie Rosen im Garten, werden Sie feststellen, dass die Blüten am lebenden Rosenstock auch von außen her eintrocknen. Wir leiten aus der Beobachtung ab, dass die Keramik in der Blumenvase ein der Natur sehr ähnliches Milieu schafft. Deswegen vergehen die Blüten auch in der gleichen Weise wie in der Natur.

6

BOKASHI

➤ 6 Bokashi – allerlei fermentiertes organisches Material

Bokashi nennt man alles organische Material, das mit EM unter Luftabschluss fermentiert wird. Man benutzt je nach Ziel unterschiedliche Ausgangsmaterialien. In der Fermentation wird das organische Material mit Vitaminen und Enzymen angereichert. Das dient Mensch, Tier und Pflanze.

In der EM-Literatur taucht sehr oft der Begriff „Bokashi" auf. Übersetzt heißt es „Allerlei". Manchmal besteht es aus Hühnermist, Getreide oder Küchenabfällen, mal aus Gras, Weizenschrot oder aus Reiskleie. In dem Video „Neuland" steht Prof. Higa im Kompostwerk, riecht am Kompost und sagt: „*Wonderful Bokashi!*"

Manchmal ist Bokashi ein Blumendünger, manchmal eine gute Grundlage für die Tiere. Das ist alles sehr verwirrend.

Die Vielfalt, die sich hinter dem Begriff „Bokashi" verbirgt, findet einen gemeinsamen Nenner. Es ist immer organisches Material, das ohne oder fast ohne Sauerstoffzutritt mit EM fermentiert wird.

Allerlei fermentiertes organisches Material ist unserer Meinung nach die beste Beschreibung dieses Begriffs.

Bokashi wird entweder nach den Ausgangsmaterialien oder nach der Verwendung bezeichnet. Ein sehr schönes Beispiel dafür, wie Bokashi variieren kann, ist die Verwendung des fermentierten Jungviehfutters der Niederhäuser Futtermühle in der Schweiz.

Getreideschrot, einige andere Körner und getrocknete Kräuter werden zur Herstellung mit Zuckerrohrmelasse und dem Silierzusatzstoff EM vermischt und anschließend so lange in Plastiksäcken gelagert, bis alles gut durchfermentiert ist. Dann kaufen es einige Bauern und füttern damit ihre Jungtiere so, wie es auf dem Sack gemäß dem Futtermittelrecht der Schweiz in den Rezepturen vorgegeben ist. Fragt man aber weiter in der Kundschaft nach, so stellt man fest, dass viele Menschen damit ihr Gemüse und ihre Blumen düngen und das gleiche Produkt morgens ins Müsli tun, weil es so angenehm schmeckt.

Das, was zur Fütterung eines Schweins oder Kalbs gut ist, kann also auch für Pflanzen und für Menschen gut sein. Alle höheren Lebewesen nehmen organische Materialien auf, wandeln diese Nahrung im Verdauungssystem um und benutzen die darin enthaltene Energie zur Steuerung der eigenen Lebensabläufe. Begreift man den Boden als Darm der Pflanze, was wir im Kapitel *8.1 Wie sich Pflanzen ernähren* näher beschreiben, ernähren sich Pflanzen auch nach den gleichen Prinzipien wie Mensch und Tier.

Dass Pflanzen auf Bokashi sehr gut wachsen, besser als auf anders gedüngten Flächen, wissen wir aus der Praxis.

Alle Verdauung bedeutet, wissenschaftlich betrachtet, die mikrobielle, mechanische und chemische Veränderung der Nahrungsmittel, sodass sie durch die Darmschleimhaut in den Organismus einwandern können.

Nahrungsaufnahme bedeutet für einen Makroorganismus neben Stoffaufnahme auch Elektronenaufnahme. Über die Einzelheiten sprechen wir später. Aus dieser Überlegung ergibt sich die Vorzüglichkeit fermentierten organischen Materials für alle höheren

Die ausgereiften Früchte des Herbstes sind eine gute Grundlage für sehr gutes Bokashi und sehr guten Bokashisaft.

Lebewesen. In der Fermentation entsteht kein Elektronenverlust, sondern eine Elektronenanreicherung.

Die höheren Lebewesen, Mensch, Tier, Pflanze, brauchen Elektronen, um Strukturen aufzubauen und um ihre Lebensvorgänge ablaufen zu lassen.

Die in Europa am besten bekannte Urform von Bokashi im Sinne der EM-Technologie ist das Sauerkraut. Im Krauttopf unter Ausschluss von Sauerstoff verwandeln die Milchsäurebakterien und ihre mikrobiellen Freunde den Weißkohl so, dass anschließend mehr Energie darin ist.

Die Struktur des Kohls bleibt weitgehend erhalten. Aber im fermentierten Gemüse finden wir wesentlich mehr Vitamine und Enzyme, die eine hohe antioxidative, also gesundheitsfördernde Wirkung aufweisen. Diese Vorteile nutzt man, wenn man Bokashi als Dünger oder Nahrungs- und Futtermittel einsetzt.

Mit EM angesetztes Sauerkraut haben wir schon öfter in Tierbeständen erfolgreich eingesetzt, die nicht so richtig gesund werden wollten. Kohl hat von seiner Herkunft her alle möglichen Bestandteile, die für sich allein schon gesund sind. Darüber kann man in vielen Ernährungsbüchern nachlesen. Durch die Fermentation mit EM wird die ursprünglich vorhandene Kraft des Kohls noch bedeutend aufgewertet. Einen solchen Gesundheitseffekt erreicht man nicht, wenn man aus einfachem Gras ein Bokashi macht. Dieses Bokashi nennen Landwirte „Silage".

Also hängt die Kraft des Bokashis immer auch vom Ausgangsmaterial und allen Ausgangsbestandteilen ab.

Je hochwertiger das Ausgangsmaterial ist, desto hochwertiger ist das Ergebnis. Verwendet man zum Beispiel hochwertige Bio-Früchte ohne jede Faulstelle, frisch gepflückt, allerbeste Zuckerrohrmelasse und EM zur Herstellung eines angesäuerten Fruchtcocktails, so bekommt man ein höheres Redoxpotenzial[1] im Endprodukt, als würde man Obst nehmen, das schon länger gelagert wurde. Umgangssprachlich erklärt, sagt der Begriff, wie lange ein kleines elektrisches Birnchen brennen würde, wenn man es an diese Lebensmittel anschließen könnte.

Bokashiert man Hühnermist, wird der Mist für Pflanzen aufgewertet.

Aus diesen Überlegungen heraus machen wir jeden Herbst unseren Winterdrink. Wir sammeln Wildfrüchte, Hagebutten und Holunder. Kürbis, Weißkohl, eventuell eine Bio- Ananas, Bio-Zitronen, Bio-Äpfel kommen dazu. Alle Früchte werden zerkleinert und mit EM und etwas EM-X eingesprüht. Natürlich streuen wir auch Keramikpulver dazwischen. Den Saft der ersten Wochen gießen wir immer wieder über die Trester, sodass er mehrere Male die Fermentation durchläuft.

Heraus kommt ein sehr säuerlicher, vom Holundergeschmack dominierter Saft mit einem pH-Wert von 3,2. Von etwa 15 kg Früchten, die wir in zwei Bokashi-Eimern ansetzen, ernten wir knapp 10 l Saft. Diesen versetzen wir mit etwa 15 % gutem Schnaps und füllen ihn in schöne Flaschen ab.

Das entstandene Getränk nehmen wir den Winter über jeden Morgen ein. Wir vermuten, dass es besonders vitaminreich ist und sehr viel Energie hat.

---

1 Redoxpotenzial ist eine physikalisch-chemische Messgröße. Es ist das Maß für den möglichen Energiegehalt, hier die Energie von Lebensmitteln.

Wenn wir von dem Saft am Mittag noch etwas nehmen, haben wir abends keine Probleme, bis spät in die Nacht zu arbeiten. An Schlaf ist nach dem Powerdrink nicht zu denken.

Im Kapitel 8.4.2 erfahren Sie, wie Sie aus Rasenschnitt ein sehr wertvolles Bokashi machen können. In den Kapiteln 8.6.1 bis 8.6.4 geht es um weitere Materialien und Verfahren zur Bokashi-Herstellung.

Alle organischen Abfälle, inklusive Fisch, Fleisch und Restbrot, kann man im Bokashi-Eimer behandeln.

Man zerkleinert die Abfälle, besprüht sie mit EM-Verdünnung und drückt die Abfälle fest. Den austretenden Saft entnimmt man spätestens alle zwei Tage. Davon gibt man einen kleinen Becher in eine große Gießkanne (10 l) und nutzt das Gemisch als Flüssigdünger.

Der Saft, in den Ausguss gegossen, wirkt als Rohrreiniger.

6.1 Küchenbokashi für die Blumenkästen und andere Lösungen

Die Küchenabfälle wandern in den meisten Haushalten heute in die Tonne für Grünabfälle. Für das, was man in die Tonne geben darf, gibt es jede Menge Anweisungen. Gekochtes oder Fisch- und Fleischabfälle dürfen normalerweise nicht hinein. „Das lockt die Ratten an", weiß auch fast jeder Kleingärtner, der diese Abfälle nicht auf seinen Komposthaufen packt. Ebenso sollen Apfelsinenschalen oder Bananenschalen nicht auf den Kompost und in die Grüntonne. Kann es sein, dass die Natur das so vorgesehen hat?

Wir haben vergessen, dass alles, was auf der Erde ist, aus dem Boden kommt und wieder dahin zurückgeht. Gemüse, Autos, Erdöl, Apfelsinenschalen und auch Gekochtes muss letztendlich wieder in den Boden. Es könnte also sein, dass wir uns nur falsch organisiert und deswegen Probleme mit der Rückführung verschiedener Produkte in den Boden haben.

Wir bezeichnen viele Dinge als Abfall, obwohl die Natur keinen Abfall kennt. Alle Produkte dieser Welt müssen wieder vom Boden verdaut

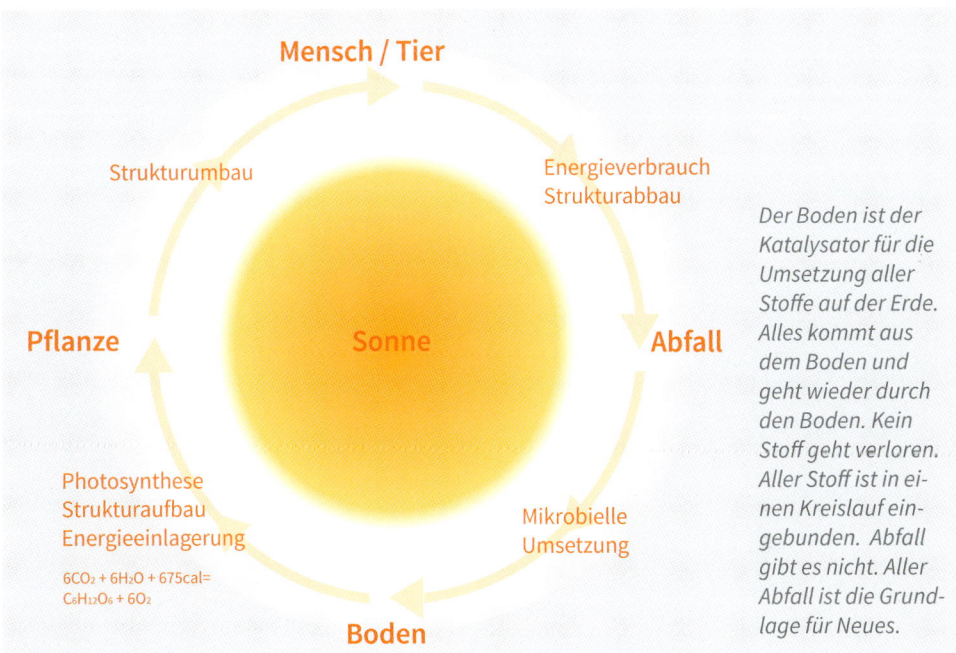

Mensch / Tier

Strukturumbau

Energieverbrauch
Strukturabbau

Sonne

Pflanze

Abfall

Photosynthese
Strukturaufbau
Energieeinlagerung

$6CO_2 + 6H_2O + 675cal = C_6H_{12}O_6 + 6O_2$

Mikrobielle
Umsetzung

Boden

Der Boden ist der Katalysator für die Umsetzung aller Stoffe auf der Erde. Alles kommt aus dem Boden und geht wieder durch den Boden. Kein Stoff geht verloren. Aller Stoff ist in einen Kreislauf eingebunden. Abfall gibt es nicht. Aller Abfall ist die Grundlage für Neues.

werden und sind dann die Quelle oder der Dünger für die nächsten Erträge der Erde. Abfall sollte so aufbereitet werden, dass der Boden den Abfall wieder gut verdauen kann.

Dazu kann die EM-Technologie einen wesentlichen Beitrag leisten. Ganz praktische Hilfe dazu ist die Herstellung von Küchenbokashi. Indem man alle pflanzlichen und tierischen Abfälle aus der Küche mit EM besprüht, die Abfälle dann fermentiert, bereitet man einen sehr effektiven Dünger für die Pflanzen. Im

EM-Handel wird ein praktischer Bokashi-Eimer angeboten, der mit einem Deckel luftdicht verschlossen werden kann. Er ist aus einem Kunststoff gefertigt, in den EM-Keramik eingearbeitet ist. Das kann als Versicherung dafür angesehen werden, dass das Bokashi auch gelingt. Außerdem wurde ein durchlöcherter Zwischenboden eingebaut. Durch den kann überschüssige Flüssigkeit ablaufen. Diese wird im unteren Teil des Eimers gesammelt und über einen Zapfhahn täglich oder alle zwei Tage entnommen.

Der Saft ist ein sehr effektiver Flüssigdünger und kann auch zur Reinhaltung von Abflüssen genutzt werden. Als Flüssigdünger geben wir maximal einen kleinen Becher auf eine 10-l-Gießkanne. Als Abflussreiniger wenden wir den Saft unverdünnt an.

Die Befüllung des Eimers wird folgendermaßen gehandhabt: Man sammelt über Tag die Küchenabfälle im normalen Komposteimer unter der Spüle oder an anderer Stelle in der Küche.

Immer wenn man daran denkt, gibt man ein bis zwei Sprühstöße aus der Blumensprühflasche mit EM-Verdünnung auf die Abfälle.

Einmal am Tag oder alle zwei Tage füllt man den Abfall in den Bokashi-Eimer um. Dabei besprüht man den Abfall wieder aus der Sprühflasche. Wenn man dann noch etwas Keramikpulver, ein bis zwei Teelöffel reichen für einen ganzen Eimer, über und zwischen den Abfall streut, lenkt man die Fermentation noch sicherer.

Den Abfall im Bokashi-Eimer sollte man immer dicht lagern und zusammendrücken, wie man es mit Sauerkraut machen würde. Wir beschweren den Abfall mit einer Plastiktüte, in die wir eine Schaufel Sand gefüllt haben. Andere EM-Anwender haben sich ein passendes kleines Brett geschnitten, das sie mit einem Stein beschweren. Wir bevorzugen die Plastiktüte, weil wir diese zwischendurch einfacher reinigen können.

Bei uns steht der Bokashi-Eimer auf der Terrasse, bei Hitze und bei Frost. Optimal ist ein Platz in der Garage oder in einem Flur, der nicht so extremen Temperaturschwankungen

dicht schließender Deckel

Sandsack

organischer Abfall

Lochboden

Sickerflüssigkeit

Ablasshahn

Küchenbokashi-Eimer, Querschnitt

Es ist recht einfach, den Küchenbokashi-Eimer zu nutzen.

unterliegt. Die Mikroben fermentieren die Küchenabfälle am besten bei Temperaturen um 25 bis 30 °C. Aber das Leben braucht nicht immer das Optimum, um zu funktionieren. Sobald die Temperaturen für die Mikroben angenehm sind, beginnen diese ihre Arbeit und produzieren Milchsäure und Vitamine aus den Produkten, die wir als Abfall ansehen.

Das Bokashi ist unter guten Bedingungen nach 14 bis 21 Tagen fertig. Bei unserer Bokashi-Produktion auf der Terrasse kommt es bei Frost natürlich vor, dass es auch schon mal zwei oder drei Monate braucht. Dass es fertig ist, merkt man am Nachlassen der Ausscheidung von Flüssigkeit. Der Inhalt riecht angenehm säuerlich, sehr ähnlich einem

Sauerkraut. Misst man den pH-Wert, liegt dieser meistens unter 4. Dieses Material vergraben wir im Garten etwa einen Spatenstich tief. Was man dabei beachten muss, erklären wir im Kapitel *Garten*.

Küchenbokashi ist auch eine gute Düngegrundlage für Blumenkästen oder zur Aufwertung handelsüblicher Blumenerde: Wir kaufen übrigens preiswerte Blumenerde ohne Torf. Deren Grundlage, meist Sand und Grünschnittkompost[2], wird durch Küchenbokashi optimiert.

Zuerst ist es gewöhnungsbedürftig, dass beim Herstellen von Bokashi die Küchenabfälle sich nicht zersetzen, wie man es vom Kompostieren her kennt. Die Strukturen der Abfälle und auch die Farben bleiben nahezu unverändert erhalten. Genauso ist es auch beim Herstellen von Sauerkraut. Die Abfälle werden durch die Fermentation (Sauerkrautprozess) jedoch so sehr mit Vitaminen durchsetzt, dass sie nicht faulen und unangenehm riechen. Sie sind optimal vorbereitet, um dem Bodenleben und damit auch den Pflanzen als Nahrung zu dienen.

---

2 (http://www.ndr.de/ratgeber/garten/blumenerde111.html)

6.2 Küchenbokashi im Blumenkasten

Ein Viertel der Höhe eines Blumenkastens kann mit Küchenbokashi gefüllt und mit Erde vermischt werden.

Den Kasten kann man nach 14 Tagen bepflanzen, weil sich dann die Säure des Bokashi aufgelöst hat.

Zu viel Bokashi kann man in den Komposthaufen einmischen, an Freunde mit Garten verschenken oder über die Grüntonne in die Kompostierung geben.

Viele EM-Anwender benutzen Küchenbokashi, um die Blumenerde vom Vorjahr wieder so zu verbessern, dass man sie im folgenden Jahr wieder verwerten kann. Nach dem gleichen Verfahren kann man billigste Blumenerde in ein Paradies für Blumen verwandeln. Dazu gibt es zwei Verfahren.

Man befüllt einen Blumenkasten von 20 cm Höhe mit etwa 5 cm Blumenerde, gibt darüber eine Schicht von 3 cm Bokashi. Dann gibt man wieder etwa 5 cm Blumenerde darüber, vermischt das Ganze miteinander und presst dann das Gemisch etwas zusammen, damit nicht zu viel Sauerstoff darin verbleibt. Diesen Ansatz sollte man mit EM-Verdünnung, wie in der Sprühflasche, angießen, damit frische Effektive Mikroorganismen die Mikroben aus der Erde bei der Umsetzungsarbeit unterstützen. Dann deckt man das Ganze mit etwa 5 cm Blumenerde ab.

Den so vorbereiteten Blumenkasten lässt man 14 bis 21 Tage stehen. Dabei kann sich die gesamte Blumenerde mit einem Pilzgeflecht durchziehen.

Stellt man den vorbereiteten Kasten warm, zum Beispiel in den Heizungskeller, tritt die Umsetzung schneller ein. Je kühler es ist, desto langsamer läuft der Prozess ab. In der Zeit des Wartens gleicht sich der Säuregrad des Bokashi dem Säuregrad der Erde an. Dann kann man den Blumenkasten bepflanzen.

Die Küchenabfälle ernähren die Blumen über den ganzen Sommer. Am Ende des Sommers findet man keinen Rest Bokashi mehr in der Erde. Die Küchenabfälle sind zu Blumen geworden.

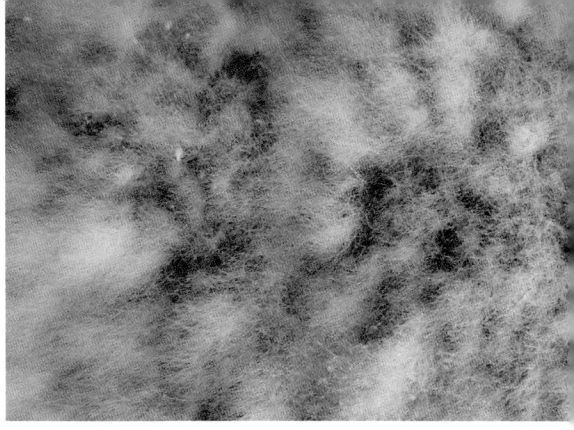

Ein üppiger Pilzwuchs erschreckt im ersten Moment beim Einsatz von Bokashi. Diese Pilze lösen die holzigen Bestandteile in der Blumenerde. Feinsaaten können natürlich unter solch einer Pilzdecke nicht aufgehen. Für größere Pflanzen, wie Tomatenpflanzen, ist sie nur optisch ein Problem.

Das gleiche Verfahren eignet sich auch sehr schön für den Schulunterricht oder die Erwachsenenbildung, wenn ein Pädagoge in den naturkundlichen Fächern den Zusammenhang der Dinge auf der Erde zeigen will. Die Schüler bringen Küchenabfälle mit oder man macht Bokashi aus Abfall der Gemüsetheke des Supermarktes. Daraus lassen sich in recht kurzer Zeit verzehrfähige Radieschen ziehen. Die Schüler können so aus der Praxis den Kreislauf des Lebens kennen lernen.

Wer sich als Kinder- oder Erwachsenenpädagoge für solchen Unterricht interessiert, kann bei den Autoren wegen einer Unterrichtsvorlage nachfragen. Im EM-Journal Nr. 4 ist

Das Bokashi kann auch dem Kompost beigemischt werden.

beschrieben, wie EM-Technologie in den Unterrichtsablauf (Projektunterricht) der Oderbruch-Realschule in Neutrebbin so erfolgreich integriert wurde, dass die Klasse einen Sonderpreis bei „Jugend forscht" gewinnen konnte.

Das zweite Verfahren zur Aufwertung von Blumenerde besteht darin, in einem größeren Kübel eine entsprechende Mischung anzusetzen. Man nehme einen Betonkübel, der im Baumarkt meist recht preiswert zu

haben ist. In diesen gebe man etwa 15 cm Erde und fülle darauf den Inhalt eines Bokashi-Eimers. Darauf gebe man die doppelte Menge Blumenerde, vermische sie mit dem Bokashi und presse auch diese Mischung zusammen.

Auch diesen Ansatz sollte man mit EM-Verdünnung gut befeuchten. Darauf gebe man eine gute Abdeckung aus Erde und stelle diesen Kübel warm oder warte entsprechend länger bis zur Bepflanzung. Wenn Sie sich den Kübel dann anschauen, sind Sie zuerst entsetzt: Alles ist von weißen Pilzfäden durchzogen. Das ist nicht schlecht! Das ist gut! Bokashi und EM fördern die natürlich vorhandenen Bodenpilze. Deren Hauptaufgabe besteht darin, holzige Bestandteile (Lignine) in der Erde zu verstoffwechseln.

Deswegen wachsen Pilze auch im Wald oder auf organisch gut versorgten Standorten. Sie sind dafür verantwortlich, dass gute Erde so angenehm würzig riecht.

Will man eine Erde ohne sichtbare Beimischung von Küchenabfall erreichen, stellt man den Kübel über den Winter oder mindestens zwei Monate mit einer Plastiktüte gut abgedeckt zur Seite. Dann mischt man den Kübel im Abstand von einer Woche zwei- bis dreimal gut mit dem Spaten durch. Durch den Sauerstoffzutritt treten oxidative Prozesse ein, die die Substanz der Abfälle relativ schnell zersetzen. Die Mikroben fressen die Abfälle auf. Durch diesen Prozess gewinnt man eine sehr nährstoffreiche Blumenerde.

Hat man zu viel Bokashi, kann man dieses nach dem oben beschriebenen Verfahren auch in Kompost einmischen. Hat man keinen Komposthaufen, kann man das Bokashi mit den Arbeitsanweisungen und der nötigen Menge EMa an einen Bekannten oder Freund mit Garten verschenken. Besteht auch diese Gelegenheit nicht, gibt man das Bokashi in die Grüntonne und hilft so mit, dass die Kompostieranlage mit etwas weniger Problemen ihren Kompost herstellen kann.

Möchte man das Bokashi später im Garten verwenden, kann man es auch in dichte Plastiksäcke umfüllen und bis zum Gebrauch im Garten lagern.

6.3 Knochen und Zitrusfrüchte zu Bokashi verarbeiten

EM hilft, in der Fermentation alle organischen Reste so zu verwandeln, dass sie vom Bodenleben aufgenommen werden können.

Nun zurück zu unserer Behauptung, man könne auch Fleischabfälle und Zitrusschalen in dem Bokashi-Eimer bearbeiten. Am Anfang unserer EM-Erfahrung wollten wir es genau wissen. Beide kannten wir die Knochen in Großmutters Garten, die über Mist oder Kompost dorthin gelangt

Die Fotos zeigen EM-Anwendung in der Kompostieranlage der Gemeinde Sand in Taufers. Ein Tagesvorrat für die Kompostbehandlung befindet sich im weißen Kanister auf dem Umsetzer (rechtes Bild). Der Umsetzer mischt die organischen Abfälle und sprüht gleichzeitig Ein EM-Wasser-Gemisch auf das Material. Das Sprühgerät (linkes Bild) versprüht auch ein Wasser-EM-Gemisch, sodass die erwünschten Mikroben allen Abfall erreichen und kein unangenehmer Geruch entstehen kann.

waren. Die konnten uns als Kinder über mehrere Jahre erschrecken, ohne dass sie von der Erde aufgenommen wurden. Deswegen gaben wir mehrere Kotelettknochen und Fettreste in einen Bokashi-Ansatz. Das Bokashi blieb auch über fünf bis sechs Wochen während des Sommers im Eimer. Für uns war damals überraschend, dass der Bokashi-Saft durchaus angenehm säuerlich roch, doch nicht so angenehm, wie wir es gewohnt waren. Dieses Bokashi verwendeten wir im Garten und markierten die Stellen, an denen wir die Knochen eingebracht hatten.

Nach etwa drei Monaten waren die Knochen nicht mehr auffindbar.

Das Bodenleben hatte sie verstoffwechselt. Deswegen kommen bei uns alle Fleisch- und Fischabfälle auch in den Bokashi-Eimer.

Genauso machten wir mit Zitrusfrüchten zuerst ein Experiment. Wir kauften in einem Supermarkt ein Netz billige Apfelsinen. „Schale nicht zum Verzehr geeignet" stand auf dem Netzanhänger. Die Apfelsinen schnitten wir in kleine Stücke und füllten sie mit anderen Küchenabfällen unter Besprühen mit EM-Lösung und Zugabe von etwas Keramikpulver in den Bokashi-Eimer. Hier gewannen wir einen Bokashi-Saft, der ein Genuss war. Er roch so angenehm, dass wir ihn sogar verkosteten. Nach etwa vier Wochen war der Fluss von Bokashi-Saft zu Ende und damit das Bokashi durchfermentiert. Dieses Bokashi mit mehr als 30 % Anteil von gespritzten Apfelsinen gruben wir ein. Davon war nach acht Wochen nichts mehr im Boden wiederzufinden. Diese Erfahrung macht auch die Kompostieranlage in Sand in Taufers, Südtirol. Dort arbeitet man mit EM. Obwohl in dieser Kompostieranlage große Mengen an Schalen von Zitrusfrüchten mitkompostiert werden, findet man davon keine Reste im fertigen Kompost.

EM scheint tatsächlich geeignet zu sein, auch sehr schwierige chemische Verbindungen so umzusetzen, dass sie von der Natur verarbeitet werden können. Besonders deutlich wird diese unglaubliche Leistungsfähigkeit in Gülle von landwirtschaftlichen Betrieben, die die Tiere aus veterinärmedizinischen Gründen mit Antibiotika behandeln müssen. Werden dann auch noch Desinfektionsmittel im Stall eingesetzt, fault und stinkt eine solche Gülle über die Maßen. Arbeiten wir dort mit EM, versetzt es die Gülle regelmäßig in einen guten Zustand.

Aus geschrotetem Getreide, Altbrot oder Kleie kann man durch Vermischen mit 30 % Gewichtsanteil EM oder EMa ein sehr gutes streu- und rieselfähiges Bokashi machen. Solches Bokashi vermischt man zu 10 % (Volumen) mit Blumenerde und kann sofort Pflanzen einsetzen. Streu- und rieselfähiges Bokashi kann man auch im Fachhandel kaufen.

6.4 Bokashi aus Getreide oder Altbrot

Will man seine Blumen mit Bokashi verwöhnen und hat nicht die Gelegenheit, Küchenbokashi zu machen, gibt es weitere Möglichkeiten. Zum einen kann man im EM-Fachhandel fertiges Düngebokashi kaufen.

Möchte man aber ein solches selbst herstellen, hier ein einfaches Rezept: Man schrotet 1 kg Getreide auf seiner Schrotmühle oder kauft fertig geschrotetes Getreide und vermischt es intensiv mit zwei Tassen (300 ml) EM oder EMa. Die Mischung sollte sich in der Faust zusammenpressen lassen, sodass ein fester

Fertig geschrotetes Getreide

Klumpen entsteht. Wenn man diesen berührt, sollte er wieder zerfallen. Ist dieser Zustand erreicht, hat man genügend Feuchte in der Mischung.

Zerfällt der Klumpen nicht, so ist die Masse zu feucht und man muss etwas Schrot zugeben.

Die Mischung füllt man in Gefriertüten oder sonstige sehr dichte Plastiktüten, presst sie zusammen und drückt die Luft heraus. Dann verschließt man die Tüten und lagert sie über drei bis vier Wochen an einem warmen Ort, mindestens bei Zimmertemperatur. Öffnet man dann die Tüten, hat man entweder einen angenehm säuerlichen Geruch wie von einem frischen Sauerteig oder es strömt ein Geruch von Lösungsmitteln heraus, dem Geruch von Uhu vergleichbar. In letzterem Fall haben die Mikroben Alkohole gebildet. Das Bokashi ist besonders gut.

Die Alkohole sind nicht schädlich. Sie verdampfen schnell. Eine solche

> *Bokashi aus Getreide, Altbrot oder Kleie mögen fast alle Haustiere. Gerade Katzen und Hunde mögen es besonders gerne. Als Fleischfresser haben sie fast immer den Drang richtige gute Vitamine aus der Natur zu sich zu nehmen. Darüber erfahren Sie mehr in unseren Tierbüchern in der Reihe EM-Lösungen.*

Menge Bokashi reicht aus, um 20 l Blumenerde zu verbessern. Sie werden sehen, dass Blumen sich auch von Getreide ernähren.

Statt des Getreideschrotes kann man auch geriebenes Altbrot oder auch Kleie zur Zubereitung des Bokashis benutzen. Getreide, Altbrot oder Kleie dienen mit ihren Kohlehydraten und Eiweißen den Mikroben als Futter. Bringt man diese Nährstoffe mit den guten Mikroben zusammen, so ernähren und vermehren sich zuerst die Mikroben von den Nährstoffen. Die Pflanzen ernähren sich dann von den Mikroben, wie es genauer im Kapitel *8 – EM-Technologie im Garten* beschrieben wird.

Solch feines Bokashi kann man natürlich auch in der Blumenerde einsetzen. Es lässt sich sehr gut mit der Erde vermischen, ohne dass es irgendwo sehr konzentriert liegt. Damit ist die Gefahr sehr gering, die Wurzelhärchen zu verbrennen. Man kann sofort ohne Wartezeit die Kästen oder Blumentöpfe bepflanzen. Vergessen Sie aber nicht, EM ins Gießwasser zu geben. Eine Kappe der Flasche reicht für einen Liter Blumengießwasser. Sie werden sehen, dass gegen Ende der Saison keine Salzränder mehr auf der Blumenerde erscheinen. Die Mikroben integrieren alle Mineralien.

EMLösungen

7

HYGIENE

➤ 7 Mikroben und Hygiene – ein Exkurs

Sauber bedeutet für uns, dass möglichst alle Oberflächen vom Schmutz befreit und mit erwünschten Mikroben besiedelt sind. Wir denken nach dem Prinzip des besetzten Stuhls: Sind die erwünschten Mikroben vorhanden, haben die unerwünschten keinen Platz, um sich anzusiedeln.

Die Grundlage des Immunsystems bilden die Mikroben im Verdauungstrakt. Der Verdauungstrakt ist nach innen gezogene Außenwelt.

7.1 Die Bedeutung der Verdauung für das Immunsystem

„Der Tod liegt im Darm", sagt der Volksmund. Wir glauben dieser Jahrtausende alten Weisheit. Deshalb denken wir zuerst einmal über das Verdauungssystem nach.

Wir betrachten hier manchmal den Menschen, manchmal Tiere, bei den Tieren meistens das Schwein. Die Schweine sind im natürlichen Aufbau dem Menschen so ähnlich, dass man extra ein Mini-Schwein gezüchtet

Das Immunsystem im Lexikon

Immunsystem

– das für die Immunität des Wirbeltierorganismus verantwortl. Abwehrsystem, das die für die Immunreaktionen notwendigen Antikörper (humorale und zelluläre Antikörper) sowie T- (thymusabhängige) und (nichtthymusabhängige) B-Lymphozyten umfasst sowie alle immunbiologisch kompetenten Organe. Beim Menschen gehören dazu v. a. Thymus, Milz, Lymphknoten, Mandeln sowie das Monozyten-Makrophagen-System.

Monozyten-Makrophagen-System

(ältere Bez. retikulohistiozytäres *bzw.* retikuloendotheliales System, *Abk. RES), zum Immunsystem gehörendes, im Dienst der unspezif. Abwehr stehendes System von Zellen und Geweben. Dient v. a. der Abwehr von Schadstoffen und Endoparasiten sowie der Immunregulation und der Synthese unterschiedl. biolog. Substanzen.*

Quelle: © 1999 Bibliographisches Institut & F.A. Brockhaus AG.

hat, um daran Medikamente für Menschen auszuprobieren. Deswegen ist es keine Missachtung des Menschen, wenn wir ihn und das Schwein abwechselnd betrachten. Der Vergleich bezieht sich nur auf den natürlichen Aufbau der Organe.

Das Verdauungssystem bei Mensch und Schwein hat 300 bis 500 qm Oberfläche. Die große Oberfläche des Darms entsteht durch viele Ausstülpungen und Falten, sogenannte Darmzotten. Würde man diese glatt ziehen, könnte man die große Oberfläche sehen. Dort werden Stoffe aufgenommen und ausgeschieden.

Das gesamte Verdauungssystem ist mit einer Schleimhaut überzogen. Die Schleimhaut trennt den Körper von der Außenwelt und verbindet ihn gleichzeitig damit.

Die gleiche Funktion hat der Schleim auf den Lungenzellen.

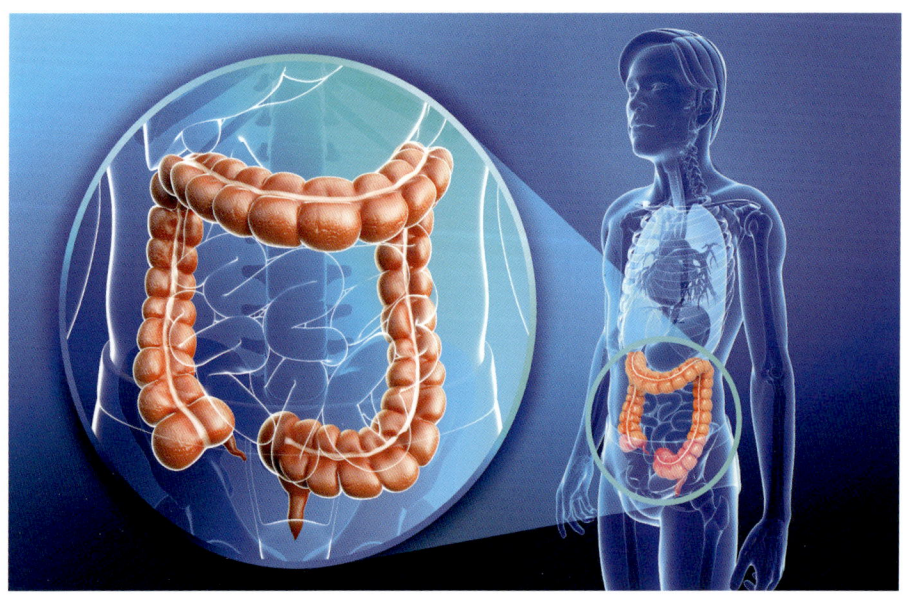

Der Darm – hier wird entschieden, was in den Körper hinein darf, die erste und wichtigste Barriere des Immunsystems.

Die Außenhaut kann ihre Funktionen auch nur wahrnehmen, wenn sie eine gewisse Feuchtigkeit hat. Zu trockene Haut zeigt immer eine Funktionsstörung an. Die Lunge hat eine Oberfläche von 70 bis 90 qm, die Haut von 2 qm.

Allein schon die Größe der Kontaktfläche „Verdauungssystem" zeigt an, dass es vorrangig nötig ist, sich intensiver damit zu befassen. Wo Feuchtigkeit sein muss, sind auch immer lebendige Mikroben mit im Spiel.

„Leben auf dem Menschen" (Jörg Blech) heißt das leicht lesbare Buch, das wir empfehlen, wenn jemand sich dem Thema intensiver nähern will.

Das Verdauungssystem sei „exterritoriales" Gebiet, quasi ein Ort nach innen gezogener Außenwelt. So drückt sich Frau Prof. Dr. Monika Krüger aus, Institut für Bakteriologie und Virologie, Uni Leipzig. Bei ärztlichen Untersuchungen, ob rektal oder oral, kann der Arzt von außen alle Stellen des Verdauungsapparats mit geeigneten Instrumenten in Augenschein nehmen, ohne durch eine Haut in das Innere des Körpers eindringen zu müssen.

Im Verdauungssystem wird entschieden, was von der Außenwelt in das Innere gelangen darf. Was aus dem Verdauungssystem herauskommt, der Kot, war über Tausende von Jahren eine geeignete Möglichkeit, Informationen über das Innere des Menschen zu erhalten.

Viele Ärzte fragen den Patienten nach dem Stuhlgang oder wollen an einer Windel mit frischem Stuhlgang des Säuglings riechen. Erfahrene Mütter riechen, was in ihrem Kind vorgeht, und erkennen an der Geruchsveränderung des Stuhlgangs, ob sich der Gesundheitszustand des Säuglings verändert hat.

Die physiologische Intensität der Verdauung und die Wichtigkeit für den gesamten Organismus werden daran deutlich, dass der Darm mit zu den intensiv durchbluteten Organen gehört.

Darmblutungen erregen immer in hohem Maße die Aufmerksamkeit der Mediziner. Die Epithelzellen der Darmzotten haben nur eine Lebensdauer von zwei bis drei Tagen. Dann sind sie verbraucht. Die kurze Lebensdauer zeigt die hohe Intensität des Geschehens an dieser Stelle des Körpers. Sie nehmen Nahrungsbestandteile

auf und sondern den Schleim für die Schleimhaut ab.

Neuere wissenschaftliche Untersuchungen zeigen, dass die Darmzellen mit den Mikroben im Darm kommunizieren. Lichtblitze (Laserlicht) konnten registriert werden. Sagen die Darmzellen den Mikroben, was für sie gut oder schlecht ist? Sagen die Mikroben den Darmzellen, was nun auf sie zukommt? Hier ist noch viel Forschung nötig, damit wir das Geschehen im Darm wirklich verstehen.

7.1.1 Das Immunsystem – ein komplizierter Sachverhalt, einfach erklärt

Was das Lexikon über das Immunsystem sagt, ist ohne spezielle Ausbildung nicht verständlich. Wir

Wir haben zehnmal mehr Mikroben in uns, als wir Körperzellen haben.

Man könnte annehmen, dass die Mikroben (Einzeller) sich zu Mehrzellern zusammenschließen, um neue Lebensräume für sich selbst zu schaffen.

möchten aber, dass jedermann versteht, was das Immunsystem tatsächlich leistet und wie es funktioniert. Deswegen betrachten wir hier die verschiedenen Tatsachen, die wir aus wissenschaftlichem und überliefertem Wissen übernehmen.

1. 70 % der Immunabwehr sind im Verdauungssystem etabliert. „Der Tod liegt im Darm", sagt der Volksmund.
2. Im Verdauungssystem haben Tiere und Menschen zehn- bis hundertmal mehr Mikroben, als sie Körperzellen haben.

3. Es gibt jeweils bestimmte Kombinationen von Mikroben auf dem Schleim, im Schleim und unter dem Schleim, direkt auf den Darmzellen. So entsteht ein dreifacher Bio-Filter, der die Stoffe prüft, die in den Makroorganismus (Mensch, Tier) hineindürfen.

Jetzt werden wir ein wenig philosophisch, weil wir überlegen wollen, warum wir so viele Mikroben haben, die auf das aufpassen, was in uns geschieht.

Zunächst ein paar Gedanken, besser noch Gedankenspiele, zur

großen Zahl der Mikroben in uns und auf uns. Rein zahlenmäßig kommen auf eine Körperzelle zehn bis hundert Mikroben. Damit eine Körperzelle funktionieren kann, müssen also zehn bis hundert Mikroben das für sie passende Leben führen können.

Anders betrachtet könnte man auch vermuten, eine Körperzelle passe auf zehn bis hundert Mikroben auf. Diese Perspektive erscheint uns aber eher als unsinnig. Deswegen entsteht bei diesen Gedanken in uns eher das Bild, dass die eine Körperzelle zehn bis hundert Mikroben nötig hat, um existieren zu können. Nimmt man diese Position ein, so erscheint es als sinnvoll, dass wir die Mikroben in uns und auf uns pflegen.

Könnte es sein, dass eine Lebens- oder Hygienestrategie, die Mikroben bekämpft, weniger dem Plan der Natur angepasst ist? Sollten wir alle Strategien zur Mikrobenbekämpfung überdenken?

Ein weiteres Gedankenspiel: Im Körper haben Menschen und Tiere sehr unterschiedliche Arten von Zellen. Diese unterschiedlichen Arten haben alle sehr große Ähnlichkeit mit Einzellern. Betrachten wir Menschen und Tiere als Vielzeller, könnte es so sein, dass sich viele verschiedene Arten von Einzellern zusammengeschlossen haben, um einen Vielzeller zu bilden.

Ein Vorteil für die Einzeller besteht darin, dass die Vielzeller Räume bilden, in denen Einzeller optimale Lebensbedingungen finden. Wenn der Vielzeller sein Leben beendet, haben die Einzeller keinen Lebensraum mehr und sterben. Deswegen könnten also die Einzeller (Mikroben) ein großes Eigeninteresse an der Existenz des Vielzellers haben.

7.1.2 Das Verdauungssystem als Nervenzentrum

Die Nerven am Verdauungssystem werden durch Reize der Mikroben im Darm konfiguriert. Diese Nerven sind für die Funktion der inneren Organe zuständig.
Damit die Schaltungen an die aktuellen Lebensumstände angepasst werden, werden sie erst nach der Geburt geschaltet.

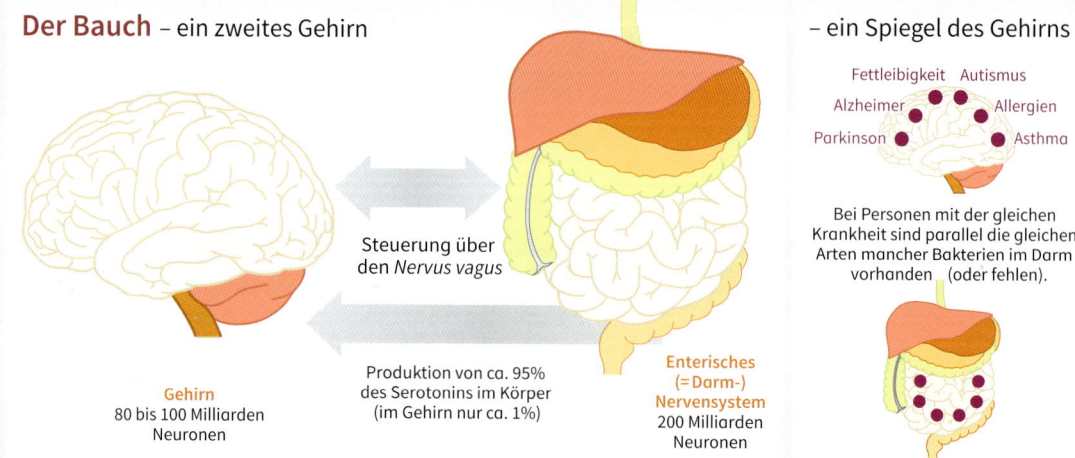

Der Bauch – ein zweites Gehirn

Steuerung über den *Nervus vagus*

Produktion von ca. 95% des Serotonins im Körper (im Gehirn nur ca. 1%)

Gehirn
80 bis 100 Milliarden Neuronen

Enterisches (=Darm-) Nervensystem
200 Milliarden Neuronen

– ein Spiegel des Gehirns

Fettleibigkeit Autismus
Alzheimer   Allergien
Parkinson   Asthma

Bei Personen mit der gleichen Krankheit sind parallel die gleichen Arten mancher Bakterien im Darm vorhanden   (oder fehlen).

Nicht nur äußerlich ähnlich: Bauch und Gehirn

Das Verdauungssystem ist ein Raum der Außenwelt. Es reicht vom Maul (Mund) bis zum After und ist ein Raum außerhalb des Körpers.

Das Verdauungssystem entsteht wie folgt:

- Keimzelle + Samen vereinen sich zur befruchteten Eizelle.
- Die befruchtete Eizelle entwickelt sich zum Maulbeerkeim.
- Der Maulbeerkeim entwickelt sich zu einer hohlkugeligen einschichtigen Keimblase.
- Die Keimblase dellt sich ein zum doppelschichtigen Becherkeim. Dabei entsteht eine Höhle, deren Öffnung man Urmund und dessen Inneres man Urdarm nennt. Aus

der eingedellten Haut um den Urdarm entwickeln sich alle inneren Organe, auch das Nervensystem. 50 % der Nervenmenge ist auch beim Menschen immer noch am Darm zu finden. Diese Nerven haben überwiegend die Aufgabe, die glatte Muskulatur mit den richtigen Impulsen zu versorgen.

Die glatte Muskulatur sind jene Muskeln, die ohne unseren Willen funktionieren, wie Herzmuskel oder die Muskeln, die die Darmbewegungen ermöglichen.

„Man entscheidet aus dem Bauch heraus", sagt der Volksmund. Diese Volksweisheit könnte mit den genannten Faktoren in Verbindung stehen.

Damit ein Neugeborenes eigenständig lernen kann, werden die Nerven erst durch Reize des Lebens geschaltet. Nach dem Plan der Natur erscheint uns diese Vorgehensweise als sehr sinnvoll. Die Nerven der Mutter sind durch Erfahrungen aus der Vergangenheit geschaltet. Das Neugeborene kommt in eine sich täglich ändernde Welt und hat so die Chance, sich auf die Zukunft ohne Ballast aus der Vergangenheit einzustellen. Es kann völlig neu lernen.

Hier ein Beispiel, wie das Lernen funktioniert: Nach der Fahrschule und nach einiger Praxis laufen die notwendigen Handlungen beim Autofahren automatisch ab. Die Lernvorgänge werden im Kopf und im Rückgrat gespeichert. Die Speicherung wird dadurch hergestellt, dass Nervenenden eine feste Bindung eingehen. Kommt dann ein bekannter Reiz, zum Beispiel eine rote Ampel, braucht der Mensch nicht mehr nachzudenken, was er tun soll. Nahezu automatisch bremst er, tritt die Kupplung und sorgt dafür, dass er nicht auf den Vordermann auffährt.

Lernt man eine Fremdsprache, so stellt man fest, dass man die fremde Sprache versteht, ohne das Gesagte Wort für Wort in die Muttersprache übersetzen zu müssen.

Noch besser wird der Lernerfolg, wenn man in der Fremdsprache zu denken lernt. Dann entstehen bei den fremdsprachlichen Wörtern die gleichen Assoziationen und Gefühle wie bei den Wörtern aus der Muttersprache. Man hat ein paralleles Wortsystem installiert. Die Nerven, die für diese Reizleitung notwendig sind, sind eine feste Verbindung eingegangen.

Die Nerven am Verdauungssystem sind verantwortlich für die Funktionen der glatten Muskulatur, die Muskeln, die die inneren Organe, wie Herz oder Lunge, in Bewegung versetzen. Die Schaltung der Nerven am Verdauungssystem geschieht durch Reize im Verdauungssystem, die durch die dort angesiedelten Mikroben ausgeübt werden.

Die ersten Mikroben aus der Umwelt des Neugeborenen sind also entscheidend für die Funktion der inneren Organe. Diese müssen sich nach den natürlichen Umständen, in denen der Mensch oder das Tier leben, richten. Luft, Wasser und Nahrung erfordern bestimmte Abläufe und Funktionen, die weder vom

Menschen noch vom Tier bewusst wahrgenommen werden. Deswegen müssen die Reize ohne den Filter eigener Entscheidungen des Individuums, sozusagen „am Kopf vorbei" ausgeübt werden.

7.1.3 Mikrobenmilieu und Geburt

Die Mikrobenwelt der Mutter gibt den Nachkommen die Information darüber, welches Milieu sie zum Leben brauchen.

Darmausgang und Geburtswege liegen bei fast allen Säugern eng beieinander. Nach unseren aktuellen Hygienevorstellungen ist dieses Nebeneinander ein Fehlgriff der Natur. Dass es bei Geburten auch häufig zu spontanen Darmentleerungen kommt, scheint unter den aktuellen Ansichten auch nicht so ganz richtig zu sein. Bedenkt man jedoch, dass die Zusammensetzung der Mikroben im Darm der Mutter alle Informationen über die aktuelle Auseinandersetzung des Körpers der Mutter mit der mikrobiellen Umwelt enthält, gewinnt der geneigte Betrachter eine andere Einstellung.

Unternehmen der Pharmaindustrie haben dieses Wissen schon praktisch ausprobiert. Vor Jahren gab es ein Präparat aus getrocknetem Hühnerkot. Dieses wurde in Wasser aufgelöst und in Ställen für Küken versprüht. Der Kot wurde aus Hühnerbetrieben genommen, die tierärztlich besonders überwacht waren. Von daher war eine Übertragung von Krankheiten nahezu ausgeschlossen. So konnte man den Eintagsküken im Stall direkt eine hühnergerechte Mikroflora bieten.

Für Küken erscheint eine solche Herangehensweise auch besonders wichtig. Beim natürlichen Brutvorgang sitzt das Huhn den ganzen Tag mit seinem „Popo" auf den Eiern. Alle Eier kommen dabei jeden Tag mit den Kotmikroben der Mutter in Kontakt. Pickt sich dann bei der Geburt das Küken durch die Eierschale, nimmt es als erstes die Darmbakterien der Mutter auf. Damit hat es eine artgerechte Mikrobenflora, die auch auf dem neuesten Stand ist. Wird ein solches Küken aber in einer „sauberen" Brutmaschine ausgebrütet, fehlt diese Mikrobenflora. Das könnte einer der Gründe sein, weswegen Fachleute sagen, man könne Küken nicht ohne antibiotisch wirkende Substanzen (Kokzidiostatika) aufziehen.

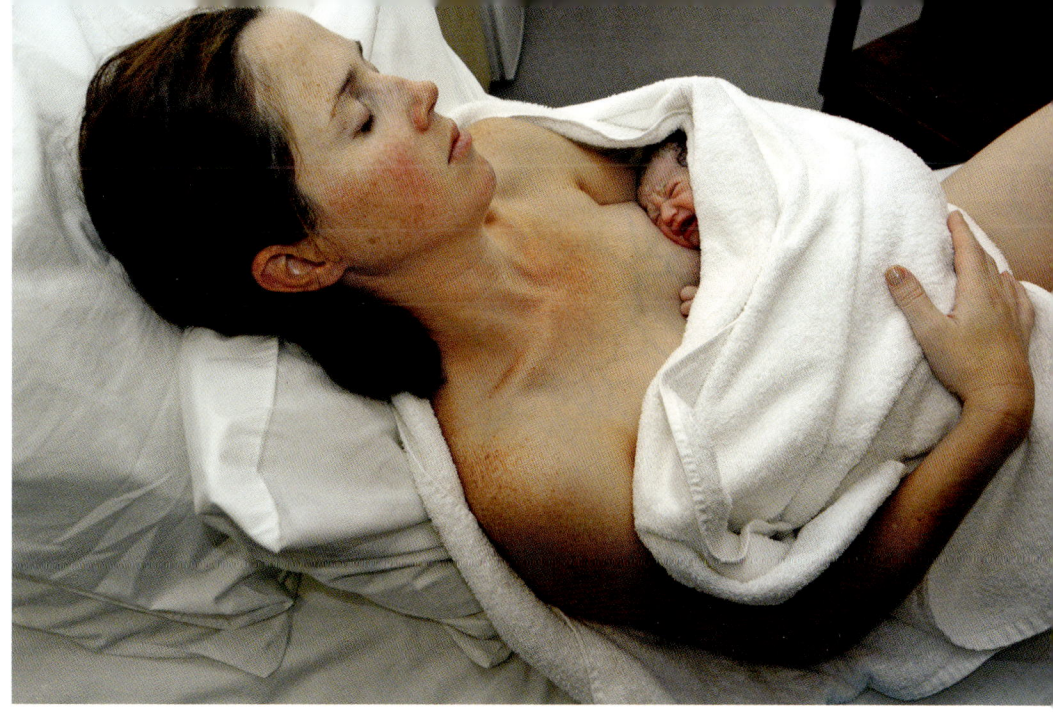

In unserem Dorf wurden in den 50er-Jahren des 20. Jahrhunderts neugeborene Ferkel direkt nach der Geburt mit dem Kot der ältesten Kuh im Stall eingerieben.

„Die kennt den Stall", kommentierten die Alten diesen Vorgang, der uns Kinder immer ein wenig anwiderte.

Roch der Kot der ältesten Kuh nicht so gut, mussten wir Kinder Kompost von einem bestimmten Komposthaufen im Garten holen, mit dem die Ferkel eingerieben wurden. Dann bekamen die Ferkel die Mikroben des besten Kompostes. In anderen Regionen Deutschlands bekamen die Ferkel Torf.

Im Studium lernte ich später, dass die Huminsäuren des Torfs den Darm reinhalten. Heute tendiere ich eher zu der Annahme, dass die im Torf enthaltenen Mikroben eine geordnete Erstbesiedelung der Därme vornehmen.

Auf dem Weg des Jungtieres in die Welt ist der erste Kontakt mit Mikroben der mit den Schleimhautmikroben des Geburtskanals.

Der Geburtskanal hat einen pH-Wert von unter 4, dem Milieu der Effektiven Mikroorganismen. Dann kommt das Junge am Darmausgang vorbei und bekommt von der Natur den großen Vorteil serviert, der oben beschrieben wurde.

Die nächste Mikrobenquelle ist die Luft, nach der das Neugeborene schnappt. Dann nimmt das Tierchen noch die Mikroben der Haut der Mutter auf, wenn es zum ersten Male an der Zitze nuckelt. Danach erst erfolgt die passive Immunisierung durch die erste Milch der Mutter, die Kolostralmilch. Bevor wir deren Bedeutung beschreiben, noch ein paar andere Gedanken.

7.1.4 Die Bedeutung der Erstbesiedelung von Därmen

Nur ein Biotop von guten und artgemäßen Mikroben schützt das Neugeborene vor krankmachenden Mikroben.

Die Kot- und Hautmikroben der Mutter und der Umwelt direkt nach der Geburt sollten gut und artgemäß sein. Ist das nicht der Fall, werden die Grundlagen für viele Krankheiten gelegt.

Auch im späteren Leben muss das Mikrobenbiotop im Verdauungstrakt immer wieder auf den aktuell passenden Stand gebracht werden.

Durchfallerkrankungen bei Jungtieren kosten die Landwirtschaft Millionen. Zuerst fallen Kosten an, weil der Bauer kranke Tiere natürlich besonders gut versorgt. Dann kommen Kosten für Medikamente und oft auch für Konsultationen des Tierarztes zum Tragen.

Bedenkt man, dass in Deutschland circa 10 % der Kälber in den ersten sechs Lebenswochen sterben, bedeutet das für die Bauern, weniger Jungtiere zum Verkauf oder zur Nachzucht zu haben.

Fachleute schätzen die jährlich anfallenden Kosten und Verluste der deutschen Rindviehhalter auf über zehn Millionen Euro pro Jahr.

Wird ein Jungtier krank, stoppt das Wachstum. Insbesondere in den ersten Lebensmonaten haben die Jungtiere ein enormes Wachstumsvermögen. Kann man diese Vorgabe der Natur nicht nutzen, wird man dem Tier sein Leben lang die Krankheit der ersten Tage anmerken. Es entwickelt sich schlechter als die Geschwister, die ohne Krankheit heranwachsen konnten.

Alle Därme von Neugeborenen sind mikrobiell nicht belegt. In der Fruchtblase oder im Ei gibt es keine Mikroben

Frische Lebensmittel und milchsauer fermentierte helfen während der Einnahme von Antibiotika und besonders danach, die Darmflora zu erhalten und zu regenerieren.

der Außenwelt. Damit aber Nahrung verdaut werden kann, braucht auch das Jungtier die Mikroben im Darm. Deswegen sorgt die Natur in ihrem ursprünglichen Plan für eine angepasste Mikrobenstruktur.

Das wusste auch Dr. Hans Peter Rusch, ein bedeutender Humanmediziner um 1950 und gleichzeitig ein bedeutender Humusforscher. Er gründete, gemeinsam mit dem Diplomlandwirt Dr. Müller, den *Bioland*-Verband.

Für Menschen außerhalb der Landwirtschaft ist Dr. Rusch bedeutend, weil er als Erster den therapeutischen Nutzen der Mikroben erkannte und aus Darm- und Kompostmikroben das Medikament *Symbioflor* entwickelte. Dieses nutzte er zur Wiederbesiedlung

von menschlichen Verdauungssystemen, die durch die Einnahme von Antibiotika geschädigt waren.

Er wusste, dass die Mikroben des Bodens die Lebensmittel besiedeln und die Mikroben auf den Lebensmitteln bestimmen, wie die Zusammensetzung der Mikroben im Darm ist. Der Kot wiederum, auch 60 % lebende Mikrobenmasse, beeinflusst die Zusammensetzung der Mikroben im Boden. Dieser Kreislauf wird uns beim Nachdenken über EM noch häufig beschäftigen, denn ohne die richtigen Mikroben können wir nicht leben. Sie sind die Grundlage allen höheren Lebens auf der Erde.

Die Mikroben im Darm kontrollieren, was bei Mensch und Tier aus der nach innen gezogenen Außenwelt

(Darminhalt) in das Lebewesen hinein darf. Die Darmschleimhaut ist die bedeutendste Barriere zwischen der Umwelt und einem Lebewesen. Sie bildet den wichtigsten Teil des Immunsystems.

Neben der Kontrolle helfen die Darmmikroben aber auch noch an anderer Stelle. Sie belegen die in den Därmen vorgesehenen Stellen zur Reizung des Systems der Bauchnerven. Besiedeln nicht die vorgesehenen, sondern die falschen Mikroben

diese Stellen, kann es zu Fehlfunktionen der geschalteten Nerven kommen.

Auch weitere Lebensvorgänge werden von den Mikroben im Darm gelenkt. Warum sonst erwartet man häufig bei über eine lange Zeit verdauungskranken Menschen, zum Beispiel Diabetikern, eine wachsende Demenz? Warum sonst merken wir an uns selbst oder an anderen Mitmenschen bei lang anhaltenden Verdauungsstörungen enorme Verhaltensänderungen?

Spitzensportler agieren in ständigem Stress

Eine Forschergruppe aus Tier- und Humanmedizinern verschiedener deutscher Universitäten arbeitet mit der These, dass viele als Erbkrankheiten geltende Erkrankungen durch eine mikrobielle primäre Fehlbelegung der Därme entstünden. Es wurden insbesondere Hinweise auf Zusammenhänge zwischen Fehlbelegungen und ADHS gefunden.

Ein weiterer Gedanke soll an dieser Stelle erörtert werden. Immer wieder erfahren wir aus der Presse, dass Spitzensportler an plötzlichem Herzversagen sterben. Spitzensportler leben im Dauerstress, weil sie ihren Körper ständig bis an und manchmal über die Grenzen der Belastbarkeit hinaus beanspruchen.

Nach Untersuchungen von Prof. Krüger bedeutet Dauerstress ein Ansteigen der Clostridienpopulationen im Dickdarm.

100 bis 1000 Clostridien pro ml Darminhalt sind normal. Findet der Forscher aber über eine Million Clostridien, spricht er von bedenklichen Konzentrationen.

Einige Clostridienarten erzeugen Botulin, ein starkes Nervengift, das auf das glatte (unwillkürliche) Nervensystem lähmend wirkt, somit auch auf die Herzmuskulatur. Werden die Muskeln ohne Unterbrechung mit Botulin geschädigt, kann es zu schwerwiegenden Funktionsstörungen kommen.

Nun gehen wir auch hier wieder den Weg der Logik. Stress bedeutet, dass über unser hormonelles System der Körper auf Flucht, somit auf schnellen Energieverbrauch eingestellt wird. Mensch und Tier reagieren bei Stress mit verstärkter Motorik. Sie werden unruhig und wollen sich bewegen, weil hormonell das Muster „Flucht" eingeschaltet ist. Im Dünndarm wird dann die Aufnahme von Fett und Eiweiß eingestellt und die Nahrungsbestandteile wandern in den Dickdarm. Dort gehören sie nicht hin und sind ein übermäßiges Nahrungsangebot für die dort in kleiner Zahl siedelnden Mikroben, die sonst nur mit kleinen Resten von Eiweiß gefüttert werden. Sie können sich wegen des plötzlichen größeren Nahrungsangebotes vermehren und mit ihnen auch die Botulin erzeugenden Arten. Viele Menschen kennen die Erscheinung, dass sie nach einem riesigen Schrecken Durchfall bekommen. Das kennt auch jeder Tierhalter von seinen Tieren.

Der Darm reagiert mit dieser „außerplanmäßigen" Entleerung darauf, dass dort nicht erwünschte Produkte vorhanden sind. Auch in diesem Wissensgebiet ist noch viel spezielle Forschung nötig, die genau beschreibt, wie diese Vorgänge ablaufen.

Bis wir solche Erkenntnisse im Einzelnen vorliegen haben, können wir Gesundheitsvorsorge dadurch betreiben, dass wir auf die gute mikrobielle Besiedlung unserer Nahrung und des Futters der Tiere achten. Wo gute Mikroben in Überzahl sind, können sich schlechte nicht ansiedeln.

7.1.5 Ist die Kolostralmilch noch gut?

Die erste Milch der Mutter (Kolostralmilch) *ist der beste Schutz für das Neugeborene. Lebt die Mutter stressfrei, ist die Milch besonders gut.*

Grundsätzlich wissen wir, dass die erste Milch der Mutter kurz nach der Geburt die sogenannten Immunglobuline aus dem Darm der Mutter enthält, die sie vor Krankheit schützen. Diesen Schutz gibt sie direkt nach der Geburt mit der ersten Muttermilch an ihr Neugeborenes weiter.

Die Immunglobuline entstehen aus dem Zusammenwirken der Verdauungsmikroben mit den Darmzellen. Sie sind so groß, dass sie normalerweise die Struktur des Darms nicht durchdringen, weil sie ja im Darm ihre Arbeit erledigen sollen.

Veranschaulichen wir dies an einem Beispiel aus dem Reich der Säugetiere: Während der Geburt

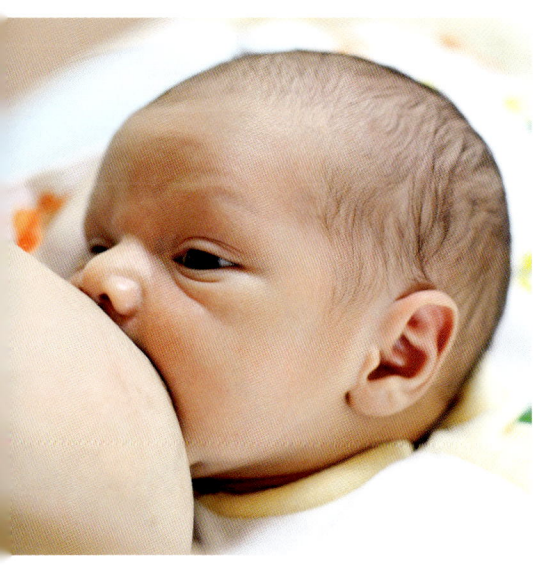

nicht selbst erzeugt hat. Später, wenn die eigene Mikrobenflora im Darm des Jungen funktioniert, kann es diese Hilfen selber herstellen. Das ist dann die aktive Immunisierung, weil das Junge die Immunglobuline von den eigenen Mikroben produzieren lässt.

Wenn nun die Mutter schon ein nicht optimales Verdauungssystem hat, können auch andere größere Eiweiße die Darmwand durchdringen. Man denke nur an Stress und die Bildung von Botulin, wie wir es oben beschrieben haben. Von daher beginnt der Schutz des Jungen beim Tier oder der Schutz des Säuglings beim Menschen immer damit, eine werdende Mutter vor Stress und Aufregung zu bewahren. Die Mutter des Säuglings sollte sich von frischen Lebensmitteln ernähren; im Tierreich ist für gutes Futter zu sorgen. Mutterschutz bedeutet immer, dass die Nachkommen einen guten Start ins Leben haben.

Die Darmsperre ist nur für kurze Zeit aufgehoben. Kurz nach der Geburt wird der Darm der Mutter wieder mit Sauerstoff versorgt. Deswegen ist nur die erste Milch optimal mit Immunglobulinen versorgt. Das ist von der Natur ganz intelligent

konzentriert sich der Körper der Mutter auf das Austreiben des Jungen. Deswegen werden Gehirn und Darm nur noch mit so viel Sauerstoff versorgt, wie für die Funktion der Austreibungsmuskulatur benötigt wird.

Die Unterversorgung des Darms mit Sauerstoff bewirkt, dass der Darm durchlässiger wird. Dann können die Immunglobuline durch die Darmwand ins Blut, welches sie in die Milchdrüse transportiert. Somit stehen diese großen Eiweiße dem Jungen als Teil seines Immunsystems im eigenen Darm zur Verfügung. Man spricht von der sogenannten passiven Immunisierung, weil das Junge diese Immunglobuline eingerichtet, denn bei Sauerstoffmangel tritt auch Eisen aus den Darmzellen in den Darminhalt über.

Jeder, der schon einmal ein Eisenpräparat nehmen musste, kennt den Effekt freien Eisens im Darm. Es führt häufig zu Verstopfungen.

Verstopfungen bedeuten, dass der Darminhalt zu lange im Darm bleibt. Es können unerwünschte Faulvorgänge eintreten. Damit die Ergebnisse dieser Fäulnis nicht in die Kolostralmilch gelangen können, ist es wichtig, dass die Darmsperre wiederhergestellt wird.

Kühe nehmen nach der Geburt sehr große Mengen warmes Wasser, möglichst versetzt mit EMa, auf. Sie gleichen den großen Wasserverlust der Geburt so aus und korrigieren mögliche Verdauungsprobleme.

In der Beratungspraxis empfehle ich deswegen, den Muttertieren nach der Geburt so viel warmes Wasser mit etwas EMa zu geben, wie sie wollen. Die silierte Melasse (rechtlich korrekter Begriff für EMa in der Tierhaltung) stellt die gute mikrobielle Besiedlung des Darms wieder her und das Wasser gleicht den hohen Wasserverlust während der Geburt aus.

Kühe saufen oft nach einer Geburt mehr als 40 l warmes Wasser mit EMa. Sie haben in der Regel dann keine nachgeburtlichen Verdauungsprobleme.

Daraus folgt:

Das Immunsystem ist in seiner Grundlage gar nicht so kompliziert, wie es im Lexikon steht. Begibt man sich in die Logik der Natur und beachtet die Konsequenzen aus dem alten Wissen des Volksmundes, kann man schon eine gute Grundlage für die Gesundheit von Mensch und Tier legen.

Ich erinnere mich an dieser Stelle gerne an die Regel des Ordensgründers Benedikt, die besagt, dass die Mönche und Nonnen regelmäßig frisches Gemüse aus dem eigenen Garten essen sollten. Im Winter sollten sie Lebensmittel aus den traditionellen Konservierungsverfahren (Sauerkraut, saure Bohnen, in Mieten eingelagerte Möhren) essen. Folgt man dieser Regel, ergreift man die Chance, jederzeit Mikroben aus der eigenen Umwelt für sich zu nutzen.

Ernährung mit frischen regionalen Produkten scheint unter dem Gesichtspunkt des eigenen Mikrobenhaushaltes zur Stärkung des Immunsystems sinnvoll zu sein.

7.2 EM und Hygiene

Die mit EM entwickelten Reiniger haben sich in der Praxis bewährt und werden von professionellen Reinigungsunternehmen genutzt.

Zu den EM-Produkten gehören verschiedene Reiniger. Aus Japan haben wir gelernt, dass man hervorragend mit EM oder EMa reinigen kann. Das gute milchsaure Milieu von EM pflegt alle Gegenstände des täglichen Bedarfs. Zu Hause taten wir das auch mit großem Erfolg.

Als immer mehr Menschen nach Reinigungsmöglichkeiten mit EM fragten, wurden in Deutschland verschiedenen Reiniger entwickelt. Die Zusätze von Alkohol, Essig und Lavendelessenz wirkten neben dem milchsauren Milieu schmutzlösend und die Reinigungswirkung war schon recht gut.

Dann widmete sich ein Fachmann für Reiniger, der sich in die EM-Technologie eingearbeitet hatte, den Reinigern. Er fügte sehr hochwertige aus Blüten und Früchten gewonnene Essenzen hinzu und verringerte den Alkoholanteil. Das Ergebnis ist bemerkenswert und stößt bei den Anwendern auf Begeisterung. EM-Reiniger sollen gemäß Gebrauchsanweisung nur in sehr geringen Mengen verwendet werden.

Mittlerweile finden EM-Reiniger ihren Weg in die Welt der professionellen Reinigungsunternehmen. Die meisten hartnäckigen Verschmutzungen sind natürlichen organischen Ursprungs. Sie lassen sich offensichtlich mit natürlichen Lösungsmitteln und der Arbeit der Mikroben besser in den Griff bekommen als mit künstlichen Tensiden in den herkömmlichen Reinigern.

Lässt man den mikrobiellen Reinigern ein wenig Zeit, lösen sie auch hartnäckigste Verschmutzungen,

Die mit Hilfe der EM-Technologie entwickelten Reiniger werden inzwischen häufig von professionellen Reinigungsunternehmen verwendet, weil sie preiswert effektiv wirken und schonend für die Haut der Mitarbeiter sind.

auch solche, die durch Mineralöle und deren Produkte entstehen, wie Anwendungen von EM-Reinigern in Werkstätten zeigen.

Die Logik von EM lautet an dieser Stelle: Es gibt nichts auf dieser Welt, das nicht zurück in den Kreislauf gehört und vom Kreislauf des Lebens wieder integriert werden kann. Alle Stoffe, auch die, die der Mensch herstellt, stammen letztlich von der Erde.

Die Ordnung auf der Erde wurde ursprünglich von Mikroben hergestellt. Daher sind sie und vielleicht nur sie in der Lage, die Ordnung nach Störungen wiederherzustellen.

7.2.1 Unsere Glaubenssätze zur Hygiene sind durch Louis Pasteur und Robert Koch geprägt

Sauberkeit ist Freiheit von Mikroben, so der Glaubenssatz nach Louis Pasteur. Wir vergessen dabei die Milieutheorie nach Rudolf Virchow.

Louis Pasteur hatte herausgefunden, dass alkoholische Gärung immer durch Mikroben hervorgerufen wird. Diese Mikroben, so erforschte er, kann man durch Erhitzen abtöten. Er legte die Grundlagen für Reinlichkeit durch Hitze.

Das wichtigste Verfahren, das wir heute noch in der Lebensmittelherstellung anwenden, ist das Pasteurisieren (auf 70 °C erwärmen und die Temperatur mindestens 20 Minuten halten).

Robert Koch, der als Bakteriologe die These aufstellte, Krankheiten würden durch Bakterien und andere Mikroben hervorgerufen, hat viel Segensreiches für die heutige Welt erreicht. Wenn man seinen Gedanken folgt, sind bei Infektionskrankheiten viele krankmachende Mikroben vorhanden. Sie sind für ihn und die meisten heute lebenden Menschen die Ursache der Krankheit.

Damit war der Weg der Hygiene vorgegeben. Wir versuchen heute, möglichst alle Mikroben zu beseitigen

Louis Pasteur (1822 – 1895) nach einer Zeitungsillustration

und sehen etwas als sauber an, wenn keine Mikroben mehr darauf leben.

Sein Zeitgenosse, Rudolf Virchow, ein Pathologe, stellte die These auf, dass nicht die Mikrobe, sondern das Milieu krank mache. Zeit seines Lebens gelang es ihm nicht, diese These zu vermarkten.

7.2.2 Milch erklärt die Zusammenhänge

Frisch gemolkene Milch wird milchsauer. Pasteurisierte Milch wird wegen der Milieuveränderung durch das Bakterium Koli faul.

Nun wissen gerade ältere Menschen, die noch die frisch von den Kühen gemolkene Milch kennen, dass diese Milch schnell sauer wird.

Eine pasteurisierte Milch aber wird nicht mehr sauer, sondern sie verdirbt. Sie zieht Fäden, ist bitter und würde Mensch und Tier krank machen. Auch heute noch kann jeder Milchbauer dieses Experiment durchführen: Man stellt eine frisch gemolkene Milch auf den Tisch, daneben eine Schale mit pasteurisierter

Koli-Bakterien in einer Petrischale

Milch. In beide offenen Schalen fallen Mikroben aus der Umgebungsluft.

In der frischen Milch sind viele Milchsäurebakterien. Durch den Reiz der Ausscheidungen fremder Mikroben vermehren sie sich in großer Geschwindigkeit. Die Milch wird sauer. Der Mensch macht sich diese Tatsache schon viele Jahrtausende zunutze und fertigt so Quark, Käse und Sauermilchgetränke, die anerkanntermaßen gesundheitsfördernd sind.

Fallen die gleichen Mikroben in die pasteurisierte Milch, sind darin keine Milchsäurebakterien mehr vorhanden, weil sie beim Pasteurisieren abgetötet wurden. Deswegen entwickeln sich in der Milch bald überwiegend Kolibakterien. Die machen in solch großer Zahl krank. Das Lebensmittel ist verdorben.

Kolibakterien gehören in geringer Zahl zu unseren Umweltmikroben, weil sie wesentliche Vitamine im Dickdarm bilden. Wir brauchen sie, aber nicht zu viele.

Dass sie nicht überhandnehmen, regelt die Gesamtflora eines Milieus.

Diese Erfahrung stützt die These von Rudolf Virchow. Es ist nicht entscheidend, ob einige wenige Kolibakterien vorhanden sind, sondern es kommt darauf an, in welches Milieu sie kommen. Dort entscheidet sich, ob sie sich zu einer krankmachenden Menge vermehren oder ob sie nur die Aufgaben in einem Organismus wahrnehmen, für die sie in lebensfördernden Prozessen von der Natur vorgesehen sind.

Virchow wendete diese Erkenntnis in den von ihm betreuten Krankenhäusern an. Er ließ die Krankenstuben mit Brotkrümeln von Sauerteigbrot ausfegen und schaffte so eine Milchsäure betonte Keimflora, die die Vermehrung von krankmachenden Mikroben unterband.

7.2.3 Die heutige Hygienepraxis ist überdenkenswert

Wenn man auf die schwierige mikrobielle Situation in den meisten Krankenhäusern schaut, sieht es so aus, als ob die Ideen von Virchow beachtet werden sollten.[1]

Die heutige Hygienepraxis hat multiresistente Mikroben hervorgebracht.

Wenn man mit EM-Reinigern arbeitet, tötet man keine Mikroben, sondern man schafft ein gesundes Milieu, in dem sich krankmachende Mikroben nicht gut vermehren können und in einer nicht krankmachenden Menge erhalten bleiben, die wir und die Mitwelt brauchen.

Nur die richtigen Reinigungstechniken führen zu dem erwarteten Erfolg mit EM-Reinigern.

Versetzen Sie sich in die Lage einer Mikrobe im Krankenhaus. Da kommt nun täglich eine Reinigungsfachkraft und versprüht alle möglichen Substanzen, die Mikroben töten. Einige wenige Mikroben aber bekommen nicht die volle Ladung an Desinfektionsmitteln ab. Diese überlegen sich dann, was sie tun können, damit ihre Nachkommen überleben. Sie suchen sich neue Erbinformationen aus der sie umgebenden organischen Substanz heraus.

---

[1] Siehe auch im Anhang das Spiegel-Gespräch mit dem britischen Chirurgen und Bakteriologen Mark Spigelman vom University College London.

Nun können sie sich munter weiter vermehren und sind gegen alle angewendeten Reinigungsverfahren immun. So entstehen die multiresistenten Mikroben.

Würde man die Vermehrung von krankmachenden durch die Anwesenheit von guten Mikroben behindern, hätten wir eine Chance, die multiresistenten einzugrenzen.

Die meisten Schmutzpartikel, die wir als Staub wahrnehmen, sind organischer Herkunft. Es sind Pollen, Haare, Hautpartikel, Pflanzenreste und nur wenige mineralische Substanzen.

Alle organischen Bestandteile sollen aber nach dem Plan der Natur möglichst schnell wieder in den Kreislauf zurückgeführt werden. Die natürlicherweise vorhandene Mikrobenflora würde, wenn sie noch vorhanden wäre, solche organischen Bestandteile verstoffwechseln. Dass das so sein kann, belegt die Beobachtung von Hausfrauen, die berichten, dass nach häufigem Einsatz der EM-Reiniger weniger Staubmäuse vorhanden sind.

Damit vermindern sich die Chancen, dass sich Hausstaubmilben entwickeln, und es erklärt, warum so viele Hausstauballergiker berichten,

sie hätten weniger Probleme, seit ihre Wohnungen mit EM-Reinigern gepflegt werden und sie die Räume regelmäßig aussprühen.

Wo die verstoffwechselten organischen Substanzen bleiben, wissen wir nicht. Eine Aufgabe für die Forschung?

Auch im professionellen Bereich wurden schon Untersuchungen von Bakterienforschern vorgelegt, nachdem mit EM-Reinigern gearbeitet wurde. Sie stellten fest, dass weniger unerwünschte Mikroben vorhanden waren als nach einer konventionellen Reinigung.

In Tierställen fand man nach der Reinigung mit EM in spezifizierten Abklatschproben kaum mehr krankmachende Keime. In einer Schultoilette, die mit EM-Reinigern bearbeitet wurde, war es ein wenig schwieriger.

Die EM-Reiniger wurden zuerst dem Reinigungspersonal übergeben, das zunächst mit seiner gewohnten Technik damit putzte. Das Schulklo stank jedoch nach wie vor und die Kinder mochten nicht dorthin gehen. Sie tranken zu wenig, weil es auf der Toilette doch so unangenehm war.

Dann aber erkannte der betreuende EM-Berater, dass nicht die Reiniger, sondern die Reinigungstechnik

Auch auf Schultoiletten wurden schon häufig positive Erfahrungen mit EM-Reiniger gemacht.

entscheidend war. Mit den herkömmlichen Reinigern war nach einem feuchten Durchwischen der Geruch der Toilette mit den Düften der Reiniger übertüncht. Für einen solchen Effekt reichten die ätherischen Substanzen in dem EM-Reiniger nicht aus.

Nun wurde die Toilette sehr nass mit dem EM-Reiniger gesäubert. Schon nach dreißig Minuten war kein unangenehmer Geruch mehr vorhanden.

Die Erklärung ist ganz einfach. Der unangenehme Geruch solcher intensiv genutzter Toiletten stammt vom Urin und sonstigen organischen Resten, die in die Fugen zwischen den Fliesen einsickern. Dort machen sie den gleichen Prozess wie die Gülle durch. Sie faulen und gasen Ammoniak ab. Dieses Nervengas riecht unangenehm stechend.

Die natürlichen Umbauprozesse der Milchsäurebakterien in den EM-Reinigern aber fressen die organischen Reststoffe auf. So kann nichts mehr faulen und kein Ammoniak abgasen. Anschließende mikrobiologische Untersuchungen zeigten, dass auch in diesem sehr schwierigen Raum die krankmachenden Mikroben verschwunden waren.

Wie viel Geld könnten Gemeinden in Schulklos und wie viel Geld in

Betreuungsunternehmen von Autobahntoiletten sparen, wenn sie EM-Reiniger einsetzten?

Wie viel kostengünstiger könnten unsere Kläranlagen arbeiten, wenn deren Mikroben weniger durch desinfizierende Reiniger gestört würden?

7.2.4 Warum sich Mikroben so schnell anpassen können

> *Mikroben haben eine sehr schnelle Generationenfolge. Deswegen können sie sich so gut gegen Desinfektionsmittel wehren.*

Mikroben vermehren sich nicht über Paarung, sondern über Zellteilung. Viele Mikrobenarten teilen sich bei optimalen Bedingungen alle zwanzig Minuten. Sie haben somit alle zwanzig Minuten die Chance, sich an veränderte Lebensbedingungen anzupassen.

Menschen sind da viel langsamer. Sie haben eine Generationenfolge von zwanzig bis dreißig Jahren. In den fünf Millionen Jahren ihrer Existenz auf dieser Erde haben sie gerade mal 200 000 bis 300 000 Anpassungsschritte tun können, um sich an veränderte Umweltbedingungen anpassen zu können. Mikroben schaffen diese Zahl von Anpassungsschritten in sieben bis zehn Jahren. Außerdem haben Mikroben die Fähigkeit, freie Eiweiße oder Teile von Eiweißen ohne größere Probleme in ihre Erbinformationen einzubauen. Natürlich sind viele Anpassungsschritte nicht erfolgreich. Doch die Chance von Mikroben, einen erwünschten Schritt zu tun, ist offensichtlich sehr groß.

Die agrochemische Industrie klagt darüber, die zunehmende Zahl der Resistenzen der Krankheitserreger gegen Pflanzenschutzmittel führe zu vermehrten Kosten in der Forschung. Bauern wechseln Desinfektionsmittel und Pflanzenschutzmittel mit unterschiedlichen Wirkstoffgruppen, damit Resistenzen erst möglichst spät entstehen und die Mikroben sich nicht an einen Wirkstoff gewöhnen können.

In Krankenhäusern haben wir heute trotz maximaler Desinfektion jede Menge resistenter Keime, gegen die mit den bisherigen Strategien kein Kraut gewachsen ist. Wir Menschen haben vergessen, dass die Mikroben die Grundlage des Lebens sind. Offensichtlich sind wir nicht in

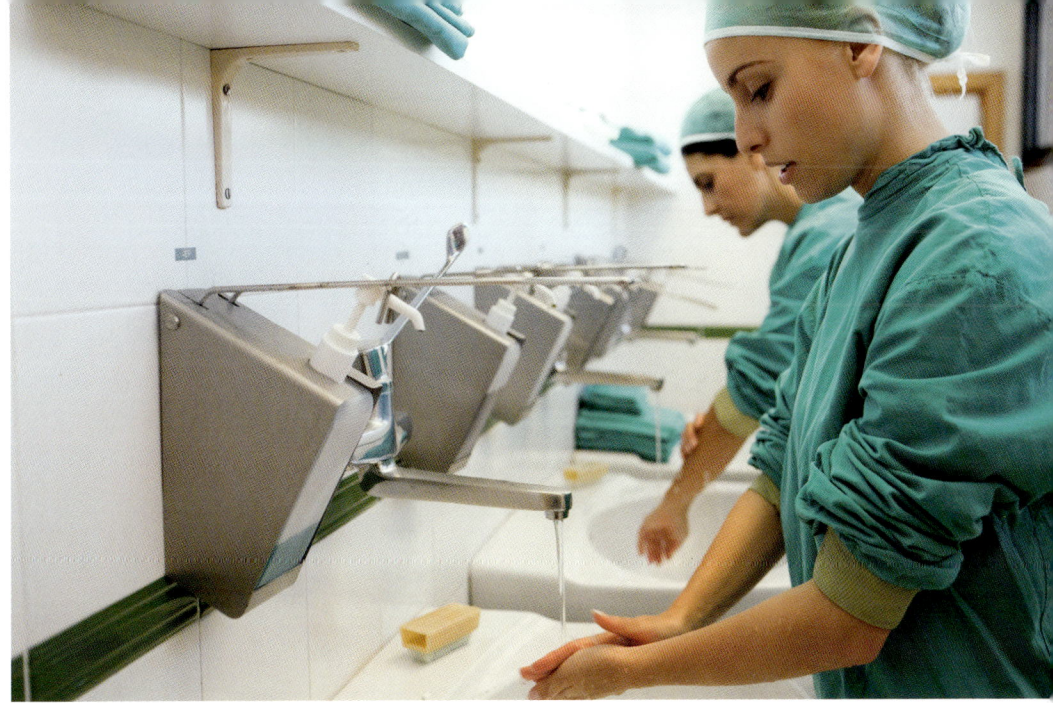

Multiresistente Keime bilden in Krankenhäusern ein besonderes Gefahrenpotenzial.

der Lage, das Leben völlig auszurotten. Wir wissen viel zu wenig darüber, wie Mikroben leben, wie sie sich miteinander verbinden und wie sie sich gegenseitig helfen. Deswegen erscheint es uns zielführender, danach zu forschen, in welchen Milieus sich die erwünschten Mikroben wohlfühlen.

Gegen Mikroben zu kämpfen ist sehr teuer. Wer darüber einen Roman lesen will, einen echten Thriller, dem empfehlen wir das Buch „Der Schwarm" von Frank Schätzing. Dieser mitreißende Roman verdeutlicht sehr schön, zu welch fantastischen Ideen die mikrobielle Welt den kreativen Geist eines Romanschriftstellers anregen kann.

7.2.5 Moderne Wissenschaftler stützen die Milieutheorie

Der französisch-deutsche Fernsehsender *Arte* strahlte im Juni 2005 eine Dokumentation aus, in der Wissenschaftler aus Australien und Großbritannien die Milieutheorie von Rudolf Virchow belegten. In dieser halbstündigen Sendung mit dem Titel „Invasion der Mikroben" wurde in anschaulicher Weise aufgezeigt, wie sich krankmachende Mikroben ansiedeln können, wenn das natürliche Milieu durch falsche Hygienemaßnahmen gestört wird.

Sollte dieser Beitrag, zu dem das ZDF die Rechte hat, nochmals angekündigt werden, empfehlen wir Ihnen, ihn sich unbedingt anzusehen. Sie werden die Welt mit anderen Augen betrachten.

7.3 EM-Reiniger

7.3.1 EM-Reiniger im Praxiseinsatz

EM ist als Reiniger nach unseren Erfahrungen bisher unschlagbar. Zum einen sind die Produkte so umweltfreundlich, dass Mensch und Tier durchaus davon trinken können. Putzwasserreste dienen als

EM-Reiniger – Die wichtigsten Anwendungen:

- Putzwasser ist bestes Blumengießwasser.
- Hartnäckigen Schmutz mit hoch verdünnten EM-Reinigern einsprühen, warten, herausspülen. Ist der Schmutz zum Beispiel auf einem Teppich besonders hartnäckig, die eingesprühte Stelle über Nacht mit Folie abdecken, damit Feuchtigkeit erhalten bleibt und die Mikroben arbeiten können.
- Konzentration der Reiniger: EM-Reiniger 1:1000 (=1 Esslöffel auf 10 l Wasser. Ein normaler Eimer hat 10 l.) EMa 1:500 verdünnen (=2 Esslöffel auf einen Eimer Wasser.) Die Putzwasserreste sind immer gutes Blumengießwasser.

- Luft verbessern durch tägliches Sprühen mit 1 Verschlusskappe EM auf ½ l Wasser im Blumensprüher.
- Verstopfte Abläufe von Waschbecken: EMa (pur) über Nacht einwirken lassen und am nächsten Morgen mit der Druckpumpe bearbeiten.
- Stinkender Sinkkasten: 5 l EMa durch alle Ausgüsse des Hauses geben, am nächsten Tag nochmals wiederholen. Auf lange Sicht hilft nur das Vermeiden von desinfizierenden Reinigern. Stattdessen sollte man EM-Technologie anwenden.
- Fenster mit EM-Citrusreiniger 1:1000 in Wasser verdünnt reinigen.

Bewässerungswasser für Pflanzen oder wirken im Abwasserkanal segensreich.

Benutzt man diese Reiniger regelmäßig im Haushalt, entsteht ein sehr praktischer Nebeneffekt. Abflüsse verstopfen nicht und Sinkkästen riechen nicht übel.

Unsere eigenen Erfahrungen begannen damit, dass wir in unserer alten Wohnung ein Küchenbecken hatten, das circa 1,5 m vom Einlauf in die Abwasserleitung entfernt angebracht war. Über diese relativ große Entfernung verlief das Abwasserrohr aus Kunststoff unter der Arbeitsplatte fast waagerecht. Diese mechanische Problematik führte dazu, dass sich dieses Rohr in recht kurzer Zeit, meist einmal im Monat, verstopfte. Mit den normalen Druckpumpen kamen wir bei diesem Rohr nie zum Erfolg. Die Reinigung empfanden wir als eine der unerfreulichsten Arbeiten im Haushalt.

Zwei Tage, nachdem wir die erste EM-Flasche hatten, verstopfte der Abfluss. Voller Enthusiasmus schütteten wir abends drei Esslöffel ins verstopfte Becken und erwarteten für den nächsten Morgen einen freien Abfluss. Doch die Enttäuschung war groß. Das schmutzige Wasser stand immer noch im Becken.

Wir wollten schon das Handwerkzeug holen, als uns einfiel, es doch mit der Druckpumpe zu versuchen. Die setzten wir einmal an und schon verschwand gurgelnd das Schmutzwasser. Bis wir ungefähr zwei Jahre später aus der Wohnung auszogen, hatten wir nie wieder Probleme mit dem Abfluss.

Kurze Zeit später beklagte sich eine Bekannte über den übel riechenden Sinkkasten in ihrem Mehrfamilienhaus. Wir machten einen 10-l-Kanister EMa fertig und schenkten ihn der Bekannten mit der Anweisung, durch alle Waschbecken und Toiletten des Hauses eine bis zwei Tassen EMa zu gießen. Den Rest sollte sie aus ihrer eigenen Wohnung ein paar Tage später nochmals hinterhergießen.

Schon nach der ersten Anwendung an einem sehr schwülen Tag im Sommer rief sie an und freute sich, dass es in ihrem Haus nicht mehr übel roch. Sonst hatte sie bei solchen Gelegenheiten immer einen Installateur holen müssen, der die Rohre im ganzen Haus durchspülte. Die Mieter fühlten sich belästigt, zumal die Prozedur meistens nach einigen Tagen wiederholt werden musste.

Nach der EM-Anwendung hatte unsere Bekannte ein halbes Jahr Ruhe. Erst dann begriff sie, dass regelmäßige EM-Anwendung in der Hausreinigung das Problem dauerhaft löst. Seit 1998 ist sie eifrige EM-Nutzerin. Ihre Enkel sind auch EM-Fans.

7.3.2 Putzen und Reinigen mit EM und EM-Produkten

Grundsätzlich braucht man in der EM-Technologie keinen eigenen Reiniger. In den Anfangsjahren berieten wir die Menschen nach unseren Erfahrungen. Zwei Esslöffel EM oder EMa ins Putzwasser, und das Haus wird sauber und riecht lange Zeit richtig frisch. Dabei müssen wir noch bemerken, dass wir regelmäßig abends unsere Wohnung mit einer Blumensprühflasche aussprühen. Hier geben wir auf einen halben Liter Wasser eine Verschlusskappe EM. Ein Raum von 20 qm braucht circa zehn bis fünfzehn Sprühstöße.

Nach dem Lüften wird dann selbst intensiver Geruch nach Zigaretten oder aufdringlicher Essensgeruch wesentlich verringert.

Wenn man solchen Geruch endgültig besiegen will, muss man natürlich gründlich lüften und auch mehrere Male am Tag sprühen. Alle Anwender berichten aber, dass der Erfolg wesentlich schneller und nachhaltiger eintritt als durch Lüften allein. EM-Anwendung ist dabei nicht zu vergleichen mit den sogenannten Lufterfrischern oder Geruchsvertilgern. Diese legen nur einen anderen Geruch über den des Raumes. Wirklich beseitigen können nämlich nur lebende Mikroben solche Gerüche. Organische Geruchsstoffe sind flüchtige chemische Verbindungen, die sich an die Stäube in der Luft heften. Atmet man diese ein, nimmt man einen Geruch, einen guten oder üblen wahr, je nach Ausgangsstoff und Konzentration.

Die Mikroben im EM fressen offensichtlich die Geruchsstoffe weg. Es ist immer wieder beeindruckend, wenn wir in der landwirtschaftlichen Beratung einen übel riechenden Stall intensiv aussprühen und schon Minuten später die Stallluft angenehmer wird.

Einen ähnlichen Effekt erreicht man in übel riechenden Toiletten, wie weiter oben schon beschrieben wurde. Wichtig ist in jedem Fall, dass man feststellt, woher genau die Ausdünstungen kommen. Die Effektiven

In mit EM geputzten Räumen kann man sich guten Gewissens wohlfühlen.

Mikroorganismen müssen an die Quelle der Geruchsemission, damit von dort nicht weitere Geruch verursachende Substanzen abgegeben werden können. Fäulnis muss immer an der Quelle bearbeitet werden.

Nun aber zurück zum eigentlichen Putzen. Wie EM wirkt, probiert man am besten beim Fensterputzen aus. Für die Fenster nehmen wir seit einiger Zeit den EM-Reiniger mit Zitrone. Den sollte man wirklich nur in geringen Mengen einsetzen. 1:1000 ist die passende Verdünnung. Auf 5 l Fensterputzwasser sollte man wirklich nur einen halben Esslöffel aus der Flasche geben.

Unsere Freundin Eva dachte, dass viel Gutes auch viel Gutes tue. Sie gab die gewohnte Menge Reiniger ins Fensterputzwasser und beschwerte sich darüber, dass die Fenster lauter Schlieren hätten. Ein typischer Fehler, dem wir immer wieder in Beratungsgesprächen begegnen. Seien Sie also sparsam und putzen Sie eine Hälfte eines Fensters mit der EM-Reiniger-Lösung und die andere Hälfte mit Ihrem normalen Reiniger. Wählen Sie die Seite

Professionelle Fensterreiniger schätzen an EM-Reinigern, dass sie nicht schäumen.

der Scheibe aus, die nach außen gerichtet ist. Dann wischen Sie mit der Handfläche über beide Fensterhälften. Die mit EM-Reiniger gepflegte Hälfte fühlt sich wesentlich glatter an.

Um dieses Phänomen zu erklären, müssen wir zurück in die Physik. Sie erinnern sich, dass EM einen Elektronenüberschuss hat. Die überschüssigen Elektronen „reparieren"

die Verwitterung auf der Oberseite der Fensterscheibe. Auch Glas unterliegt der Verwitterung. Der Reparatureffekt der Oberfläche des Glases hat einen ganz praktischen Nutzen. Die Oberfläche verschmutzt anschließend wesentlich langsamer.

Diesen Vorteil machen sich inzwischen auch einige professionelle Fensterputzer zunutze. Diese empfinden als besonderen Vorteil, dass der Reiniger nicht schäumt und sie nicht so oft nachwischen müssen, bis sie die schäumenden Substanzen wieder von der Glasoberfläche entfernt haben. Ihre Arbeit wird einfacher und kostengünstiger.

Leider hat noch niemand die Anwendung von EM im Vergleich zu herkömmlichen Reinigern an größeren Objekten, wie zum Beispiel an einem der neuen Bahnhöfe mit Glasabdeckung, unter Versuchsgesichtspunkten demonstriert. Die Ergebnisse wären spektakulär. Sie würden die glatte Oberfläche, die Wassereinsparung und damit auch die Einsparung von Zeit aufzeigen.

Fakt ist, dass Unternehmen sich für EM-Reiniger entscheiden und keine großen Versuche mehr machen, weil sie die Vorteile in der Praxis erkennen. Sie wollen sich nicht mehr mit den überkommenen Methoden aufhalten und den Nutzen auskosten.

Die konventionellen Reiniger arbeiten mit sogenannten Tensiden. Diese verändern die Oberflächenspannung des Wassers, sodass es Schmutz besser umfließen kann. Gleichzeitig ziehen sie den Schmutz an. Diese Anziehungskraft hat allerdings den Nachteil, dass die Tenside gerade an Textilien, also Polstern und Teppichböden, teilweise haften bleiben. Bleiben die Tenside dort, ziehen sie erneut Schmutz an und die Wiederverschmutzung geschieht schneller als nötig.

Diesen Umstand macht sich mittlerweile ein EM-Fan zunutze. Er bestückt herkömmliche Reinigungsgeräte, Sprühsauger, mit EM-Reinigern und tritt in Hotels und Tagungsstätten der gehobenen Klasse in den Vergleich mit anderen Reinigungsunternehmen.

Zuerst lässt er dem Kollegen mit den konventionellen Reinigungsmitteln den Vortritt. Dieser soll zeigen, was er kann. Dann arbeitet er die schon gereinigten Stellen mit seiner EM-Technologie nach. Das schmutzige Wasser im Reinigungsgerät zeigt anschließend, dass die EM-Reiniger

noch Schmutz lösen, den andere Reiniger in den Textilien belassen.

Außerdem ist regelmäßig zu beobachten, dass Schaum auf dem Putzwasser schwimmt. Dieser Schaum verdeutlicht, dass sogar aktive Substanzen aus dem Mittel der Vorreinigung gelöst werden. Das Endergebnis ist dann absolut überzeugend. Die Fasern von Teppichen oder Polstern sind angenehm weich.

In der Folge offenbart sich darüber hinaus ein weiterer Vorteil, dass nämlich auch hier die Wiederverschmutzung später eintritt. Es scheint so, dass die Öle, in denen die

Die schmutzanziehenden Tenside in herkömmlichen Textilreinigern können dazu führen, dass neuer Schmutz schneller haftet.

ätherischen Substanzen, wie Zitrone, Orange, Limone oder Lavendel, gebunden sind, einen gewissen rückfettenden Charakter entwickeln.

Die Reinigung einer Werkskantine, deren Fußboden mit Teppichboden ausgelegt war, veranschaulichte deutlich, wie stark die Wirkung von Effektiven Mikroorganismen ist. Gerade rund um die Essensausgabe gab es immer wieder sehr hartnäckige Flecken von Essensresten. Diese sprühte der Mitarbeiter zuerst mit EM-Reiniger-Lösung ein. Über Nacht wurde der eingesprühte Teppichboden mit Folie abgedeckt. Die Effektiven Mikroorganismen hatten dort optimale Lebensbedingungen, weil die Feuchtigkeit erhalten blieb und sie über Nacht die organischen Reste zersetzen konnten.

Gleichzeitig hatten die ätherischen Substanzen, die nichts anderes als organische Lösungsmittel sind, genügend Zeit, Fettiges zu lösen, was den EM allein doch eher schwerfiel. Am nächsten Morgen wurde dann normal mit dem Sprühsauger gearbeitet. Der Reinigungserfolg war grandios.

Für uns selbst war es auch überraschend, dass wir von unserem weißen Wollteppich mit dieser Methode die Farbe von Roten Beten hatten herauslösen können. Wir mussten zwar die eingefärbte Stelle mehrere Male behandeln, kamen aber zum Erfolg.

Haushalte, die einen Nass-Trocken-Sauger haben, können sehr schnell ohne das Spezialgerät Erfolge mit dieser Methode erreichen. Man feuchtet die verschmutzte Stelle mit EM-Reiniger-Lösung an und wartet einige Zeit. Dann sprüht man intensiv mit der Sprühflasche EM-Reiniger-Lösung und saugt gleichzeitig die Feuchtigkeit weg. Damit wird ein Fleck geradezu ausgewaschen. Dies sollte man jedoch nicht mit einem normalen Staubsauger tun, weil die Gefahr zu groß ist, einen elektrischen Schlag zu bekommen.

7.3.3 EM im Badezimmer

In unserem Haushalt steht im Badezimmer wie in vielen anderen EM-Haushalten auch eine Flasche mit EM-Verdünnung. Nach dem Duschen oder Baden sprühen wir uns damit ein. Unangenehmer Körpergeruch wird durch EM reduziert und man braucht weniger Deodorant. Die meisten Deos wirken desinfizierend, was nichts anderes bedeutet, als

dass die Mikroben auf der Haut geschädigt werden. Zusätzlich haben sie starke Düfte, die die natürlichen Körpergerüche überlagern.

Wir schätzen die Effektiven Mikroorganismen auf der Haut, weil das milchsaure Milieu die natürlich vorkommende mikrobielle Grundstruktur unterstützt. Unangenehmer Geruch unter der Achsel nach dem Schwitzen entsteht dadurch, dass mit dem Schweiß nicht nur Wasser, sondern auch organische Verbindungen ausgeschieden werden. Diese Ausscheidungen werden von Mikroben umgesetzt. Hat man die natürliche Mikrobenflora durch Seife oder

Deos geschädigt, vermehren sich die unerwünschten Mikroben.

Letztendlich haben wir unter der Achsel den gleichen mikrobiellen Mechanismus wie beim Abwasser oder der Gülle. Auch die Mikroben, die die unangenehmen Gerüche produzieren, sind die gleichen.

Unangenehmer Körpergeruch entsteht aber auch durch krankhafte Prozesse im Körper. Nach alter Volksweisheit ist die Haut ein Spiegelbild des Darms, der letztendlich die Grundlage aller immunbiologischen Vorgänge ist. Von daher wird man durch Krankheit bedingten Körpergeruch nur über eine optimale mikrobielle Besiedlung des Darms bearbeiten können. Deswegen ist die Besiedlung der Nahrung mit guten Mikroben eine wesentliche Voraussetzung für einen angenehmen Körpergeruch. Doch durch Sprühen im Krankenzimmer und einen Schuss EM im Waschwasser kann man schon viele Gerüche vermindern. Die Logik lädt nach diesen Erkenntnissen dazu ein, auch Windeln oder Slipeinlagen mit EM-Verdünnung zu besprühen, was viele EM-Kenner tun.

Für EM-Technologie gibt es im Bad auch noch andere Einsatzmöglichkeiten. Hier ein Vollbadrezept für Wellness-Freunde: Badewanne füllen und bei der Befüllung schon einen Beutel graue Keramik-Pipes oder einen Keramik-Badring ins Wasser geben. Nach der Befüllung gibt man 2 bis 3 l EMa ins Badewasser.

EM-Pipes und EMa im Badewasser haben eine belebende Wirkung.

Zwanzig Minuten darin haben eine äußerst erfrischende und belebende Wirkung.

Wer es noch angenehmer haben will, gibt noch ein gutes Kilogramm Kristall- oder Steinsalz dazu. Natürlich kann man zusätzlich noch ein gutes Öl, zum Beispiel Olivenöl, beigeben.

Damit sich das Öl auch gut im Wasser verteilt, braucht man einen Emulgator. Ein bis zwei Becher Sahne sind dafür bestens geeignet. Das hört sich für den Laien gewöhnungsbedürftig an. Wir können Ihnen aber versichern, dass der hautpflegende Effekt überraschend positiv ist. Cleopatra badete schließlich auch in frischer Eselsmilch, die bekanntlich besonders fett ist.

Ein weiteres sehr angenehmes Baderezept: 2 l Zuckerrohrmelasse beim Einlaufen dem Badewasser zugeben. Die Melasse löst sich auf und umschmeichelt die Haut. Man kann natürlich auch da noch EM oder EMa zugeben.

Erfreulich sind Berichte, nach denen EM oder EMa auch als Fußbad für einige Überraschungen gut sind.

Fußpilze und auch hartnäckige Nagelpilze verabschieden sich häufig, wenn sie nur oft genug mit dem Symbioselenker EM konfrontiert werden. Natürlich sollte man ärztlich angeratene Therapien nicht abbrechen. Aber man kann sie nach den vorliegenden Erfahrungen sehr gut mit EM begleiten.

Über Freunde bekommen wir das sogenannte Bokashi-Rub-Öl, wovon wir auch gerne zehn bis zwanzig Tropfen ins Badewasser geben. Das Rub-Öl wird von Dr. Wididana aus Bali hergestellt. Er fermentiert eine Auswahl von guten Kräutern mit EM und fertigt davon einen öligen Auszug.

Die Rezeptur der Kräuter stammt von seiner Großmutter, die eine in der Region bekannte Kräuterfrau war. Dieses Rub-Öl ist vielen Balinesen und auch anderen Menschen, die zu Dr. Wididana eine Beziehung haben, ein ständiger Begleiter. Es wird auf Bali als Erkältungsmittel innerlich und äußerlich und auch zur allgemeinen Stärkung der Widerstandskraft eingesetzt.

Wie unsere Freunde berichten, kennt jedermann auf Bali dieses Öl. Wir selbst haben gute Erfahrungen durch Einreiben mit Rub-Öl bei entzündeten Furunkeln und auch bei

Von Bali stammt die Rezeptur für das Bokashi-Rub-Oil.

körperlichen Verspannungen gemacht.

Bei Erkältungen mit Schnupfen kommt in jedes Nasenloch ein Tropfen, nachdem wir dort EM-Verdünnung hineingesprüht haben. Das ist gewöhnungsbedürftig, hilft uns aber sehr gut.

Dr. Wididana hat auf Bali eine EM-Wellness-Farm. Dort besteht die Hauptbehandlung aus Bokashi-Schwitzbädern. Er hat große Kammern mit einem Bokashi-Ansatz, in den

er seine Gäste eingräbt. Die Wärme und die Feuchtigkeit im Ansatz ermöglichen eine optimale Schwitzkur. Danach sind eine angemessene Ruhezeit und viel Schlaf angeraten. Diejenigen, die ein Bokashi-Bad schon mitgemacht haben, berichten, sie hätten sich nach der Ruhephase wie neu geboren gefühlt.

Die Flasche mit EM-Verdünnung im Badezimmer hat noch eine andere Funktion. Sie ist die Grundlage für die Sauberkeit im Bad. Gerade die hohe Belastung dieses Raumes mit Feuchtigkeit ist die Ursache dafür, dass sich häufig unerwünschte Mikroben im Bad ansiedeln. Meistens sind es Schwärzepilze. Sie besiedeln feuchte Ecken, Ränder von mit Silikon abgedichteten Fugen und Ecken mit Kältebrücken.

Die erste Maßnahme bei solchen Belästigungen ist, zu prüfen, ob ausreichend belüftet und die übermäßige Feuchtigkeit abgeführt wird. Ist diese Frage geklärt, kann man sich auf die weitere Ursachenforschung begeben. Könnte es sein, dass man mit zu viel organischem Material gestrichen hat? Da müsste man bei der nächsten Renovierung eine gute Mineralfarbe benutzen.

Möchte man nun diesen Pilzbefall bearbeiten, gibt es mehrere Möglichkeiten. Es eignen sich hierzu alle zugelassenen Fungizide als chemische Mittel gegen Pilzbefall. Möchte man diese nicht einsetzen, eignet sich als natürliches Fungizid das altbekannte Teebaumöl, das aber bei Anwendung Fettflecken hinterlassen kann. Wenn die Räumlichkeit und die Optik dies zulassen, ist das die natürlichste Art der Pilzbekämpfung, da sie keine gesundheitlichen Risiken

birgt, außer bei Menschen, die gegen Teebaumöl allergisch sind.

Eine weitere Möglichkeit ist es, die befallenen Stellen mit EM-Verdünnung oder mit purem EM immer wieder intensiv einzusprühen. Das Risiko dabei ist, dass die Wand oder die Fugen eine bräunliche Verfärbung bekommen, die aus der Farbe des EM resultiert. Wenn man sich ein helles EMa (siehe EMa-Herstellung) zubereitet, wird diese Problematik vermindert. Aber auch dann ist eine optische Beeinträchtigung nicht auszuschließen.

Wir kennen Badezimmer, die trotz aller Bemühungen immer wieder Befall

Teebaumöl kann als natürliches Fungizid eingesetzt werden.

zahlende Gäste hat sich die EM-Technologie an vielen Orten etabliert. EM wird nach der Desinfektion mit natürlichen Mitteln, zum Beispiel Peressigsäure, versprüht, da Peressigsäure sehr intensiv wirkt und schnell zerfällt. Die Effektiven Mikroorganismen besiedeln das Umfeld und Fußpilz und Co. haben keine Chance.

Gerade Einrichtungen, die Probleme mit muffigen Ecken haben, sollten EM und EM-Keramik ausprobieren.

7.3.3.1 EM-Zahncreme

Dr. Gerd Schneider hat im Laufe der Jahre 2003 bis 2005 ein sehr interessantes EM-Produkt entwickelt: Die erste EM-Zahnpasta.

Sie vermindert in den meisten Fällen Entzündungen, nicht nur im Mund.

von Schwärzepilzen haben. Dort wird durch regelmäßiges Sprühen von EM-Verdünnung erreicht, dass Baubiologen keine Pilzsporen in der Luft messen. Das hilft Allergikern schon ein wenig weiter. Von EM kann man bei übermäßig schlechten bauphysikalischen Bedingungen keine Wunder erwarten.

Einige Hotels haben mit dem regelmäßigen Einsatz von EM-Reinigern gute Erfahrungen gemacht. Gerade bei der Besiedlung von Silikonabdichtungen mit Schwärzepilzen scheint diese Strategie eine gute vorbeugende Maßnahme zu sein.

Auch in den Wellness-Abteilungen, im häuslichen Umfeld oder auch in größeren Einrichtungen für

Als in Forschung und Praxis erfahrener Zahnarzt hatte Dr. Gerd Schneider sich schon vor Jahren auf solche zahnärztlichen Probleme spezialisiert, die andere Kollegen nicht mehr bearbeiten wollten oder konnten. Deshalb erlernte er feinenergetische Messmethoden, die in der

Wissenschaft noch nicht sehr verbreitet sind. So wurde es ihm möglich, gerade für Allergiker die passenden Werkstoffe und in vielen Fällen Lösungen für Zahnprobleme zu finden, die bisher nicht zur Zufriedenheit der Patienten bearbeitet werden konnten.

Als er den Erfolg von EM-Produkten bei hochallergischen Patienten erkannt hatte, wurde er ein immer größerer Entwickler und Verfechter der EM-Technologie in der Zahnheilkunde.

Er entwickelte Methoden zum Einbau spezieller Keramiken in Zahnersatz und nutzte immer intensiver EM-X und die spezielle Keramik zur Behandlung von Parodontitis, der chronischen Zahnfleischentzündung.

Irgendwann kam er auf die Idee, dass es für die Patienten besser wäre, erst gar nicht an solch unangenehmen Entzündungen zu erkranken. Gemeinsam mit einem Fachunternehmen entwickelte er eine Zahncreme. Seine Anforderungen waren: nur Produkte aus kontrolliert ökologischem Anbau, entzündungshemmend, gesundheitsfördernd, sehr gut reinigend. Ungewöhnlich ist auch der basische pH-Wert, den er anstrebte, weil Säuren im Mund nach seiner Auffassung immer eher als krankmachend angesehen werden müssen. Die enthaltenen Kräuter werden vor Verarbeitung mit EM fermentiert, weil man aus vielen Erfahrungen weiß, dass die fermentierten Kräuter wesentlich intensiver wirken als frische oder getrocknete.

In der Entwicklungsphase arbeitete er sehr viel mit Krebspatienten, die zur Vorbereitung auf eine Chemo- oder Strahlentherapie ihre Zahnprobleme lösen sollten. Während der

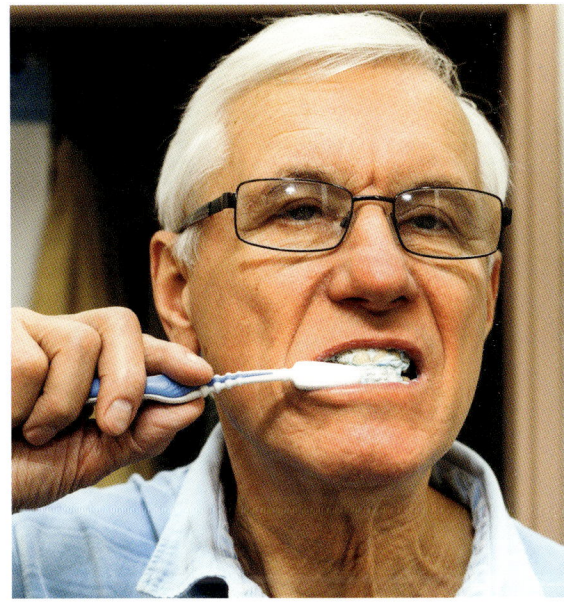

Für Patienten ist die Heilung von entzündetem Zahnfleisch vor einer Krebs-Therapie lebenswichtig.

Krebs-Therapie, die das Immunsystem extrem strapaziert, können solche Patienten sich keine Entzündungen leisten, weil sonst ihr Immunsystem überfordert wäre. Nach relativ kurzer Zeit hatte er die Rezepturen erfolgreich erarbeitet und erprobt.

Sehr viele Zahnfleischprobleme dieser belasteten Patienten verschwanden ohne zusätzliche Maßnahmen, wenn sie die Zähne regelmäßig mit der neu konzipierten Creme putzten.

Dann wurde aber deutlich, dass die extrem hohen Qualitäten, die er von den Zusätzen erwartete, nicht in allen Lieferungen gleich waren. Nun musste er die Lieferanten finden, die seinen Qualitätsansprüchen standhielten. Das dauerte lange und kostete viel Arbeit. Inzwischen bieten alle EM-Anbieter Zahnpasta an.

Das für uns Berater wieder einmal erstaunliche Phänomen trat ein: Anwender berichten von den unterschiedlichsten, aber allesamt faszinierenden Erfahrungen. Das Kleinkind eines Landwirtes schmierte sich aus eigenem Antrieb die Zahnpasta auf die juckenden Partien seiner neurodermitischen Haut und die Eltern sahen in wenigen Tagen einen großen Erfolg, der bis heute anhält.

Andere Anwender nutzten die Zahncreme zur Pflege von Hämorrhoiden und kamen damit gut zurecht. Andere vermischten die Zahncreme mit gutem Olivenöl und pflegen damit erfolgreich verschiedene Hautprobleme. Es ist immer wieder interessant, zu hören, dass zwar nicht alle erhofften Wirkungen immer zu 100 % eintreten, sich ein Zustand jedoch nie verschlechtert. Das ist wohl der Grund für den Ideenreichtum vieler Anwender, wild mit EM herumzuexperimentieren. Dass es zu positiven Ergebnissen führen kann, wenn man EM-Zahnpasta an besagtem dem Mund gegenüberliegenden Ende des Rumpfes anwendet, hätten wir sonst nie erfahren.

7.3.3.2 EM-Kosmetik

Verschiedene Hersteller bieten inzwischen EM-Kosmetik an. Alle EM-Kosmetik-Hersteller nutzen die antioxidative Kraft der Effektiven Mikroorganismen, um Vorteile bei der Hautpflege für die Anwender zu erreichen. Die Kunden wollen für verschiedene Anwendungen auf

unterschiedliche Produkte zurück-
geifen können.

Grundlage für die Entwicklung der
Kosmetik war die Erfahrung, dass
man mit EM und Keramikpulver Wunden bei Tieren erfolgreich pflegen
kann. Eine Mischung aus etwas EM,
EM-Keramikpulver und Olivenöl war
nach unserem Wissen die erste Anwendung, mit der Landwirte Wunden bei ihren Tieren behandelten.
Vorteil dieser Mischung ist, dass sie
sehr gut haftet und damit auch Wunden an Stellen, an denen man keinen

*EM-Kosmetik wird auf der Basis von Produkten
ohne Erdöl hergestellt. Damit ist die EM-Kosmetik für fast alle Menschen gut verträglich. Aber
jeder sollte es für sich selbst ausprobieren.*

Verband anbringen kann, gut verschließt. Besonders beachtenswert
ist immer wieder, dass die so behandelten Wunden sehr gut und
mit minimaler Narbenbildung ver-
heilen.

Nun ist eine solche Mischung sehr
unansehnlich und dunkelgrau und
damit für die meisten menschlichen
Bedürfnisse unangebracht. Damit

war aber bewiesen, dass die Mikroben und die Resonanzen der Keramik eine erwünschte Auswirkung auf die Haut haben. Weiterhin war über das Bokashi-Rub-Oil bekannt, dass die Heilwirkung von Kräutern durch Fermentation verstärkt werden konnte. Auf der Grundlage dieser Erkenntnisse wurden in den verschiedenen Ländern von verschiedenen Herstellern Kosmetikserien entwickelt.

Wie immer auf dieser Welt ist nichts für alle passend. Dafür sind wir Menschen zu unterschiedlich. In der Vielfalt der Produkte wird inzwischen jeder das für ihn Passende finden.

7.3.4 EM in Autowaschanlagen

EM-Produkte werden inzwischen auch in einigen Autowaschanlagen benutzt. Die Anlagen sind so aufgebaut, dass mit möglichst viel recyceltem Wasser gewaschen wird. Das benutzte Wasser fließt in einen Sumpf, aus dem für den nächsten Waschgang das Wasser wieder herausgepumpt wird. Nur Wasser, das verdunstet oder mit den Autos aus der Anlage herausgebracht wird, wird nachgefüllt.

Das soll Kosten sparen, da jeder Kubikmeter Wasser, den eine solche Anlage aus dem öffentlichen Wassernetz bezieht, automatisch auch mit den hohen Abwassergebühren belegt wird. Riecht die Anlage unangenehm, wird auch schon mal Wasser aus dem Sumpf dem Abwasser zugeführt und frisches Wasser nachgefüllt.

Im Sommer stinken diese Anlagen oft. Das zeigt, dass die organischen Stoffe im Sumpf zu faulen beginnen. Sand oder anderer mineralischer Schmutz können nicht faulen und riechen dann übel. Wir bewerten auch Erdöl und Produkte aus Erdöl als organische Substanz, da Erdöl seine Existenz Pflanzen und Tieren verdankt, die vor sehr langer Zeit gelebt haben.

Die meisten Servicegesellschaften für Autowaschanlagen entwickeln auch Mikrobenpräparate, die Fäulnis verhindern sollen. Außerdem gibt es Produkte aus Salzen, die das Wachstum von unerwünschten Mikroben einschränken und damit üblen Geruch unterbinden. Werden solche Salzprodukte eingesetzt, kann es vorkommen, dass sich nach der Wäsche auf dem Autolack weiße Punkte bilden. Das sind die nach der Trocknung der restlichen Wassertropfen kristallisierten Salze.

Gibt man nun je nach Bedarf ein bis zwei Liter EMa oder auch EM-Reiniger pro Kubikmeter Schmutzwasser in den Sumpf, verschwindet der Geruch in ganz kurzer Zeit. Gleichzeitig wurden gute Erfahrungen damit gemacht, mit den herkömmlichen Reinigern gemeinsam EMa oder EM in einer Konzentration von 0,1 % zu sprühen. Man erreicht sehr erstaunliche Effekte. Es werden Reiniger gespart, weniger Wasser muss ersetzt werden und die Autolacke werden glatter.

Die erhöhte Glätte des Lacks lässt sich unserer Auffassung nach nur durch den Elektronenüberschuss von EM erklären. Die Reiniger werden normalerweise nach physikalischen Wasserwerten zudosiert. Ist ein Wasser verbraucht und schon stark belastet, dosiert die Automatik relativ viel Reiniger zu. Bleibt das Wasser länger gut, also aufnahmefähig für Schmutz, spart man nicht unerheblich Reinigungsmittel ein. Es wurde schon von Einsparungen bei Reinigern von bis zu 40 % berichtet.

Wenn Sie mehr über gutes und schlechtes Wasser wissen wollen, empfehlen wir das Kapitel *Wasser* im Anhang. EM scheint Wasser sehr nachhaltig zu regenerieren.

Setzt Ihre Autowaschanlage noch keine EM-Reiniger ein, können Sie

In Autowaschanlagen sind mit EM-Technologie hohe Kosteneinsparungen möglich.

vor der Einfahrt Ihr Auto intensiv mit EM-Verdünnung oder besser noch EMa oder EM pur einnebeln. Nach unseren Erfahrungen kann man auch so schon recht gute Effekte erreichen. Wenn wir das tun, sprühen wir auch gleichzeitig den Motorraum und die Reifen mit ein.

In Autowaschanlagen sind mit EM-Technologie Kosteneinsparungen von einigen hundert bis zu einigen tausend Euro pro Jahr möglich. Es kommt immer darauf an, wie stark eine Situation verbessert werden kann. Hat man viele Probleme,

kann man viel sparen. Hat man keine Probleme, kann man mit EM-Technologie auch nichts sparen.

Ein praktischer Hinweis auf die Nutzung von EM im Auto ist ein Beitrag aus einem EM-Diskussionsforum, den wir vor kurzer Zeit bekamen: Müffelige Auto-Klimaanlagen belästigen viele Menschen, seit es diese Klimaanlagen gibt. Stellt man die Anlage auf Umluft und versprüht alle paar Minuten ein paar Sprühstöße EM-Verdünnung, bessert sich die Luft nach zehn bis zwanzig Minuten.

Diese Wirkung hält in unserem Wagen nun schon seit über zwei Monaten ohne Nacharbeit an. Anscheinend übernehmen die Effektiven

Mikroorganismen auch hier die Dominanz und machen den belästigenden Mikroorganismen den Platz streitig.

7.3.5 **Fertigprodukt oder eigene Herstellung?**

Bei den Anbietern von EM findet man sehr viele unterschiedliche Reiniger. Nach unseren Erfahrungen haben alle Reiniger ihre speziellen Stärken. Alle diese Produkte sind ein sehr sorgfältig hergestelltes EMa, das zusätzlich in einem biologischen Prozess stabilisiert wurde. Als Zusätze, um Reinigungsprozesse zu intensivieren oder zu beschleunigen, eignen sich grundsätzlich ätherische Substanzen. Das ist sinnvoll. Alle Ätherik duftet stark, ist leicht flüchtig. Das weist darauf hin, dass sie nichts anderes als natürliche Lösungsmittel sind. Solche natürlichen Lösungsmittel lösen zum Beispiel Fett schneller, als es die Mikroben könnten.

Bei einem Zitrus-Reiniger wird dem EMa der Stoff zugegeben, der die Zitrusfrüchte so verführerisch duften lässt, beim Lavendel-Reiniger hilft der Duft des Lavendels beim Lösen von Schmutz.

Doch auch diese Produkte sind nicht für alle Menschen das Optimum. Einige reagieren auf solche Essenzen allergisch. Andere mögen den einen Duft, den anderen nicht. Wunderbar finden wir, dass es so viele unterschiedliche Angebote gibt und jeder das für ihn passende Mittel finden kann.

Wenn dem einen oder anderen nicht das Optimum begegnet, hat man in der EM-Technologie immer noch die Möglichkeit, selbst zu experimentieren. Wir geben manchmal bei der EMa-Herstellung ganz einfach Zitronen- oder Apfelsinenschalen dazu. Da wir Zitrusfrüchte nur

im Bio-Fachhandel kaufen, ist deren Verwendung bei der EMa-Herstellung unproblematisch. Bei Versuchen, für die wir extra gekaufte konventionelle Zitrusfrüchte verwendet haben, lag der pH-Wert unseres EMa bei 3,9 – für unsere Verhältnisse also schlecht. Auf der anderen Seite hatten wir bei der Bokashi-Herstellung geschrieben, dass man konventionelle Zitrusfrüchte sehr erfolgreich bokashieren kann. Nur ist zu bedenken, dass der Prozess des Bokashierens in 3 bis 4 Wochen abläuft, die EMa-Herstellung aber in nur einer Woche. Hier zeigt sich, dass EM manchmal Zeit braucht, um den erwarteten Erfolg zu zeigen.

7.4 EM – eine Aussicht auf Kostensenkung in der Abwasserproblematik

EM-Technologie ist eine ganz einfache Sache. Man bringt viele gute

Sie sollten Hygiene unter neuen Gesichtspunkten betrachten: Sauber ist es, wenn überall gute Mikroben sind.

Mikroben an die Stellen, an denen unerwünschte Mikroben Probleme bereiten. In der EM-Technologie sprechen wir davon, dass im Spiel der guten Mikroben mit den krankmachenden und den opportunistischen Mikroben die guten in die Dominanz gebracht werden.

Immer wenn organisches Material stinkt, haben unerwünschte Mikroben die Herrschaft übernommen. Erlangen dann die guten Mikroben die Dominanz, stinkt es nicht mehr.

Dieser Gedanke scheint unter naturwissenschaftlichen Gesichtspunkten manchen nicht nachvollziehbar zu sein.

Davon zeugen einige Reaktionen von Naturwissenschaftlern, die ihre Angst vor Mikroben und Krankheit so dominant werden lassen, dass sie EM nicht ausprobieren, sondern alle möglichen Hinderungsgründe anführen. Sie können sich nicht vorstellen, dass die EM-Strategie erfolgreich sein kann.

Erfahrungen aus anderen Ländern, insbesondere aus dem asiatischen Raum, lassen sie nicht gelten. Deswegen behandeln wir an dieser Stelle ein paar grundsätzliche naturwissenschaftliche Fragestellungen.

Mikroorganismen in natürlichen Böden

krankheitserregende
Mikroorganismen

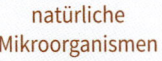
natürliche
Mikroorganismen

nützliche
Mikroorganismen

Mikroorganismen in intensiv genutzten Böden

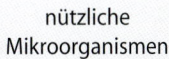
nützliche
Mikroorganismen

krankheitserregende
Mikroorganismen

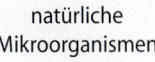
natürliche
Mikroorganismen

Mikroorganismen in mit EM behandelten Böden

krankheitserregende
Mikroorganismen

natürliche
Mikroorganismen

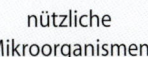
nützliche
Mikroorganismen

7.4.1 Was haben häusliche Abwässer und Gülle gemein?

Wasser und Abwasser werden für fast alle Haushalte in Europa immer teurer. Weltweit wird sauberes Wasser für Mensch, Tier und Pflanze immer knapper. In den hoch technisierten Regionen dieser Welt haben wir uns daran gewöhnt, dass sauberes Trinkwasser aus der Leitung kommt. An den steigenden Wasserkosten können wir jedoch erkennen, dass dieses saubere Wasser immer knapper wird. Zum einen sind wir mit den Zivilisationsabfällen viele Jahrzehnte sehr sorglos umgegangen. Zum anderen verschmutzen Haushalte, Landwirtschaft und Industrie die natürlichen

Der Mensch besteht zu 60 bis 80 % aus Wasser. Es ist für uns von existenzieller Bedeutung.

Wasserreinigungssysteme so, dass es immer schwerer wird, sauberes Wasser zu fördern.

Da wir als Menschen zu 60 bis 80 % aus Wasser bestehen und ohne Wasser schneller sterben als ohne Nahrung, ist sauberes Wasser für uns offensichtlich von existenzieller Bedeutung.

An diesem Thema Interessierte verweisen wir auf die Literatur, die dazu im Anhang aufgeführt ist, auf den Artikel über Wasser von Daniel Zippel und den Ausschnitt aus dem Rundbrief einer bedeutenden Tierarztpraxis.

In der Europäischen Union verlangen gesetzliche Regelungen, dass Abwasser intensiv gereinigt werden muss. Diese Reinigung ist nicht nur ausgesprochen teuer, sondern auch schwierig. Zwei Aspekte tragen dazu bei: Der Erste ist, dass in fast allen Siedlungen der Menschen Kot und Urin gemeinsam entsorgt werden.

Das Enzym Urease spaltet in wässriger Lösung Harnstoff in Ammoniak und CO_2. Ammoniak ist ein stechend riechendes Nervengift. Spätestens wenn Sie sich an den Geruch einer intensiv genutzten und schlecht gereinigten Toilette erinnern, haben Sie den stechenden Ammoniakgeruch in der Nase. Dieses Gas tötet oder lähmt die im Kot vorhandenen guten Mikroben. Es tritt in der Praxis eine Teilhygienisierung ein. Nicht alle Mikroben werden abgetötet, aber die meisten guten, also die, die die Gemeinschaft mit der Milchsäure suchen, sterben ab. Diejenigen jedoch, die den Fäulnisprozess vorantreiben, scheinen in größerer Zahl zu überleben. Deswegen entwickelt sich sehr schnell in diesem Gemisch aus Kot und Urin die Mikrobenflora, die Fäulnis produziert.

Fäulnis ist ein Vorgang, bei dem organisches Material in solche chemischen Verbindungen umgewandelt wird, die für Pflanzen gesundheitsschädlich sind. Meistens werden durch Zugabe von Sauerstoff solche Substanzen weiter oxidiert, also verbrannt. Dass man durch Fermentation eine stabile Situation schaffen kann, die Fäulnis verhindert, ist den meisten Menschen wohl bekannt, aber nicht immer präsent. Eine ökonomisch sinnvolle technische Lösung für Abwasser wird erstmals durch die EM-Technologie angeboten.

Die faulende Mischung im Abwasser ist sehr aggressiv und beansprucht über die Maßen die technischen Einrichtungen der Entsorgung. Die Abwasserkanäle überall auf der

Die korrekte und umweltfreundliche Aufbereitung von Abwasser gehört zu den großen Herausforderungen der Zivilisation.

Welt sind deswegen oft undicht und marode.

Die öffentlichen Finanzen, die eingesetzt werden müssten, reichen fast überall auf der Welt nicht mehr aus, um die Reparaturen ordnungsgemäß durchzuführen. Die Abwassergebühren sind in Deutschland meistens zwei- bis dreimal höher als die Kosten für frisches Wasser. Aus verrotteten Abwasserleitungen sickert giftige Brühe ins Grundwasser und verdirbt die Trinkwasserreservoire. Auf einer Tagung in Bonn im Jahre 2004 stellten die Umweltbüros der UN fest, dass weltweit die Belastung aus verrotteten Abwasserleitungen eine wesentlich größere Gefahr für das Wasser darstellt, als sie gemeinhin der konventionellen Landwirtschaft zugeschrieben wird.

Man war sich unter Experten einig, dass nur die getrennte Entsorgung von Kot und Urin das Problem lösen kann. Dazu müsste aber viel Geld investiert werden, weil auch doppelte Leitungen nötig wären. Eine Toilette, die eine getrennte Entsorgung ermöglicht, wurde vorgestellt. Unter ökonomischen Aspekten sei zu erwarten, dass bei weiterhin steigenden Reparaturkosten für die Abwassersysteme diese so hoch würden, dass sich eine Neuinvestition in neue Leitungssysteme wahrscheinlich schon in den nächsten zehn bis zwanzig Jahren lohnen würde.

Die steigenden Kosten der Trink-
wasseraufbereitung seien natürlich
auch in diese Kalkulation einzube-
ziehen.

Ein zweiter Aspekt, der zur Kos-
tensteigerung in der Abwasserent-
sorgung beiträgt, ist, dass über die
Abwasserleitungen alle möglichen
Gifte entsorgt werden, zum Teil bewusst, zum Teil unbewusst.

Viele Substanzen, wie Lösungs-
und Desinfektionsmittel, sind auch
in den umweltbewussten Regionen
der Welt nur mit einem gewissen
Aufwand zu entsorgen. Sehr schnell
schüttet der eine oder andere schon
einmal Reste von Lösungs-, Desin-
fektions- oder Pflanzenschutzmitteln
in den Abfluss, weil zur ordnungsgemäßen Entsorgung die Zeit und
meist auch das Geld fehlen.

Im privaten Haushalt sieht es niemand. Da kann man schon einmal
gegen die Regeln verstoßen. In der
Industrie und im Handwerk drücken
die Kosten. Man benutzt hier und da
den einfachen Weg, um solche Abfälle loszuwerden. Es sollte nicht sein,
kommt aber vor.

Auch fügen viele Haushalte desinfizierende und duftende Substanzen dem Spülwasser der Toiletten
zu. Desinfektion bedeutet immer,

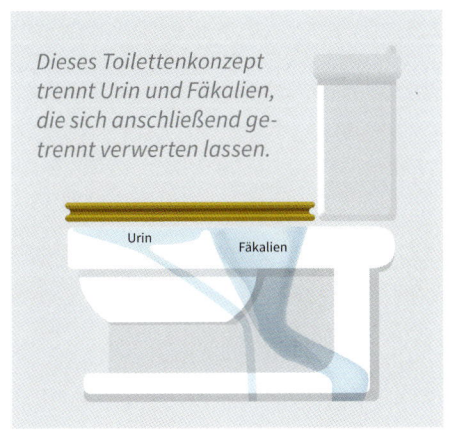

Dieses Toilettenkonzept trennt Urin und Fäkalien, die sich anschließend getrennt verwerten lassen.

Urin   Fäkalien

dass ein Teil der Mikroben abgetötet wird und anschließend die organische Substanz zu faulen beginnt.
Das gleiche Problem rufen viele desinfizierende Putzmittel hervor. Mit
den Putzwasserresten gelangen sie
ins Abwassersystem.

Weiterhin ist es vielen Menschen
nicht bewusst, dass über Kot und Urin
die Reste von synthetisch hergestellten Arzneien ausgeschieden werden.
Hormone, Antibiotika und viele andere Substanzen bilden dann einen
Chemiecocktail, der offensichtlich in
vielen herkömmlichen Abwasserbehandlungsanlagen nicht mehr aufgespalten werden kann. So finden sich
dann diese Substanzen im Trinkwas-
serreservoir wieder. Untersuchungen
des deutschen Umweltbundesamtes
haben das nachgewiesen.

Über die Belastungen aus der Landwirtschaft wird so oft in der Presse berichtet, dass hier nicht mehr darauf hingewiesen werden muss. Viele interessante Untersuchungen, die unter dem ehemaligen Präsidenten des Umweltbundesamtes, Dr. Andreas Troge, erarbeitet wurden, werden leider zu wenig von der deutschen Öffentlichkeit diskutiert.

Hier noch eine kurze Bemerkung zur Ehrenrettung der Landwirtschaft: Die Landwirte haben die Güllewirtschaft eingeführt, weil sie bei uns Verbrauchern sahen, dass es offensichtlich üblich und preiswert ist, Kot und Urin in einem System zu entsorgen.

Ursprünglich wurde der Mist, das Gemisch aus Einstreu und Kot, über den Misthaufen entsorgt. Dieser Mist wurde gepflegt und festgetreten, weil man aus Erfahrung wusste, dass auf diese Weise ein Material entsteht, das den Pflanzen dienlich ist.

Beim Festtreten des Mistes wurde ein großer Teil der Luft aus dem Misthaufen entfernt. Unter den so entstandenen teilweise anaeroben Bedingungen (ohne Luftsauerstoff) konnte wenigstens teilweise ein Sauerkrautprozess ablaufen. Die Tätigkeit der Milchsäurebakterien und ihrer Freunde aus der Mikrobenwelt produzierte ein sehr angenehmes Futter für Würmer. Das ist auch der Grund, weshalb solche Misthaufen nicht so unangenehm rochen. Das untere Drittel des Mistes war schon nach zwei bis vier Monaten vererdet und mit Würmern durchsetzt.

Die Jauche, ein Gemisch aus Wasser, wenig Kotanteilen und Urin, wurde extra in der Jauchegrube gesammelt. Damit hatte man einen sehr schnell wirkenden Stickstoffdünger, der meist gezielt eingesetzt wurde. Allerdings konnte man mit Jauche Pflanzen auch schädigen, da sie als stinkende Brühe oft auch faul war. Der unangenehme Geruch war ein weiteres Problem. Eiweiße sind in solchen flüssigen Substanzen eben schnell verderblich. Die Jauche stank meistens, der Mist nicht.

Als Arbeit immer teurer wurde, wollte man den ökonomischen Nutzen der gemeinsamen Sammlung und Entsorgung von Kot und Urin auch in der Landwirtschaft nutzen. So entstanden Stallsysteme, in denen die Tiere ohne oder mit wenig Einstreu gehalten werden können. Kot und Urin fallen in Treibgänge unter dem Stall. Dieses Gemisch nennt man Gülle. Das flüssige Gemisch kann

Hier ein schön aufgebauter Misthaufen aus der Schweiz. Der Mist wurde in Zöpfen ganz exakt gestapelt und festgetreten.

durch robuste Pumpen mit relativ wenig Arbeit abgepumpt werden.

Die Landwirte sparen sich die Arbeit, Stroh zu ernten, es zu lagern, es dann in den Stall zu bringen, den Mist aus dem Stall herauszubefördern, auf einer Mistplatte zu lagern und zu pflegen und dann auch noch mit teuren und reparaturanfälligen Maschinen später wieder auf dem Acker zu verstreuen.

Mist beansprucht solche Maschinen enorm. Flüssige Gülle dagegen kann in einem wesentlich einfacheren Arbeitsverfahren gelagert und ausgebracht werden. Die Landwirte nehmen den Nachteil von Gülle gerne in Kauf, weil sie die Arbeit, die eine gute Mistwirtschaft nach alter Sitte verursacht, heute nicht mehr bezahlt bekommen. Gülle hat die

gleiche Problematik wie die Abwässer der Siedlungen der Menschen. Also schimpfen Sie nicht, wenn es widerlich nach Gülle stinkt, sondern arbeiten Sie gemeinsam mit uns daran, dass die Landwirte ihre Arbeit so gut bezahlt bekommen, dass sie mehr Arbeiter einstellen können. Erst dann können wir gesetzliche Vorgaben machen, die solche Belästigungen einschränken.

In einigen Ländern der Europäischen Union werden solche Verfahren mit Mist schon besonders gefördert. Diese Förderung ist aber zu gering, um die notwendige Arbeit angemessen zu bezahlen.

Gülle kann man jedoch mit EM-Technologie in recht kurzer Zeit auch in ein gutes Gemisch flüssiger organischer Materialien verwandeln.

Güllesilo von Helmut Kokemoor. Der Landwirt sammelt Kot und Urin seiner Mastschweine im Silo. EM-Gülle ist dunkelgrün und riecht nach Tier. Sie stinkt nicht.

Normalerweise reichen 0,03 € je 1000 l, oft weniger, um Gülle zu einem sehr verträglichen Produkt zu machen.

Gute Gülle perlt wie ein Prosecco und ist dunkelgrün. Wenn sie ausgebracht wird, riecht es kurzzeitig nach der Tierart, von der sie stammt. Der Geruch verschwindet in Minuten und wird normalerweise nicht als belästigend empfunden.

Menschen, die mit solcher Gülle arbeiten, haben auch nicht das Problem, dass jedermann ihre Arbeit an ihnen von weitem riecht. Im Jahre 2002 platzte in Schleswig-Holstein ein Güllebehälter und sein Inhalt ergoss sich über die Dorfstraße. Da der Behälter einem EM-Landwirt gehörte, gab es recht wenige Probleme mit Geruchsbelästigungen. Im regionalen Fernsehen wurden damals Feuerwehrleute interviewt, die berichteten, dass sich zum ersten Mal nach einem solchen Einsatz die Ehefrauen nicht über den Geruch ihrer Männer beschwert hätten.

In Untersuchungen der Universität für Bodenkunde in Wien wurde die Wirksamkeit von EM in der Gülle wissenschaftlich nachgewiesen (siehe Untersuchungen der BoKu Wien[2]). Kann man Gülle erfolgreich behandeln, so lassen sich auch das häusliche Abwasser und Abwasser aus der Industrie behandeln. Das wurde in kleinen Anlagen schon häufig bewiesen. Einige Großanlagen wurden über spezielle EM-Aufbereitungen bereits optimiert. Dahinter steht ein Verfahren, das von einem australischen EM-Kollegen ent-

[2] Quellenangabe: http://www.multikraft.com/de/aktuelles-service/studien.html
Reduktion von Geruch und Umweltgasen (Lachgas, Methan und Ammoniak) nach der Behandlung von Schweine-Gülle. Verfasser: BOKU Institut für Landtechnik, Prof. Barbara Amon
Reduktion von Geruch und Umweltgasen (Lachgas, Methan und Ammoniak) in der Schweinehaltung durch Aussprühen im Stall. Verfasser: BOKU Institut für Landtechnik, Prof. Barbara Amon

wickelt wurde, der als diplomierter Chemiker über besondere Kenntnisse für besondere Fragestellungen bei Abwasser verfügt. Dieses Wissen steht über die FM-Firmen jedem ernsthaften Interessenten zur Verfügung.

Mit EM aufbereitete Abwässer sind für jeden Abwasserverband und für Bürger interessant, weil die Verfahren sehr kostengünstig sind. Außerdem können in den meisten Fällen die restlichen Schlamme erfolgreich in der Landwirtschaft eingesetzt werden. Im Regelfall stützen sie das Pflanzenwachstum und auch Schwermetalle werden so

abgereichert, dass sie nicht mehr schädlich sind. Allein schon aus Kostengründen sollten sich Fachleute intensiver mit diesen Verfahren beschäftigen.

7.4.2 EM und EM-Keramik in kleinen Abwasseranlagen

Drei-Kammer-Kläranlagen sind in vielen Regionen dieser Welt in Betrieb. In der ersten und dritten Kammer herrschen sauerstoffarme Verhältnisse. Dort haben die EM ihre optimale Lebenssituation. Die mittlere Kammer hat eine eher

---

Die wichtigsten Rezepte zur Abwasserbehandlung in kleinen Abwasseranlagen:

- *In Drei-Kammer-Kläranlagen gibt man zur Erstbehandlung in die erste und dritte Kammer je 1 bis 2 kg Super Cera Pulver. Pro Kubikmeter Rauminhalt werden 1 bis 2 l EM oder EMa gegeben. Über alle Abflüsse der angeschlossenen Haushalte gibt man je Haushalt 5 l EM oder EMa. Arbeiten die angeschlossenen Haushalte mit EM-Reinigern weiter, ist der Klärerfolg sicher.*

- *Pflanzenkläranlagen funktionieren sicher mit Super Cera Pulver (100 g je Quadratmeter Pflanzfläche einmalig) und EM oder EMa (1 l je Quadratmeter Pflanzfläche einmalig). Bei hoher Belastung werden je Kubikmeter zulaufenden Abwassers 0,1 bis 1 l EM oder EMa zugegeben.*

- *In Einkammer-Kläranlagen erreicht man mit EM-Technologie wesentliche Verbesserungen der Abwasserwerte. Ob die gesetzlichen Grenzwerte eingehalten werden können, muss man im Einzelfall prüfen.*

sauerstoffreiche Situation. Dort leisten die EM wahrscheinlich weniger. Die Erfahrung hat gezeigt, dass man mit folgender Vorgehensweise recht gute Abwasserwerte erreichen kann:

Bei Drei-Kammer-Kläranlagen gibt man 1 bis 2 kg Keramikpulver je in die erste und die dritte Kammer. Das Keramikpulver sollte man vorher in EMa einschlämmen, dann sinken die Effektiven Mikroorganismen ins Sediment der Klärkammer und tun dort ihre Arbeit. Im Sediment fault es. Dort muss die Mikrobenstruktur verändert werden. Gleichzeitig sollte man über die Abwasserleitungen des Hauses 5 l EMa geben. Dabei werden die Leitungen mit den Effektiven Mikroorganismen besiedelt.

Abwasserleitungen haben eine sogenannte Sielhaut, die annähernd mit einer Schleimhaut vergleichbar ist. Siedeln dort schon gute Mikroben, fangen diese sofort an, die einlaufenden Abwässer zu bearbeiten. Somit kommen die Abwässer etwas weniger problematisch in die Kläranlage und können dort die Mikrobenstruktur weniger zum Schlechten hin beeinflussen. Die Dominanz der guten Mikroben, die den Prozess der Wasserklärung erledigen, bleibt auf diese Weise erhalten.

Parallel dazu kommen jeweils in die erste und dritte Kammer ein bis zwei Liter EMa je Kubikmeter Rauminhalt der Kammern. Als vorteilhaft hat es sich erwiesen, Lavabrocken oder ein bis zwei Gasbetonsteine in EMa zu tränken. Diese werden in den Kammern auf den Boden gelassen. In dem porösen Material können die Mikroben siedeln und von dort aus können sie gemeinsam ihre Arbeit erledigen.

Die guten Mikroben bleiben in den Kläranlagen erhalten, wenn man im Haushalt vermeidet, mit desinfizierenden Substanzen zu arbeiten. Stellt man den Haushalt auf EM-Reiniger um, werden permanent gute Mikroben nachgeliefert. Insbesondere auf die Geruch steuernden und desinfizierenden Steine oder Flüssigkeiten in den Toiletten sollte man in den angeschlossenen Haushalten verzichten. Diese sind für alle Kläranlagen destruktiv.

Als Ergebnis einer Abwasserbehandlung mit EM erhält man aus den Anlagen wesentlich besseres Wasser als vorher. Der BSB-Wert (Biologischer Sauerstoffbedarfswert) und auch der CSB-Wert (Chemischer Sauerstoffbedarfswert) entwickeln sich positiv. Auch die Probleme mit dem Klärschlamm werden reduziert.[3]

Wenn dann noch Probleme mit den Behörden auftreten, liegt das meist an den rechtlichen Bestimmungen. In den meisten Gemeindesatzungen wird nicht darauf Rücksicht genommen, ob das Abwasser gut ist, sondern es ist sehr häufig ein Anschlusszwang an die Abwasserleitung festgeschrieben.

Wenn eine Gemeinde in eine zentrale Abwasserbehandlung investiert, verteilt sie die Kosten auf möglichst viele Mitbürger. Im Regelfall traut der Gemeinderat es den Mitbürgern nicht zu, eigene vernünftige Konzepte zu entwickeln. Dieses Misstrauen ist zurückzuführen auf die Erfahrung aus der Vergangenheit, als die Menschen nicht auf die Qualität der Abwässer achteten. Wenn solche Gemeindesatzungen bestehen, ist eine gerichtliche Vorgehensweise, um die Qualität einer einzelnen Anlage zu beweisen, zwecklos.

Es hat in einigen Fällen schon Bürgerinitiativen gegeben, die zu einem Verzicht auf zentrale Abwasserbehandlungsanlagen geführt haben. Zumindest wurde weit außerhalb liegenden Siedlungen erlaubt, kostengünstigere Lösungen zu suchen. Im Regelfall sollte eine Gruppe von Bürgern ein Konzept entwickeln und sich damit frühzeitig in die Abwasserdiskussion in einer Gemeinde einmischen.

Als Ergebnis einer Diskussion im Vorfeld der Festlegungen einer Abwasserplanung in einer Gemeinde ist es möglich, Drei-Kammer-Kläranlagen von Kleinstsiedlungen gemeinsam über eine Pflanzenkläranlage zu leiten. Bei solchen Systemen ist heute mit EM immer ein Abwasser zu erwarten, das den gesetzlichen Bestimmungen entspricht. Natürlich sollte der größte Teil der angeschlossenen Haushalte mit EM arbeiten.

Bei der Einrichtung des Pflanzenklärbeckens sollten von vornherein einmalig 50 g Keramikpulver je Quadratmeter Pflanzfläche und 0,5 l EMa mit eingeplant werden. Die zusätzlichen Kosten für die EM-Technologie für eine Pflanzenkläranlage für zwanzig Haushalte liegen bei etwa 100 bis 150 Euro. Die Anlagen mit EM-Technologie verursachen fast keine

---

[3] Quellenangabe: http://www.multikraft.com/de/aktuelles-service/studien.html
Eliminierung von Geruch (H2S) im Kanalsystem einer Stadt. Verfasser: Ken Bellamy VRM Ltd. Auftraggeber: Cr Julie Boyd, Bürgermeister, Mackay City Council
Reduzierung von Klärschlamm mit eMB. Verfasser: Ingeborg Henrich / Fachhochschule München. Auftraggeber: Umweltministerium Bayern

Unterhaltskosten und sind deswegen die kostengünstigsten Lösungen.

Diejenigen, die sich um die Fragen der Abwasserbehandlung näher kümmern wollen, sollten das Sonderheft „Kleinkläranlagen" der Zeitschrift *Top Agrar* des Landwirtschaftsverlages Münster-Hiltrup studieren. Die dort aufgezeigten technischen Lösungen kann man sehr einfach um das EM-Denken erweitern.

In dem Heft und auch in der normalen behördlichen Beratung werden Methoden zur Behebung von Störungen in Kleinkläranlagen bevorzugt, die Sauerstoff in das System einbringen. Von der logischen Seite der bisher üblichen Abwasserbehandlung ist das verständlich.

Sauerstoff oxidiert die problematischen Produkte und dann gelten sie als verschwunden. Argumentieren wir als EM-Anhänger, können wir nur angeben, dass die positiven Mikroben die störenden Stoffe verstoffwechseln. „*Wo bleiben die Stoffe?*", fragt dann der Fachmann.

„*Sie werden durch die Pflanzenmasse im Pflanzenklärbecken gebunden*", ist unsere Antwort.

„*Dann müssen die Abwässer aus einer Drei-Kammer-Kläranlage aber mit sehr viel Nährstoffen belastet sein*", kommt als nächstes Argument.

Unsere Antwort lautet dann, dass im Pflanzenklärbecken viele Pflanzen heranwachsen und der BSB und der CSB in optimale Bereiche gelangen.

Es wäre schön, wenn sich mit diesen Fragen Fachleute an Forschungsinstituten auseinandersetzen würden. Wir könnten gemeinsam über den EM e. V. Geld sammeln, damit solche Forschungen bezahlt werden können. Vielleicht nimmt eines der Vereinsmitglieder diese Sache in die Hand.

Bei den technisch wesentlich weniger aufwendigen Ein-Kammer-Kläranlagen werden im Regelfall biologisch sehr problematische Abwässer in die Umwelt entlassen. Sie sind mit einer hoch verdünnten Gülle vergleichbar. Diese Systeme können nach den bisherigen Erfahrungen nur mit sehr konsequenter EM-Anwendung eine optimale Abwasserklärung herbeiführen, wenn die Verweilzeiten lang genug sind und einige technische Änderungen vorgenommen werden. Doch die „Gülle" kann durch Zugabe von genügend EM so aufbereitet sein, dass sie zur optimalen Ernährung von Pflanzen dienen kann.

Das erstaunlichste Beispiel zur Abwasserklärung, das ich bisher gesehen habe, ist die Kläranlage für die Gülle der Schweineställe in Sara Buri, dem internationalen EM-Ausbildungszentrum in Thailand. Die Schweine (circa 200 Plätze) werden in einem modernen strohlosen Stall gehalten. Urin und Kot werden dreimal am Tag mit Wasser, dem 0,1 % EMa beigegeben wird, abgespült. Diese Gülle durchläuft sechs Klärbecken. Die Verweilzeit in den Klär- und Absetzbecken liegt bei maximal drei Tagen. Der flüssige Anteil der Gülle wird anschießend in einen Fischteich geleitet, wo mit großem Erfolg Speisefische gezüchtet werden. Einmal im halben Jahr werden die Absetzbecken geleert und der wenig riechende Klärschlamm wird im Gemüseanbau stützend als Dünger eingesetzt.

Ein weiteres erstaunliches Beispiel für effektive Abwasserklärung ist die Anlage des Versammlungszentrums in Sara Buri. Dort kommen an Wochenenden bis zu 20 000 Menschen zusammen. Die Abwässer werden über vier Kammern geführt. Die ersten drei sind anaerob – aerob – anaerob und die letzte ist mit grober EM-Keramik gefüllt.

In Stoßzeiten liegt die Verweildauer des Abwassers bei minimal sechs Stunden. Da in der gesamten Tagungsstätte keine desinfizierenden Reiniger benutzt werden und dem Brauchwasser im Verhältnis 1:10 000 EMa zugegeben wird, sind die Ergebnisse der Kläranlage phänomenal. Nach Angaben der Verantwortlichen bleibt der BSB konsequent unter 10. Das Abwasser wird direkt zur Beregnung des Rasens genutzt oder über einen Wasserfall in einen Teich von 1 ha Oberfläche bei einer Tiefe von bis zu 3 m geleitet, in dem unsagbar viele Kois leben. Trotz der Stoßbelastung sind keine Störungen wahrzunehmen.

Wir besichtigten die Anlage bei den Besuchen mit Gruppen normalerweise dienstags vormittags, also kurz nach den Stoßbelastungen. Keine Gruppe hat bisher Störungen in Form von übermäßiger Algenbildung oder Geruchsbelästigung wahrgenommen. Wenn jemand die Anlage einmal wissenschaftlich untersuchen möchte, stellen wir ihm gerne die Verbindungen nach Sara Buri her. Andere Beispiele beschreibt Prof. Higa in seinen Büchern.

8

GARTEN

➤ 8 EM-Technologie im Garten

Pflanzen ernähren sich sowohl von Mineralien als auch von Mikroben im Boden. Erhöht man die Zahl der Bodenmikroben durch organische Düngung und lenkt deren Wachstum mit EM, wachsen Pflanzen üppiger und gesünder. Ist im Garten alles in Ordnung, braucht er kein EM.

Im Garten können die Effektiven Mikroorganismen ihrem eigentlichen Zweck am besten dienen. Sie sollen die Mikrobenstrukturen im Boden optimieren. Wenn im Boden gute Mikroben die Dominanz übernehmen, haben die Früchte des Bodens, unsere Nahrung, einen guten Mikrobenbesatz. Der Besatz an Mikroben auf der Nahrung ist ausschlaggebend für die Zusammensetzung der Mikroben in unserem Verdauungssystem. Gleichzeitig lenken die Mikroben die Umsetzung der organischen Substanz im Boden, dem Verdauungsorgan der Pflanzen.

8.1 Wie sich Pflanzen ernähren

Die Schwierigkeit, den Boden als Verdauungssystem der Pflanzen zu erkennen, beruht darauf, dass uns die Agrarwissenschaft seit über hundert Jahren lehrt, Pflanzen würden sich von in Wasser gelösten Mineralien ernähren. Zum Teil stimmt das auch. Aber schauen wir genauer hin.

In der Abbildung auf S. 184 sehen Sie die Spitze einer Pflanzenwurzel. Nur dort kann die Pflanze Nährstoffe und Wasser aufnehmen. Alle älteren Wurzelteile sind zu sehr verholzt. In der klassischen Pflanzenernährungslehre erfahren die Landwirtschaftsstudenten, dass die Pflanze Wasser aufnimmt. Mit den im Wasser gelösten Mineralien ernährt sich die Pflanze. Gleichzeitig gibt die Pflanze über die Wurzel organische Säuren ab, mit denen sie Mineralien im Boden löst.

Das stimmt auch so. In der Praxis kann man es schnell überprüfen. Man streue einen Stickstoff betonten

Beispiel eines EM-Gartens

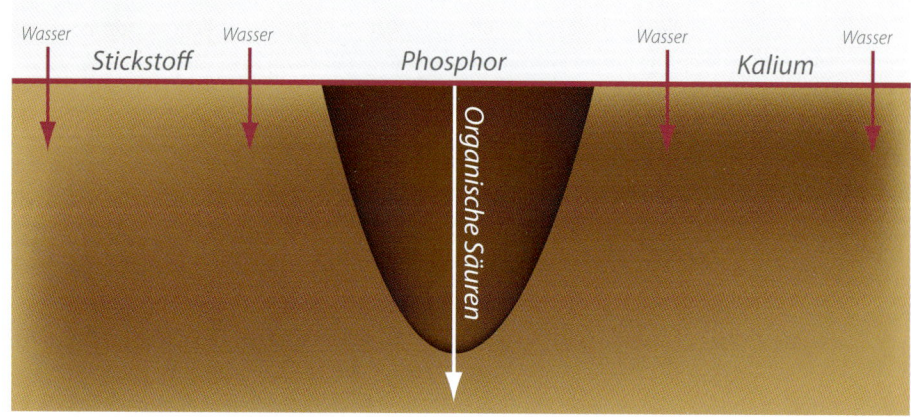

Wasser Stickstoff Wasser Phosphor *Organische Säuren* Wasser Kalium Wasser

Die Spitze einer Pflanzenwurzel, Nährstoffaufnahme und -abgabe nach der klassischen Pflanzenernährungslehre.

Mineraldünger in einem Muster auf den Rasen und schon wenige Tage nach dem nächsten Regen können Sie das Muster als dunkelgrünen kräftigen Rasen erkennen. Die Pflanzen, die den Mineraldünger bekommen haben, sind üppig gewachsen.

Die löslichen Salze haben sich im Regen- oder Gießwasser gelöst. Eine Pflanze braucht immer Wasser, weil sie damit ihre Temperatur regelt und den Druck in ihren Zellen aufrechterhält. Dieses Verhalten ist mit dem Durst beim Menschen vergleichbar.

Aus der Ernährungslehre wissen wir, dass ein Mensch gegen Durst klares Wasser trinken soll. Nährstoffaufnahme ist beim Bedürfnis Durst nicht angesagt. Löscht man seinen Durst mit nährstoffhaltigen Getränken, besteht immer die Gefahr von Übergewicht. Ähnliches kann man auch bei den Pflanzen beobachten. Wenn eine Pflanze Wasser zur Temperaturregelung „trinkt", will sie dieses Wasser über Öffnungen an der Blattunterseite (Spaltöffnungen) verdunsten. Hat das Wasser nun gelöste Salze, werden diese an der Stelle der Verdunstung auskristallisieren, weil Salze nicht verdunsten. Die Salzkristalle entziehen am Rand der Öffnungen den angrenzenden Zellen Wasser und es kommt zu Zellschädigungen.

Da die Pflanze sich aber nicht akut schädigen will, lagert sie die Salze aus dem „Getränk" Wasser in ihren Zellen im Pflanzenkörper ein. Dort

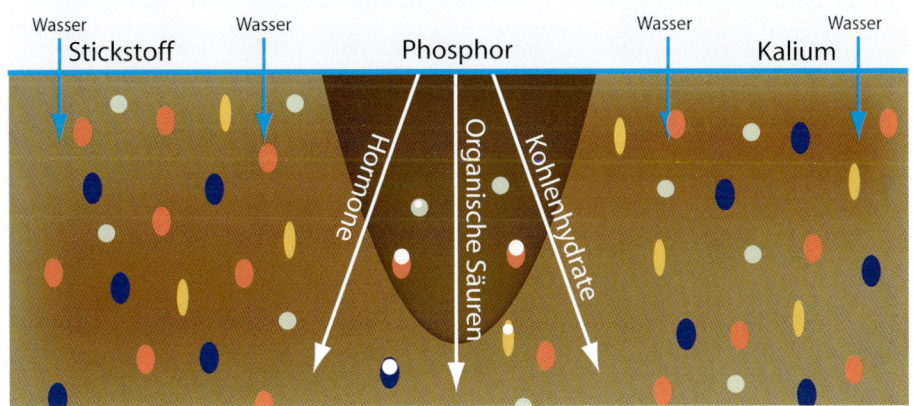

Wasser Stickstoff Wasser Phosphor Hormone Organische Säuren Kohlenhydrate Wasser Kalium Wasser

*Die Spitze einer Pflanzenwurzel, Nährstoff-
aufnahme und -abgabe nach neueren Erkenntnissen*

steigt die Salzkonzentration und wird
eventuell die Funktion der Zellen be-
einträchtigen. Deswegen füllt die
Pflanze auch noch Wasser nach. Die
Zellen werden immer größer und di-
cker. Die Zellwände können gar nicht
so schnell wachsen. Sie werden immer dünner und gespannter.

Diese Tatsache belegen viele wissenschaftliche Untersuchungen. In
fast allen Untersuchungen zur Unter-
scheidung von Bio-Produkten und
Produkten aus konventioneller Landwirtschaft wird als Ergebnis deutlich, dass die Gehalte an Trockensubstanz bei Bio-Produkten höher sind,
also dickere Zellwände vorliegen;
denn Bio-Bauern setzen keine schnell

wasserlöslichen Dünger ein. Dünnere
Zellwände machen die Pflanzen auch
gegen sogenannte Schädlinge emp-
findlicher.

Nun wissen wir inzwischen seit
vielen Jahren aus Untersuchungen
von Biologen, dass Pflanzen auch
Hormone und Zucker ausscheiden.
Wir gehen davon aus, dass die Natur keine Vorgänge in Lebewesen ablaufen lässt, die sinnlos sind. Wenn
eine Pflanze Hormone als Botenstof-
fe und Informationsträger abgibt,
will sie etwas mitteilen. Gibt sie Zucker ab, will sie ernähren. Die einzi-
gen Annehmer von Information und
Nahrung im Boden sind die Boden-
lebewesen. Die Pflanze kommuni-
ziert demnach mit den Mikroben im
Boden. Das erscheint uns als sinnvoll, da die oberirdischen Organe der

Pflanzen sehr schnell erkennen, ob richtiges Wetter zum Wachsen oder zum Verharren ist. Diese Erkenntnis geben die Pflanzen an das Bodenleben weiter. Das Bodenleben ernährt nach dem Plan der Natur die Pflanzen.

Es scheint sich um ein ähnliches System zu handeln, wie es in unseren Därmen abläuft, da auch wir mit unserem Hormonsystem die Verdauung steuern. In dem Videofilm „Leben im Boden" (*Life in the soil*, 3-teiliges Video bei Youtube[1]), einem Film über die Nährstoffaufnahme der Pflanze und das Zusammenwirken der Mikroben im Boden, kann man sehen, wie die Mikroben in die Wurzeln einwandern und sich im Strom der Säfte in den Pflanzenwurzeln auflösen.

Dass die Pflanze Eiweiße aus dem Boden aufnimmt, ist wissenschaftlich erwiesen. Die gerade vorgenommenen Ausführungen zum Umgang von Pflanzen mit Salzen lassen vermuten, dass Pflanzen es nach dem Plan der Natur vorziehen, Mikroben und deren Eiweiße aufzunehmen.

An der Universität in Bonn wird zur Zeit untersucht, unter welchen Bedingungen Pflanzen bestimmte Antibiotika aus dem Boden aufnehmen. Ziel der Forschung sei, so die Fachpresse, Boden-Antibiotika als Spritzmittel zu entwickeln, um so das Pflanzenwachstum zu fördern. Es ist also dabei nicht das Ziel, Pflanzenwachstum zu erklären. Diesen Einfluss zu erkennen, bleibt unserer Logik überlassen.

Ist die Wissenschaft darauf ausgerichtet, für die Wirtschaft schnell verwertbares Wissen zu entwickeln, fragt sie nicht nach den Grundsätzen des Pflanzenwachstums. Es geht ihr allein um Erkenntnisse, die in Produkte einfließen, die man verkaufen kann.

Wäre es das Ziel der wissenschaftlichen Forschung, zu erkennen, wie die Natur Pflanzen wachsen lässt, würden die Bauern weniger Geld ausgeben müssen und mit weniger Aufwand organisches Material so behandeln, damit daraus optimale Pflanzenerträge entstehen. Bauern und Verbraucher wären die Nutznießer, nicht die Wirtschaftsunternehmen, die die Forschungsaufträge vergeben.

Ergebnis der Überlegungen ist, dass die Pflanze sich sowohl aus in Wasser gelösten Salzen wie auch aus

---

[1] www.youtube.com/watch?v=nTIK-5u8XD0

Eiweißbestandteilen des Bodenlebens ernährt. Fördert man das Wachstum des Bodenlebens, fördert man das Pflanzenwachstum. Alle organischen Abfälle müssten demnach so aufbereitet werden, dass sie nicht faulen, sondern ein optimales Futter für die Mikroben im Boden werden. Das funktioniert recht einfach mit EM, wie wir nun darstellen werden.

8.2 Gießen, Beizen und Düngen

Gießen mit EM hat den Sinn, die Zusammensetzung der Populationen der Mikroben im Boden so zu beeinflussen, dass die Umsetzung organischer Substanz und die Einbindung von Salzen in das Wachstum möglichst so ablaufen kann, wie sie von der Natur vorgesehen ist.

Wir haben in verschiedenen Versuchen festgestellt, dass man sowohl bei Düngung mit organischer Substanz (Kompost, Bokashi) als auch bei Düngung mit mineralischen Düngern (Kunstdünger) mit EM gesündere und stärkere Pflanzen erhält.

EM wirkt auch bei mineralischer Düngung, da die Mikroben als Mittler zwischen dem Mineralischen und dem Lebendigen fungieren. Als erste Lebewesen auf der Erde, als sie noch wüst und leer war, hatten Mikroben auch nur mineralische Stoffe, aus denen sie organische Substanzen formten.

- *EM lässt sich mit organischer und mineralischer Düngung kombinieren. Organische Düngung scheint sinnvoller. Ohne Düngung funktioniert Pflanzenbau nicht.*
- *Man kann EM verdünnt und unverdünnt anwenden. Probieren Sie aus, was Ihre Pflanzen vertragen.*
- *EM sprühen oder gießen bei Regen ist immer sinnvoll, weil viel Wasser die Mikroben in die oberen Bodenschichten einspült und die UV-Strahlen der Sonne die Mikroben nicht schädigen.*
- *Beizen mit EM hat viele positive Effekte, birgt aber auch viele unerwartete Überraschungen.*
- *Bei hoch intensiver EM-Anwendung auf 300 qm Garten kostet EM-Technologie zwischen 50 und 150 Euro im Jahr.*

Ernst Hammes gießt im Garten EM-Verdünnung.

8.2.1 Organisches und mineralisches Düngen

Wenn man nun in einem Garten beginnt, mit EM zu arbeiten, darf man die Grundsätze der Pflanzenernährung nicht außer Acht lassen. Nur wo etwas ist, kann etwas entstehen. Wirtschaftliche Pflanzenerzeugung ohne Düngung geht nicht. Es ist schade, dass in der Öffentlichkeit der Eindruck entstanden ist, dass Bio-Bauern nicht düngen. Sie düngen mit organischen Substanzen und nicht mit schnell wasserlöslichen Düngern, die allgemein unter dem Namen „Kunstdünger" bekannt sind.

Wenn Sie also einen Garten haben, in dem Sie viel mit Kompost und anderen organischen Düngern gearbeitet haben, ist die EM-Anwendung recht einfach. Ob die Ausgabe von Geld und Arbeit für EM in Ihrem Garten sinnvoll ist und besseres Pflanzenwachstum zu erwarten ist, können Sie mit Ihren Sinnen überprüfen. Haben Sie üppige und gesunde Pflanzen und richten auch sogenannte Schädlinge keinen Schaden in Ihrem Garten an, kann es sein, dass Ihnen EM keinen großen Nutzen bringt.

Wenn Sie dann bei der Prüfung des Geruchs der Erde in Ihrem Garten auch noch feststellen, dass die Erde wunderbar nach Waldboden riecht, ist eigentlich das Optimum erreicht.

Ist die Natur im Optimum, kann man nichts verbessern. Dann können Sie die Ausgaben für EM sparen.

Stellen Sie aber fest, dass der Boden leicht oder stärker nach Schimmel riecht, zeigt das an, dass die Mikrobenzusammensetzung im Boden verbesserungsbedürftig ist. Den richtigen Geruch sollten Sie sich vorher einprägen, indem Sie am Waldrand, wo genügend Luft, organisches Material und Feuchtigkeit im Boden sind, an einer Handvoll Waldboden riechen.

Es ist schon angenehm, wenn Sie in den weichen Boden hineingreifen. Führen Sie dann die Handvoll Erde an Ihre Nase und genießen Sie den würzigen Geruch. Der stammt von den

Die Azalee links befindet sich seit 6 Jahren am gleichen Standort und wird nicht mit EM behandelt. Die Azalee rechts wurde 2005 umgepflanzt, erhielt vorher schon EM-Putzwasser und erhält dies auch weiterhin.

vielen Mikroben, insbesondere von den Pilzen. Wenn Sie ganz mutig sind, probieren Sie den Boden auf der Zunge. Guter Boden schmeckt wie ein Pilzgericht aus frischen Waldpilzen im frühen Herbst. Solcher Boden ist produktiv. Dort verdauen die Mikroben organische Substanz und geben sie in optimaler Form an die Pflanzen ab.

Wenn Sie Freude an Ihrem Garten haben wollen, sollten Sie sich einen solchen Boden schaffen.

8.2.2 Gießrezepte

Für den Garten fermentieren wir im Jahr mehrere Male größere Mengen EMa. Circa 300 qm bekommen bei uns fünf- bis achtmal 10 l. Bei 8 x 10 l EMa braucht man bei dieser Intensität der EM-Anwendung 2,5 l EM und

2,5 l Melasse. Das sind circa 75 Euro im Jahr.

Da wir zusätzlich Gesteinsmehl einbringen, entstehen bei unserer EM-Strategie pro Jahr zusätzliche Kosten von etwa 20 Euro. Dafür brauchen wir weder Pflanzenschutz- oder Düngemittel noch entstehen sonstige Kosten.

Wir haben zwei Methoden, die Effektiven Mikroorganismen zu verteilen. Die aufwendigere ist, pro Gießkanne zu je 10 l einen halben Liter EMa dazuzugeben und so die Menge zu verteilen.

Bei der zweiten Methode geben wir 5 l EMa auf ein 120-l-Fass mit Wasser und verspritzen die Mischung mit dem Gartenschlauch, der an einer kleinen Pumpe an der Bohrmaschine angeschlossen ist.

Andere Kleingärtner geben über einen „Dosatron", ein automatisches Dosiergerät, EM in den Gartenschlauch. Das ist die arbeitssparendste Variante, die auch in den meisten professionellen Gartenbaubetrieben bevorzugt wird.

Bei einer Tropfbewässerung an Obstbäumen oder an sehr intensiven Kulturen, wie zum Beispiel Tomaten, lohnt es sich, jede Woche einmal EMa über die Bewässerungsanlage zu geben. Die notwendige Menge pro Gabe kann man umrechnen. Der Jahresbedarf liegt bei so intensiver Nutzung bei 0,1 bis 0,3 l EM oder EMa pro Quadratmeter. Damit lässt sich ein Gartenboden optimal führen.

Hat man nicht so viel Technik, kann man natürlich auch über wöchentliches Gießen mit der Gießkanne einen gleichen Effekt erreichen.

Wir gießen am liebsten bei leichtem Regen und abends. Der Regen spült die Mikroben noch tiefer in den Boden ein. Mikroben mögen keine UV-Strahlung der Sonne und sollen möglichst schnell an den Ort, wo sie ihre Arbeit verrichten können, also in die oberen Bodenschichten hinein. Sollten beide Vorraussetzungen nicht eingehalten werden können, erhöhen wir die Wassermenge und spülen damit die Effektiven Mikroorganismen in den Boden ein.

Zu Beginn unserer Arbeit mit EM haben wir in den ersten beiden Jahren die dreifache Menge EM und viel Kompost und Bokashi gegeben. Wir waren umgezogen und hatten einen Garten mit sehr vielen Schnecken und wenig organischer Substanz. Eine hohe Gabe am Anfang des EM-Einsatzes ist immer sinnvoll. Wir stellen uns die Mikroben im Boden als so etwas wie eine große träge Masse vor.

Will man die Richtung einer großen trägen Masse verändern, muss man entweder sehr lange viele kleine Anstöße oder aber einige wenige Male sehr kräftige Anstöße geben. Aus dieser Denkweise leiten sich die Dosierungsempfehlungen ab.

8.2.3 EM pur gießen oder mit Wasser verdünnen?

Der Demeter-Bauer Kurt Petersen bewirtschaftet seinen Ackerbaubetrieb seit 1999 mit EM. Er bringt manchmal 400 l EMa je 10 000 Quadratmeter (1 Hektar) in seinen Weizen aus. Damit er nicht zu viel Flüssigkeit transportieren muss, versprüht er inzwischen EMa pur.

Würde er eine Mischung 1:10 machen, müsste er immer wieder nachtanken und hätte Unmengen von Flüssigkeit auszubringen. Das wäre arbeits- und kostenaufwendig. Sein Weizen verträgt EMa pur, ohne dass die Blätter geschädigt werden. Er habe aber auch einen guten Draht zum Wettergott, meint er. Denn er ist sich immer wieder sicher, dass es direkt nach Fertigstellung der Arbeit ein wenig regnet. Das klappte bisher immer.

Wenn man EMa mit dem geringsten Aufwand ausbringen will, ist es

In einer Hausarbeit für ihr Gymnasium hat Anna Tölgyesi aus Hameln Saatversuche mit und ohne EM mit Kresse gemacht. Kresse keimt sehr schnell. Sie eignet sich sehr gut für Versuche.

natürlich sehr arbeitssparend, wenn man nur das EMa pur vergießt oder versprüht. In unserem Garten haben wir aber schon mit einer Verdünnung von 1:10 die Blätter bei einigen Rosenstöcken verätzt. Andere Pflanzen vertragen das Mischungsverhältnis ohne Murren. Da ist Platz für Experimente. Beachten Sie aber, dass EM in den Boden eingespült werden soll. Wenn Sie mit geringen Verdünnungen arbeiten, sollten Sie das zum Beispiel bei Regen oder vor dem Regen machen. Der Regen ersetzt die Wassermenge in der Gießkanne und spült die Mikroben in den Boden.

Ihre Nachbarn werden Ihr Verhalten als außergewöhnlich bewerten. Wenn sie nicht selbst EM-Anwender sind, können sie Gießen und Spritzen bei Regen nicht als sinnvoll erkennen.

8.3 Mit EM Saatgut fördern

Unsere erste Erfahrung mit der Anwendung von EMa oder EM als Hilfe beim Keimen von Saatgut sind die Berichte von Franz Mau. Als derjenige, der EM nach Deutschland gebracht hat, war er natürlich sehr begeistert und machte alles mit EM. So weichte er auch dicke Bohnen über eine

Nacht in EMa ein, setzte die Bohnen und freute sich schon auf eine riesige Ernte. Doch keine Bohne ging auf. Als er dann nachgrub, um zu sehen, wo denn nun die Bohnen geblieben waren, entdeckte er richtig schöne dunkelbraune Komposterde. Die Bohnen waren vererdet.

Nach inzwischen vielen Erfahrungen raten wir, dickere Samen, wie Mais, Getreide oder Radieschen, etwa fünf bis zehn Minuten in lauwarmem EM-Wasser, 1:100 verdünnt, quellen zu lassen. Die werden dann so weit getrocknet, dass man sie wieder gut fassen und loslassen kann. Leicht mit Keramik eingestäubt, kommen sie dann in den Boden. Feinsämereien sollte man nach der Ablage in die Erde nur mit EM-Verdünnung besprühen und mit etwas Keramik einstäuben.

Frühkartoffeln zum Beispiel besprühen wir schon beim Vorkeimen mit einer Lösung von 10 ml EMa in 1 Liter Wasser. Wir erleben, dass die Triebe kräftiger sind und beim Legen weniger brechen. Nicht vorgekeimte Kartoffeln besprühen wir beim Legen mit EMa pur und jede Kartoffel erhält eine Messerspitze Keramikpulver, was die Frühkartoffeln natürlich auch noch mit auf ihren Lebensweg bekommen.

Zugekaufte Gemüsepflanzen oder auch Blumen und Gehölz bekommen je nach Größe der Pflanze eine knappe Messerspitze (Salatpflanze) oder auch bis zu einem gehäuften Esslöffel (3-jähriger Johannisbeerstrauch, 2-jähriger Obstbaum) Keramikpulver ins Pflanzloch. Anschließend werden die Pflanzen regelmäßig, mindestens wöchentlich, mit EM-Verdünnung gegossen.

8.4 Rasen

8.4.1 Rasenschnitt wird Mulchmaterial

Rasenschnitt ist der am meisten unterschätzte Bodenverbesserer. Rasen besprüht man am späten Nachmittag, wenn es trocken ist, mit EM-Verdünnung, mäht ihn in den Grasfangkorb und entleert den Grasfangkorb in einen dickeren Plastiksack. Dann presst man den Rasenschnitt zusammen und verschließt den Sack luftdicht. Nach vier bis sechs Wochen hat man ein sehr gutes Mulchmaterial.

Rasenschnitt ist einer der am meisten unterschätzten Dünger und Bodenhelfer im Garten. Die meisten Hausgärtner finden Rasenschnitt so unnütz, dass sie ihn möglichst schnell in die Grüntonne oder sogar auch wild entsorgen. Auf dem Kompost ist der Rasenschnitt nicht gerne gesehen, weil er dort schnell faule Stellen bildet. Lässt man ihn auf dem Rasen liegen, so bildet er dort Faulstellen, wenn er nicht sehr gut verteilt ist. Ein alter Grundsatz in der Lehre vom Ackerbau ist: Das Grünland ernährt das Ackerland.

Ohne Grünland (Rasen), so die alten Lehrer, kann ein Acker oder Beet nicht ausreichend versorgt werden. Gras hat ein sehr ausgewogenes Nährstoffverhältnis. Deswegen ist es immer ein guter Dünger.

Die meisten Menschen wollen an ihrem Haus eine gute, grüne, nutzbare Rasenfläche. Darauf verwenden sie viel Zeit und Engagement, eventuell auch teure Spezialdünger und sonstige Hilfsmittel aus dem Gartencenter. Nur mit großem Aufwand lässt sich in den meisten Gärten ein ansehnlicher Rasen erhalten. Die so teuer und aufwendig erzeugte Grünmasse wird dann zu Abfall, weil die meisten Menschen sich den Wert der Grünmasse nicht mehr vergegenwärtigen und nicht mehr wissen, wie man richtig damit umgehen kann.

8.4.8 Rasenbokashi

Mulch aus Rasenschnitt ist ein sehr gutes Wurmfutter. Das Material nennen wir Rasenbokashi. Rasenbokashi vertreibt Schnecken.

Aus Rasenschnitt kann man ein wunderbares Material zur Abdeckung des Bodens machen. Den Boden mit organischem Material abzudecken, nennt man mulchen. Mulchen ist aus der Mode gekommen, weil der Mulch Schnecken produziert, wie unsere Nachbarn sagen. Macht man aber aus dem Rasenschnitt ein Sauerkraut für das Bodenleben, kann man die ihm innewohnende Kraft nutzen. Rasenschnitt hat ein optimales Nährstoffverhältnis. Kohlenstoff und Stickstoff sind in sehr guten Relationen vorhanden. Das ungeliebte Gras ist ein wunderbares Wurmfutter.

Das Sauerkraut für den Boden nennen wir Rasenbokashi. Unser Rezept ist, gegen Abend eines

Aus Rasen Bokashi zu machen, ist einfach. Bokashi aus Rasenschnitt ist ein hervorragender Mulch und Bodenverbesserer.

trockenen Tages das Gras mit unserer normalen EM-Sprühflasche einzusprühen. Für 150 Quadratmeter Rasen reichen zwei bis drei Verschlusskappen EM oder EMa in einem Liter Wasser.

Den Rasen mähen wir dann in den Grasfangkorb und entleeren diesen in eine kräftige Plastiktüte. Darin drücken wir den Rasenschnitt zusammen, pressen die Luft aus dem Sack, drehen ihn zu und packen ihn hinter Sträucher, wo er im Garten nicht auffällt. Dort bleibt er mindestens vier Wochen liegen, bis wir Zeit haben, den Inhalt auf den Beeten zu verteilen. In dem Winter, in dem wir mit diesem Buch beginnen, liegen fünf blaue Säcke hinter der Hecke.

Rasenbokashi kann man wunderbar über längere Zeit lagern. Vorausgesetzt die Verpackung ist luftdicht, es befindet sich also kein Loch im Plastiksack, kann Bokashi auch über ein Jahr aufbewahrt werden.

Wenn wir den Sack öffnen, riecht der Rasenschnitt süß-sauer, ähnlich wie Sauerkraut, aber würziger. Bauern nennen solches Material Gras-Silage. Diese mögen Kühe besonders gerne, man kann damit sowohl Kühe und andere Grasfresser füttern als auch das Bodenleben. Wundern Sie sich nicht, wenn sogar Ihr Hund oder Ihre Katze das Bokashi fressen. Auch für sie gilt, dass ein gutes Sauerkraut förderlich für die Verdauungsfunktionen ist.

Mit diesem Material bedecken wir den Boden zwischen den Pflanzen auf den Beeten. Aber aufgepasst: Wenn dieses Bokashi feine Pflanzenteile berührt, zum Beispiel frisch gekeimte Sommerblumen, verätzt es diese. Also hält man von feinen, zarten Pflanzen ein wenig Abstand. Dagegen decken wir Rosenstöcke richtig zu. Dieses Bokashi verätzt nämlich auch keimende und noch feine Unkräuter und wirkt so regulierend.

Unsere 150 qm Rasen reichen gerade aus, um circa 50 qm Blumenbeet leidlich mit organischem Material bedeckt zu halten. Das Bokashi verschwindet schneller im Boden, als wir es nachliefern können; denn auch Vögel lieben es und noch mehr die Käfer und Würmer.

8.4.3 Rasenschnitt liegen lassen

Schneidet man den Rasen mit einem sogenannten Mulchmesser, wird das Schnittgut sehr klein gehackt. Gießt man dann anschließend den Rasen mit EM-Verdünnung, kommen die Würmer sehr schnell und arbeiten das Häckselgut ein. Meistens hat man nach zwei Tagen keine Grasschnitzel mehr an den Schuhen kleben, wenn man über den Rasen läuft. Dieses Verfahren eignet sich natürlich nicht so sehr für Haushalte mit kleinen Kindern, weil dann die Räume, die der Gartentüre am nächsten liegen, in den ersten zwei Tagen immer voller Grasschnipsel sind. Es eignet sich aber besonders für größere Gärten, da es viel Arbeit erspart.

Auf großen Rasenflächen, auf denen mit Rasentraktoren gemäht wird, hat es sich eingebürgert, dass die Gärtner, die EM einsetzen, am Gerät größere Behälter mit EMa anbringen und das Mittel ohne Verdünnung auf das stehende Gras sprühen. Technisch ist diese Aufgabe leicht mit einer 12-Volt-Pumpe und Breitbanddüsen zu lösen. Bei dieser Technik reicht eine Gabe von 30 Litern pro ha aus, um den erwünschten Erfolg zu erreichen. Das ist sehr arbeitssparend.

Wenn man den Rasenschnitt von den Würmern einarbeiten lässt, sollte man sich dessen bewusst sein, dass man damit den Rasen permanent organisch düngt. Der Rasen sieht wunderbar aus, wächst aber auch sehr üppig. Auf Dauer erreicht man damit fast den sogenannten englischen Rasen. Transportiert man den Rasenschnitt als Bokashi oder über die Grüntonne ab, entzieht man dem Rasenstück Nährstoffe, die man eventuell als Dünger oder Kompost dem Rasenstück zurückgeben muss, damit der Boden nicht verarmt.

8.4.4 Rasenschnitt als Mulch, ohne zu bokashieren

Einige EM-Anwender mähen ihren Rasen auch in den Grasfangkorb, machen sich aber nicht die Arbeit, das Schnittgut zu Bokashi zu verarbeiten. Sie bringen es auf die Beete und gießen dann mit EM-Verdünnung. Bei dieser Vorgehensweise verarbeitet der Boden den Rasenschnitt auch, ohne dass Fäulnis entsteht, wenn man genügend EMa anwendet. Ist man dabei aber etwas zu sparsam mit EMa, gelingt die Lenkung der Mikrobenstruktur nicht immer. Die Möglichkeit, dass doch faule Nester entstehen, kann nicht ausgeschlossen werden, insbesondere wenn man längere nasse und kühle Zeiten hat.

Gibt man den Rasenschnitt auf den Komposthaufen, sollte man die Grundsätze beachten, die wir im Abschnitt *8.5 Kompost* ansprechen.

8.4.5 Rasen sanieren

- *Unerwünschte Kräuter im Rasen zeigen einen Mangel an Bodengefüge, Nährstoffverfügbarkeit oder Nährstoffmangel an.*
- *Mechanische oder chemische Rasensanierung ist immer nur von kurzer Dauer.*
- *Organische Düngung und Symbioselenkung mit EM regeneriert jeden Rasen.*

Naturboden mochte am liebsten mit Pflanzen bedeckt sein – mit der richtigen Nährstoffverfügbarkeit kann ein englischer Rasen entstehen.

Der Boden möchte am liebsten bedeckt sein. Nackten Boden gibt es nur in der Kultur der Landwirtschaft und der Gartenwirtschaft. Grasbedeckung ist eine Vorstufe für Wald, weil Grünland als natürliches System immer mehr organische Masse ansammelt. So schafft Grasland die Grundlage für holzige Pflanzen.

Das klappt natürlich nur, wenn alle anderen Faktoren auch stimmen. In den deutschen Mittelgebirgen wird nicht mehr genutztes Grünland schnell zu Wald. In den Prärielandschaften des alten Amerika konnte kein Wald wachsen, weil es dort zu wenig Wasser gab, ähnlich den Savannen Afrikas. Natürlich oder willkürlich ausgelöste Präriefeuer vermindern oft die Ansammlung organischer Substanz in diesen Regionen und Grasland dominiert.

Mit Rasen verhält es sich ähnlich. Je nach Nutzung und Umständen ist er ein wunderschöner grüner englischer Rasen oder eine reine Moos- und Gänseblümchenlandschaft. Moos ist eine Pionierpflanze, die an solchen Stellen wächst, wo die Nährstoffe für höhere Pflanzen nicht verfügbar sind.

Wenn man solche Rasenstücke vertikutiert und das Moos chemisch abtötet, hat man das Problem der Nährstoffverfügbarkeit nicht gelöst. Auch das Gänseblümchen zeigt Nährstoffmangel an. Alle Pflanzen mit

Pfahlwurzeln weisen auf Verdichtungen hin. Klee zeigt, dass an der Stelle mehr Stickstoff sein sollte, damit dort Gras wachsen könnte.

Alle nicht erwünschten Zustände auf dem Rasen im Garten zeigen, dass man hier mit EM-Technologie das Mittel der Wahl hat.

Unternehmen des Garten- und Landschaftsbaues, die mit EM arbeiten, haben folgendes System entwickelt, um ohne größere Kosten und Nutzungseinschränkungen Rasen in Hausgärten wieder in einen ansehnlichen Zustand zu bringen:

Jährlich werden im Frühjahr und im Herbst je Quadratmeter Rasenfläche 50 bis 100 g Urgesteinsmehl gestreut. Beim ersten Mal, je nach Zustand des Rasens, werden 5 bis 10 g Keramikpulver je Quadratmeter unter das Gesteinsmehl gemischt und mit ausgestreut. Dann werden je Quadratmeter 0,1 bis 0,2 l EMa in Wasser verdünnt gegossen. Übers Jahr bekommt der Rasen nach jedem Schnitt 0,01 l EMa pro Quadratmeter.

Ist ein ausgesprochener Nährstoffmangel durch den „Unkrautbesatz" erkennbar, kommt bis zu 1 l guter Kompost auf einen Quadratmeter. Kompost kann selbst erzeugter EM-Kompost sein oder ein Produkt, das man zukauft. Gute Erfahrungen liegen auch mit Trockenkot von Rindvieh vor, der von verschiedenen Firmen im Handel zu kaufen ist.

Diese Mengen Kompost werden in recht kurzer Zeit von den Würmern eingearbeitet. Bei sehr schlechten Verhältnissen kann die Einarbeitung durch die Würmer beim ersten Mal vier bis fünf Wochen dauern. Schon beim zweiten Mal ist die Kompostgabe in fünf bis zehn Tagen nahezu verschwunden. Das wird jährlich wiederholt und in spätestens drei Jahren ist der Rasen wieder topfit.

Unser Rasen hat an zwei Stellen immer noch einen störenden Besatz an Wegerich. Der Pfahlwurzler steht an den Stellen, die wir oft, auch bei Regen und großer Feuchtigkeit begehen. Dort ist der Boden verdichtet und das „Unkraut" hat an den Stellen eine Arbeit zur Wiederherstellung der Bodengesundheit zu leisten. Deswegen muss es dort sein. Die mechanische Belastung der Rasenfläche ist zu groß, als dass dort ein reiner Rasen wachsen könnte. Wenn wir dort keinen Wegerich haben wollen, müssten wir Platten legen. Diese vertragen wiederholtes Betreten natürlich.

8.5 Kompost

8.5.1 Kompostpflege mit EM-Technologie

Viele Haus- und Kleingärtner sind naturorientiert und wollen eine gute Kompostwirtschaft in ihrem Garten verwirklichen. Grundsätzlich ist ein Komposthaufen die einfachste Art, überschüssiges organisches Material wieder in den Kreislauf des Gartens zurückzubringen und daraus neue Pflanzen zu erzeugen.

Schauen wir in die Gartenzeitungen, stellen wir fest, dass ein Komposthaufen offensichtlich eine sehr aufwendige Angelegenheit ist. Es werden Dutzende von teuren Materialien angeboten, Schnellkompostierer, Kompostwürmer und Komposthaufen weit weg in der hinteren Ecke des Gartens, wo man sie von der Terrasse aus nicht riechen kann. Meistens stinken die Haufen und im Sommer sind sie Quellen lästiger Fliegen. Es fällt auf,

- *Kompost soll wie Stapelmist geführt werden. Man tritt jede Lage fest und verdrängt so Sauerstoff. Zu viel Sauerstoff im Kompost ist unangenehm für die erwünschten Mikroben.*
- *Auf jede Lage von 10 cm Dicke auf dem Komposthaufen gibt man ¼ l EMa-Verdünnung und eine Handvoll Gesteinsmehl, das mit etwas Super Cera Pulver vermischt wurde. Die besten Gesteinsmehle sind vulkanischen Ursprungs. Zeolit und Basaltmehl sind die am häufigsten angebotenen Produkte. Sie sind sehr fein. Ein Kilogramm solcher Mehle hat eine* Oberfläche von 4000 qm und mehr. In der Humanmedizin sind solche Mehle mit Heilerde vergleichbar. Sie sind ein bevorzugter Wohnplatz für positive, erwünschte Mikroben.
- *Im Sommer hat man schon in vier bis sechs Wochen eine gute Komposterde, wenn man vorher die zu kompostierenden Materialien zerkleinert hat.*
- *Große Kompostanlagen schicken viel Sauerstoff in den Kompost und „verrosten" so das organische Material. Es ist somit für die Pflanzen nicht mehr sehr wertvoll.*

dass sich kaum jemand mehr an die alten Kompostiermethoden von vor vierzig oder fünfzig Jahren erinnert.

8.5.2 Kompost wie Stapelmist führen

Der Misthaufen auf den Bauernhöfen von damals war ein Komposthaufen. Der Mist der Tiere, Küchenabfälle und alle organischen Reststoffe, die kein Futter für Tiere darstellten, wurden darüber entsorgt. Dafür wurde der Haufen aber auch gepflegt. Sobald der Mist aus dem Stall geräumt war, wurde er auf dem Haufen festgetreten, sodass möglichst wenig Luft darin verblieb. Der Haufen wurde semianaerob geführt. Semianaerob nennt man ein Milieu, in dem möglichst wenig Sauerstoff wirken soll. Es waren viele Zonen in dem Haufen, in denen praktisch ein Sauerkrautprozess ablief. Dieser Mist- oder Komposthaufen war sehr attraktiv für Würmer. Ich erinnere mich gerne an die Zeiten meiner Kindheit, in denen Mist auf den Wagen geladen wurde, um ihn auf das Feld zu bringen. Im unteren Drittel befanden sich richtig schöne, dicke braune Würmer. Die durfte ich sammeln und abends nach getaner Arbeit damit angeln gehen.

Auch war der Geruch nicht sehr belästigend. Zum Essen wusch man sich die Hände und alles war in Ordnung. Spätestens nach einem Bad nahm man keinen Mistgeruch mehr wahr. Daraus schließe ich, dass semianaerob geführte Komposthaufen nicht faulen, sondern in eine erwünschte Rotte übergehen.

Ein gutes Beispiel für den möglichen Erfolg von EM auf dem Komposthaufen sind die landwirtschaftlichen EM-Betriebe, die mit Stroh und Mist arbeiten. Dort findet man im Sommer nicht viele Fliegen. Die Ställe riechen angenehm nach Tier und kein Ammoniak beißt in der Nase. Der Stallgeruch bleibt kaum in der Kleidung hängen und verschwindet, wenn man eine halbe Stunde an der frischen Luft war.

Streuen diese Bauern ihren Mist auf die Felder oder auf die Weiden, ist er in wenigen Tagen verschwunden. Die Lebewesen im Boden haben ihn verzehrt. Der Mist ist ein gutes Wurmfutter.

Aus diesen Erfahrungen leiten wir die Rezepte zum Aufbau eines Komposthaufens ab. Grundsätzlich sollte man alle Reste, die auf den Kompost wandern, möglichst klein machen. Je kleiner die Stücke sind, desto besser

Unterschied zwischen Fäulnis, Rotte und Fermentation		
Fäulnis	**Rotte**	**Fermentation/Gärung**
Reduktiv	Oxidativ	Fermentativ
Wasserstoffverbindungen	Sauerstoff-verbindungen	Sauerstoffverbindungen, Grundbausteine
toxisch für Bodenleben und Umwelt	Bodenleben fördernd, Energie geht verloren	fördert Bodenleben, Energie bleibt erhalten
CH_4 (Methan)	CO_2 (Kohlendioxid)	$CO_2 + C_6H_{12}O_6$ (Kohlendioxid, Traubenzucker)
NH_3 (Ammoniak)	NO_3 (Nitrat)	Aminosäuren und Proteine
PH_4 (Phosphorwasserstoff)	$PO_4^{(-3)}$ (Phosphat)	$PO_4^{(-3)} + P$ (durch Deionisierung)
SH_2 (Schwefelwasserstoff)	$SO_4^{(-2)}$ (Sulfat)	$SO_4^{(-2)} + S$ (durch Deionisierung)

Quelle: Dr. M. Kriegel und Heidi Rudolph in EM-Journal Nr. 15, 2006, Seite 5, abgeändert.

können die Kompostmikroben sie weiterverarbeiten, weil kleine Stücke sich dichter lagern lassen. Nach jeder Schicht von 10 cm Dicke, die man auf den Komposthaufen bringt, sollte eine Handvoll Gesteinsmehl oder gute Gartenerde dazwischengegeben werden, da die Mineralien der Erde oder des Gesteinsmehls der Mikrobenzucht dienen. Es hat sich als sehr effektiv erwiesen, bei der Gabe von Gesteinsmehl oder Erde etwas Keramikpulver unterzumischen. Wir geben einen halben Teelöffel EM-Keramikpulver Super-Cera je Schicht und Quadratmeter dazu. Jede Schicht wird zusätzlich mit etwa einem Viertelliter EMa-Verdünnung begossen. In diesem Aufbau erreichen wir im Sommer innerhalb von sechs Wochen recht gute Umsetzungen des organischen Materials.

Die Umsetzung hängt natürlich davon ab, wie gut das Material zerkleinert wurde. Nach jeder neuen Schicht soll der Kompost auch wieder festgetreten werden.

Haben wir schwieriges Material, müssen wir natürlich von den Grundrezepten abweichen. Einer unserer Nachbarn ist sehr stolz auf seine Hecke aus Efeu als Abgrenzung zu

Kompost mit Efeu

unserem Garten. Diese müssen wir ein- bis zweimal im Jahr schneiden, damit der Efeu unseren Garten nicht erobert. Er bildet sehr schnell Wurzeln und ist dann nur noch mit viel Aufwand zu bändigen.

Die geschnittenen Efeuranken werden mit dem Rasenmäher, einem sehr kräftigen mit Verbrennungsmotor, klein gehäckselt. Das Häckselgut wird, mit Gesteinsmehl und EM-Keramik-Pulver vermischt, auf den Komposthaufen geschichtet und festgetreten. Dieses Material bekommt pro Schicht eine Tasse EMa pur ohne Verdünnung mit Wasser. Efeu hat eine antibiotische Wirkung und man braucht viele gute Mikroben, um diese Pflanzeninhaltsstoffe zu knacken.

Ähnlichen Aufwand betreiben wir auch, als wir sehr viel Moos zu entsorgen hatten. Bei der Übernahme des Gartens war es dort wegen zu vieler Bäume sehr schattig, im Winter zu nass und im Sommer zu trocken. Moose haben auch eine antibiotische Wirkung. Diese wird auch in der Phytomedizin genutzt. Am Institut für Pflanzenbau der Universität in Bonn hatte ein Wissenschaftler in den achtziger Jahren aus Moosen ein Mittel gegen Schadpilze entwickelt. Genau wegen dieser Fähigkeiten wird Moos nicht gerne auf den Kompost gegeben. Auch zum Thema Moos gilt ein Wort von Prof. Higa, der, wenn man ihm Fragen zu bisher nicht gelösten landwirtschaftlichen Problemen stellt, darauf antwortet: „Nimm mehr EM!"

Das, was auf den ersten Blick wie der Trick eines Verkäufers aussieht, hat folgenden Hintergrund: Mehr EM bedeutet, das am Ort vorhandene Mikrobenbiotop schneller in einen guten Zustand zu bringen. Dadurch kann man früher ein Erfolgserlebnis für sich verbuchen. Die Arbeit macht mehr Freude.

8.5.3 Moderner Kompost ist verrostet

Moderne Kompostierungsverfahren arbeiten überwiegend nach einem oxidativen Prinzip. Die Grundlage basiert darauf, Abfälle möglichst hygienisch zu reduzieren, denn sie sind nach moderner Denkweise ein Problem, das beseitigt werden muss.

Hygiene stellt man mit Hitze her, wie wir es vor über hundert Jahren von Louis Pasteur übernommen haben. Das organische Material erhitzt sich durch möglichst viel Kontakt mit Sauerstoff, der die Aktivität der abbauenden Mikroben anregt. Dabei werden Energie und CO_2 (Kohlensäure) in die Umwelt abgegeben.

Wenn wir Kompostbereitung als Chance sehen, mit organischem Material ein optimales Futter für das Bodenleben herzustellen, wollen wir ein Endprodukt, das dem Bodenleben und damit den Pflanzen dient. Wir wollen den Humus im Boden fördern.

Das zentrale Element des Humus ist der Kohlenstoff. Dieser wird in modernen Kompostierungsverfahren als CO_2 in die Luft geblasen, wo er als Klimagas sein Unwesen treibt. Aus Sicht der Pflanzen ist dieser Vorgang kontraproduktiv.

Ebenso ist es mit der Energie. Diese wird freigesetzt, weil die Behandlung des organischen Materials mit Sauerstoff zu einer maximalen Auflösung von Strukturen führt. Nach den grundsätzlichen Überlegungen, wie sich eine Pflanze ernährt, wollen wir die Strukturen im Kompost nur so verändern (Mikroben stellen Vitamine her), dass sie ein optimales Mikrobenfutter werden.

Die Mikroben im Kompost sollen die Strukturen der organischen Reste so verwandeln, dass sie dem Bodenleben für die Pflanzen unter minimalem Energieverlust zur Verfügung stehen. So braucht die Pflanze weniger Sonnenenergie, um ihre eigenen Strukturen herzustellen.

Die Logik ist einfach, doch für die meisten Menschen ungewohnt. Man hat sich an das Denken gewöhnt, es gebe im Leben Abfälle, die vernichtet werden müssten.

Auch im sonstigen Leben suchen wir keine oxidierten Materialien. Würden Sie im Baumarkt verrostete (oxidierte) Nägel kaufen? Wohl kaum! So kann auch verrosteter Kompost kein Produkt sein, das Menschen, die Pflanzen erzeugen wollen, gerne kaufen.

Die professionelle Vorzeige-Kompostieranlage, die mit EM-Technologie gefahren wird, ist die der Fremdenverkehrsgemeinde Sand in Taufers in Südtirol. Dort erzielt man sehr angenehme Kosteneinsparungen, Geruchsreduzierungen und Erlöserhöhungen durch EM. Obwohl die Anlage direkt neben dem öffentlichen Schwimmbad und dem Sportzentrum liegt, hat man über der Anlage kein Haus mit Luftfilter errichten müssen. Mit EM hat man das Problem wesentlich kostengünstiger gelöst. Vor der EM-Anwendung war der Geruch der Anlage allerdings nicht mehr hinnehmbar.

8.6 Bokashi

8.6.1 Bokashi für den Garten

Bokashi für den Garten entsteht natürlich in der Küche. Aber auch andere einfache und preiswerte Produkte kann man fermentieren. Altbrot, Kleie und Getreideabfälle sind gute Grundlagen für Bokashi.

Grundsätzlich ist es für das Pflanzenwachstum immer gut, wenn ein ausgewogenes Verhältnis von Stickstoff und Kohlenstoff vorliegt. Stickstoff ist die Grundlage für die Bildung von Eiweiß, Kohlenstoff die Basis von Zucker, den die Pflanze bildet.

- *Die Vitamine, die die Mikroben im Bokashi bilden, fördern besonders intensiv das Bodenleben, das die Pflanzen ernährt.*
- *Bokashi wird immer unter Luftabschluss hergestellt, weil sich nur dann die Milchsäuremikroben gut vermehren können.*
- *Küchenbokashi hat ein sehr ausgewogenes Nährstoffverhältnis. Nach zehn bis vierzehn Tagen nimmt das Bokashi den pH-Wert der umgebenden Erde an.*
- *Der Bokashisaft ist, mit viel Wasser verdünnt, ein sehr guter Flüssigdünger.*
- *Zu viel Bokashisaft kann das Wachstum der Pflanzen so sehr anregen, dass sie nicht blühen.*
- *Streufähiges Bokashi aus Getreide, Hühnermist, Kleie und anderen preiswerten Substanzen kann man sehr einfach selbst herstellen oder im EM-Fachhandel kaufen. Unser Standardrezept ist: 5 kg Kleie, 5 kg Sojaschrot mit zwei Teelöffeln Super Cera Pulver und 100 g Gesteinsmehl mischen, 3 l EMa unterarbeiten und in Plastiktüten luftdicht verschlossen vier bis sechs Wochen fermentieren.*

Mit Hilfe von Sonnenenergie verbindet die Pflanze Kohlendioxid (CO_2, das wir ausatmen) und Wasser zu einem einfachen Zucker. Dabei wird Sauerstoff freigesetzt. Eine Pflanze produziert also ein Produkt, den Zucker, und liefert gleichzeitig das Mittel, den Sauerstoff, um das, was sie produziert hat, wieder aufzulösen.

Mit Hilfe von Sauerstoff können Mensch und Tier die eingefangene Sonnenenergie im Körper wieder freisetzen. Die eingefangene Sonnenenergie benutzt die Pflanze auch selbst. Sie verbraucht Zucker, um mit der Energie weitere komplizierte Strukturen aufzubauen. Dabei entstehen sogenannte Mehrfachzucker, Stärke (zum Beispiel Mehl) und auch Eiweiße, Aromastoffe oder Fette (Pflanzenöle).

Je besser das Angebot für die Pflanze aus Nahrungsbestandteilen des Bodens ist, desto weniger Sonnenenergie braucht sie, um die Strukturen neu zu erschaffen. Damit wächst sie schneller.

Bokashi und EM-Kompost sind sehr effektive Dünger, weil hier optimale Strukturen zur Ernährung des Bodenlebens und damit der Pflanze entstehen.

Bokashi wird immer unter Luftabschluss hergestellt, weil nur dann die Milchsäuremikroben so viele Vitamine erzeugen. Deswegen ist Bokashi immer sauer.

Saures darf nicht mit den feinen Haarwurzeln der Pflanzen in Berührung kommen, weil deren Haut so fein ist, dass sie verätzt würde. Darauf hatten wir schon im Zusammenhang mit Blumenkästen und beim Rasenbokashi hingewiesen. Gibt man Bokashi in oder auf die Erde, so gleicht sich die Säure recht schnell an die Umgebung an. Bokashi in Kontakt mit dem Boden erreicht einen schwach sauren oder neutralen pH-Wert von 6 bis 7 in wenigen Tagen.

8.6.2 Küchenbokashi für die Beete

Die organischen Reste, die in der Küche anfallen, sind sehr vielfältig. Deswegen braucht man sich keine Gedanken zu machen, ob viel oder wenig Stickstoff darin enthalten ist.

Bevor das Bokashi fertig ist, fällt der Bokashisaft an. Es ist wichtig, daran zu denken, dass der Bokshisaft ein schnell wirkender Stickstoffdünger ist. Je nach Feuchtigkeit der Küchenreste fällt viel oder weniger Saft an, der neben Stickstoff sehr viele Vitamine und Mineralien und natürlich

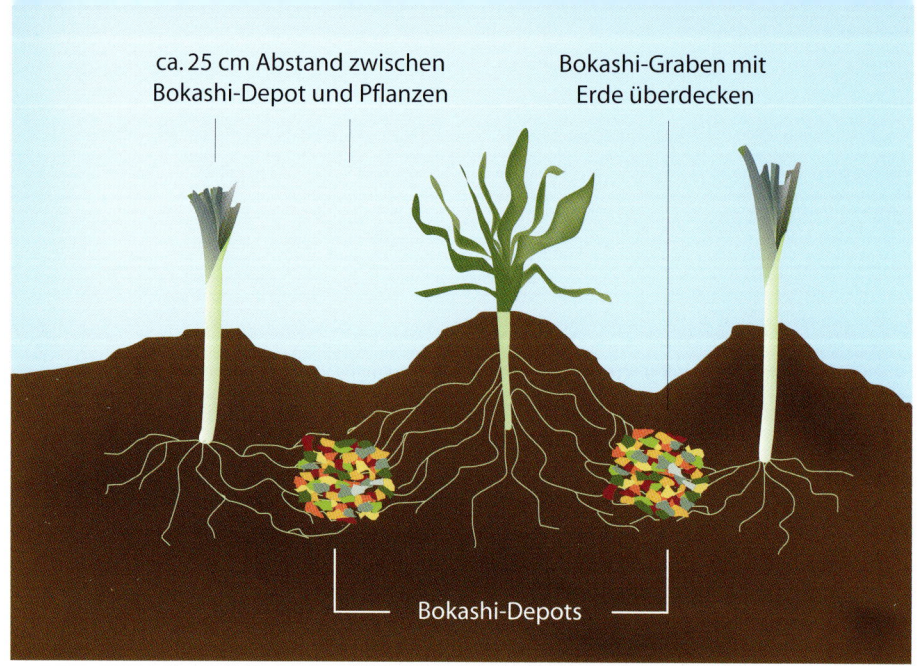

ca. 25 cm Abstand zwischen
Bokashi-Depot und Pflanzen

Bokashi-Graben mit
Erde überdecken

Bokashi-Depots

EM-fermentiertes Pflanzenmaterial düngt bestehende Pflanzungen.

auch jede Menge Effektive Mikroorganismen enthält. Von einem Bokashi-Eimer gewinnt man zwischen zehn und sechzig kleine Becher Saft. Davon gibt man je einen auf eine große Gießkanne und bringt ihn dahin, wo man das Wachstum kurzfristig anregen will. Wenn man Beete damit gießt, die frisch gesät sind, verdünnt man den Bokashisaft noch mehr. Dann reicht ein Becher für drei große Gießkannen. Holzige Pflanzen, wie Rosen und Bäume, vertragen im Frühjahr auch drei Becher je Gießkanne. In sehr trockenen Zeiten, in denen man den Garten gießen muss, kann man den Bokashi-saft auch noch weiter verdünnen und

ihn statt des EMa geben. Sie werden schnell an den Reaktionen der Pflanzen merken, was gut für sie ist.

Mit dem schnell wirkenden Stickstoff können Sie aber auch etwas falsch machen. Stickstoff regt das Blatt- und Stengelwachstum an. Die Pflanze ist dann so sehr mit Wachsen beschäftigt, dass sie vergisst, Blüten zu bilden. Blüten sind immer die Vorbereitung auf die Frucht, die Vermehrung. Eine Pflanze vermehrt sich aber nur, wenn das Nahrungsangebot für sie knapper wird. Bekommt sie also viel Nahrung, meint sie, es wäre noch nicht an der Zeit, sich zu vermehren, und blüht nicht.

Bokashisaft sollte man täglich abzapfen; man kann ihn aber nicht lange aufbewahren. Im EM-Ausbildungszentrum in Sara Buri in Thailand lernt man, dass man ihn am gleichen Tag verbrauchen soll. Dort ist es sehr warm, was den Verderb fördert. An kühleren Tagen in Deutschland kann man auch schon mal zwei oder drei Tage warten und den Saft sammeln.

Wenn dann nach drei bis fünf Wochen bei genugend Warme der Inhalt des Bokashi-Eimers gut fermentiert ist, kann man ihn natürlich auf den Beeten verteilen und als Mulch nutzen. Nur sieht das bei Küchenabfällen wenig ansprechend aus. Deswegen graben wir, so wie wir es in Sara Buri gelernt haben, das Bokashi einen Spaten tief ein.

Wir graben eine Rinne von etwa zwei Metern Länge, verteilen das Bokashi eines Eimers darin, vermischen es etwas mit Erde und geben den Aushub der Rinne darüber. Dann treten wir die lockere Erde auf der ehemaligen Rinne wieder fest. Das Bokashi hat nach etwa zehn bis vierzehn Tagen seinen pH-Wert dem des umgebenden Bodens angepasst. Weil es am Anfang so sauer ist, darf man einen solchen Bokashistreifen nicht zu nahe an Pflanzen anlegen.

Der Abstand sollte 25 cm nicht unterschreiten. Auch sollte man nicht sofort darauf pflanzen. Das ist erst nach vierzehn Tagen sinnvoll.

Wenn Sie den Bokashistreifen zwischen Pflanzreihen anlegen, zum Beispiel zwischen Kohlreihen oder Kartoffeln, haben Sie nach sechs bis acht Wochen eine wunderschönes Bild, wenn Sie eine solche Reihe quer aufgraben. Die Wurzeln der Pflanzen sind dann zu dem Bokashidepot hingewachsen und die Pflanze hält ein Festmahl. Im Bokashi wimmelt es nur so von schönen, dicken, braunen Würmern. Es ist offensichtlich gut für die Pflanzen.

8.6.3 Streufähiges Bokashi

Im EM-Fachhandel wird auch fertiges Bokashi angeboten. Dort bekommen Sie ein fachlich perfektes Produkt. Haben Sie aber Spaß am Experimentieren, kann es hier sehr spannend werden.

Wie man Bokashi aus Getreideschrot macht, haben wir weiter oben beschrieben. Wenn Sie nun ein Bokashi mit mehr Stickstoff haben wollen, mischen Sie Getreideschrot oder Kleie mit einem preiswerten Eiweißlieferanten. Das könnte Sojaschrot sein

Der Plastikbeutel war nicht ganz dicht. Dort wo Sauerstoff eindringen konnte, hat sich ein Schimmelnest gebildet. Dieses bleibt eng begrenzt und verdirbt den Rest nicht.

oder auch Rapsschrot. Alle diese Produkte kann man in sogenannten Grünen Märkten kaufen. Bei uns ist es der Raiffeisenmarkt, in dem auch Bauern aus der Umgebung und andere Bürger Produkte des Landhandels erstehen.

Sojaschrot ist vielen Menschen suspekt, da nicht mehr ausgeschlossen werden kann, dass das Produkt gentechnisch verändert ist. Da wir mit Mikroben arbeiten, die die Grundordnung der Erde kennen, halten wir das für nicht so problematisch. In der Fermentation findet ein sehr radikaler Umbau der Eiweiße statt. Dabei bleibt wenig, wie es vorher war. Wissenschaftliche Untersuchungen zu diesen Fragestellungen sind in Arbeit.

Wenn schon gentechnisch verändertes Soja auf der Welt ist, so unsere Einstellung, ist es das Beste, es wird von den ordnenden Mikroben im Boden bearbeitet. Letztendlich muss es doch wieder durch den Boden zu neuem Leben gebracht werden.

Wird gentechnisch verändertes Soja verfüttert, so wird das Eiweiß im Dünndarm aufgenommen, noch bevor es mikrobiell optimiert wurde. Deswegen ist der Weg über den Boden nach unserer Meinung besser.

Als Standardrezept empfehlen wir, 5 kg Soja- oder Rapsschrot mit 5 kg Kleie oder Getreideschrot zu mischen und mit 3 l EMa zu verkneten, die fertige Mischung in Plastiktüten oder verschließbaren Kunststoffgefäßen zu verdichten, luftdicht zu verschließen und vier bis sechs Wochen nicht zu kalt stehen zu lassen (über 15 °C).

Ist es kälter, braucht man mehr, ist es wärmer, weniger Zeit. Das Material ist fertig, wenn es richtig gut nach Sauerteigansatz riecht.

Manchmal durchzieht ein weißliches Geflecht dieses Bokashi. Das sind Pilze. Sie nutzen die Holzanteile der Kleie oder der Getreidehülle als Nahrung. Die weißlichen Pilze sind willkommen. Bilden sich auf dem Bokashi bläuliche Pilznester, gab es dort ungewollten Sauerstoffzutritt. Diese Pilze sind nicht erwünscht. Die Nester sind sehr kompakt und lassen sich problemlos aus dem Bokashi herausnehmen. Das umgebende Material ist nicht befallen. Diese Nester mit ungewollten Pilzen gibt man auf den Komposthaufen und schüttet etwas EM oder EMa darüber, damit die Effektiven Mikroorganismen wieder Ordnung schaffen können. Man kann sie auch über die Abfalltonne entsorgen.

Streufähiges Bokashi kann man sehr gut als Rasendünger streuen oder aber auch auf Beeten einsetzen. Ärgern Sie sich nicht, wenn die Vögel Ihr Bokashi so gerne fressen. Erstens tut es den Vögeln gut, zweitens machen die Vögel ihre Häufchen in Ihren Garten und düngen ihn damit. Es kann auch passieren, dass größere Tiere kommen. Hunde, Füchse und auch schon Wildschweine haben Bokashi ausgegraben und sich daran gütlich getan. Nach unseren ersten EM-Artikeln in Gartenzeitschriften hatten wir Anrufe aus Hamburg, Berlin und Stuttgart. EM-Nutzer mit Grundstücken am Stadtrand berichteten, dass sie nachts vielfältigen Besuch hatten.

8.6.4 Andere Möglichkeiten, Bokashi herzustellen

Sie können Ihrer Phantasie und Ihrem Fachwissen freien Lauf lassen, was die Kombination verschiedener Ausgangsmaterialien angeht.

Wir geben meist auf 10 kg Ausgangsmaterial zwei Teelöffel Keramikpulver. Zusätzlich geben wir 100 bis 200 g Urgesteinsmehl dazu. Sie können auch mit trockenem Laub im Herbst als Kohlenstofflieferanten arbeiten. Dann brauchen Sie aber eine gute Eiweißergänzung, also Soja oder Rapsschrot. Auch Kunstdünger können Sie in Wasser auflösen und darübergießen. Der Stickstoffanteil würde den Eiweißanteil aus Soja ersetzen.

Manche EM-Nutzer geben ihrem Rasenbokashi etwas Kleie zu, wenn der Rasen zu nass ist. Rasenschnitt kann man auch wie Heu antrocknen und dann mit EM-Verdünnung besprühen und bokashieren.

Bokashi wird sehr gerne von Hühnern, Hunden und Katzen gefressen. Deren Mist ist auch eine sehr gute Bokashikomponente. Hühnermist ist sehr stickstoffreich, verträgt sehr gut eine Mischung mit trockenem Laub. Ebenso ist Kaninchenmist interessant.

Auch der Inhalt eines Katzenklos oder Hundekot lässt sich in einer Mischung verwenden und belastet dann nicht den Müll. Aber diese Mistanteile mögen wir nicht gerne anfassen und so wandern sie bei uns auf den mit EM geführten Kompost.

8.6.5 Super Bokashi *Terra Preta* – die Schwarze Erde der Indios

Die besonders gute schwarze Erde der Indios war die Grundlage für die städtische Hochkultur in Südamerika und entstand auch durch Fermentation. Städte brauchen Versorgung (Nahrung) und Entsorgung (Abfälle und Fäkalien). Die Indios sammelten Küchenabfälle, Holzkohle und Asche und die Fäkalien fest zusammengepresst in Tontöpfen. Die wurden aus den Städten herausgebracht und im nahen Umland in den Boden eingegraben. Der Inhalt war praktisch fermentiert, also zu Bokashi mit Holzkohleanteilen

umgesetzt. Diese „Futterbomben" für Pflanzen waren (und sind) gerade wegen der extrem unfruchtbaren Urwaldböden in den Tropen für die Gemüseproduktion ein Segen[2]. Die Holzkohle und die Scherben der Tontöpfe speichern die Nährstoffe so, dass sie von den tropischen Starkregen nicht ausgewaschen werden können. Nährstoffe stehen nahezu verlustfrei für die Pflanzenproduktion zur Verfügung. Somit entstand rund um die Städte eine hochproduktive Nahrungsproduktion, die auf vollkommenem Recycling beruhte und sehr hochwertige Nahrung für die Stadtbewohner bereitstellte. In der Region sagt man, dass die Terra Preta 30-mal höhere Erträge als das unbehandelte Land bringt. In Versuchen in Deutschland wird vom gut doppelten Ertrag gesprochen.

In Deutschland wurde das Prinzip zur Herstellung von Terra Preta kurz nach der Jahrtausendwende wiederentdeckt[3]. Zahlreiche Anbieter verkaufen inzwischen mit EM oder ähnlichen Multimikrobenpräparaten versetzte Gemische aus Holzkohle und Gesteinsmehl als Starter für den

---

[2] ww.planet-wissen.de/natur_technik/wald/amazonien/terra_preta.jsp und viele weitere Quellen im Internet: http://www.youtube.com/watch?v=62JvVt4v-gw, http://www.youtube.com/watch?v=Yb8uKxH8nMc

[3] *Terra Preta, Die schwarze Revolution aus dem Regenwald,* Ute Scheub et al. München, 2013, oder oekom, 19,95 €

Kompost und auch teilweise sehr gute Terra-Preta-Erden. Die Holzkohle in der Terra Preta verrottet auch über Jahrzehnte kaum und bleibt als Kohlenstoffkomponente des Humus stabil. Sie stellt ihre poröse Struktur als „Wohnplätze" für die erwünschten Mikroben und als Bindungsstellen für die Nährstoffe zur Verfügung. Man hat ein kompaktes Hochhaus voll mit Bewohnern, die nichts anderes wollen, als den Pflanzen zu dienen. Auffällig in allen Terra-Preta-Gärten ist aber die hervorragende Pflanzengesundheit. Die Pflanzen wachsen auf einem Boden heran, der weitgehend Freiheit von Stress für die Pflanzen garantiert. Wegen der im Regelfall ausreichenden organischen Düngung gibt es viele Würmer. Die Böden sind sehr aufnahmefähig für Wasser, das dort auch gespeichert werden kann. Somit sind zuviel Nässe oder Trockenheit unbekannt für die dort wachsenden Pflanzen.

Es ist einfach, solch eine Erde selbst herzustellen. Man kann die Starter (Holzkohle, Gesteinsmehl, Mikroben) fertig kaufen und dem eigenen Komposthaufen zugeben. Kauft man sich einfache Grillkohle und zerkleinert sie, sollte man solche aus Holz und nicht aus Braunkohle benutzen. Pflanzenkohle, auch *Biochar* genannt, wird auch in besonderen Anlagen hergestellt, unter wirtschaftlich und ökologisch verträglichen Bedingungen. Diese Holzkohle wird aus Abfall wie Ästen und Blättern in so genannten Pyrolyseöfen hergestellt. Pyrolyseöfen für den Hausgebrauch gibt es inzwischen auch in großer Zahl fertig zu kaufen oder als Selbstbauanleitung im Internet und bei youtube. Damit kann man im eigenen Garten sehr gut den Grill ersetzen und die eigene Biokohle für die eigene Terra Preta herstellen.

Diese Technik beinhaltet einige sehr interessante Lösungen für heutige Probleme. Holzkohle mit EM versetzt erlaubt es, Komposttoiletten ohne Problem zu führen. Wenn Sie in Hamburg die Bahnhofstoilette am Ausgang Mönkebergstraße benutzen, produzieren Sie Dünger und kein Abwasserproblem[4], weil dort eine geeignete Technik, EM und Biokohle, benutzt wird. Mit dieser Technik wäre es also rund um alle Städte und Wohnsiedlungen in der Wüste möglich, den sterilen Sand so aufzuwerten, dass dort auch Pflanzen, zum Beispiel trockenresistente

---

4 Hamburger Abendblatt, 28.8.12, *Humus vom Hamburger Hauptbahnhofs-WC*

Bäume, wachsen könnten und es dort kühler würde. Der Kot und andere organische Abfälle der Städte könnten mit den heutigen Technologien recht einfach auch in Biochar (Holzkohle) verwandelt werden, sodass ein sich selbst tragendes System entstünde. Denken wir noch einen Schritt weiter: Könnten alle Nahrungsreste als Dünger dienen, würde die Düngemittelindustrie sich eine neue Betätigung suchen und wir würden etwa 20 % des CO_2-Ausstoßes weltweit einsparen.

Ein weiteres Problem unserer Zeit könnte sich einer Lösung nähern, denn durch die Einlagerung der Holzkohle in die Böden würden pro Hektar bis zu 10 t Holzkohle gebunden und unseren Böden zusätzlichen Dauerhumus liefern. Es würde sehr schnell ein Humusaufbau geschehen, der sonst kaum bezahlbar wäre und viele Jahrzehnte dauern würde.[5]

---

[5] www.ökoregion-kaindorf.at, Zertifikathandel mit Humusaufbau

8.7 Ungeziefer

8.7.1 Schmetterlinge, Raupen und sonstige Schädlinge

Jetzt fordern wir Ihre gesamte Toleranz heraus. Wir behaupten nämlich, dass es gar kein Ungeziefer gibt. Hinter dieser Aussage steht meine über 30-jährige Berufserfahrung als Landwirtschaftsberater.

Ich beobachtete, dass über den Blumenkohl von Bio-Bauern unendlich viele Kohlweißlinge flogen. Da die Felder mitten in den Gemüsefeldern von konventionellen Bauern lagen, die gegen diese Insekten spritzten, hätten die Raupen der Kohlweißlinge den Kohl der Bio-Bauern völlig wegfressen müssen. Das taten sie aber nicht. Die Schmetterlinge legten nur auf einzelne Pflanzen ihre Eier. Auf den meisten Pflanzen mit Eiern entwickelten sich die Kohlweißlingsraupen. Die fraßen auch die Pflanzen in kurzer Zeit weg.

Schädlinge an Pflanzen sind Warnlampen, die zeigen, dass der Boden nicht in Ordnung ist. Der Kot der Schädlinge bringt gute Mikroben und gut aufbereitete organische Substanz auf und in den Boden. Damit stärken die Schädlinge die Mikrobenstruktur des Bodens.

Wenn man solche geschädigten Pflanzen ausgräbt, kann man unter den meisten eine verhärtete Schicht oder größere Steine finden.

Welcher Sinn könnte dahinter liegen, dass der Kohlweißling nicht alle Kohlpflanzen auffrisst?

8.7.2 Aufgaben des Ungeziefers

Hätte die Natur vorgesehen, dass ein Kohlweißling allen Kohl wegfrisst, gäbe es heute wahrscheinlich weder Kohl noch Kohlweißlinge. Irgendwann hätten sich die Kohlweißlinge so sehr vermehrt, dass aller Kohl nicht mehr zur Ernährung ausgereicht hätte. Sie hätten den Kohl ausgerottet und damit ihre eigene Lebensgrundlage vernichtet.

Der Kohlweißling hat die Aufgabe, schwachen Kohl zu erkennen und die organische Substanz des schwachen Kohls möglichst schnell wieder in Form ihres mit den Verdauungsmikroben durchsetzten Kotes in den Kreislauf zu geben, damit eine neue, gesunde Pflanze heranwächst. Ob das wieder eine Kohlpflanze oder ein sogenanntes Unkraut ist, ist für die Natur nicht wichtig. Es könnte sogar auch sein, dass das Unkraut ein Heilkraut für den Boden ist.

Auch ist in der Beratungspraxis erkennbar, dass Schäden im Bodengefüge, faulende organische Masse im Untergrund und jede Bodenstörung schwache Pflanzen verursachen, die für Schädlinge empfänglich sind. Kommt auf die geschädigten Böden organische Masse als gutes Mikrobenfutter, zum Beispiel in Form von Kot der Raupe, können die Mikroben damit den Boden wieder instand setzen.

Die Natur scheint so aufgebaut zu sein, dass das Schwache möglichst schnell in den Kreislauf des Lebens zurückgegeben wird. Katzen fangen schwache Vögel, Löwen fangen in der Regel kein gesundes Gnu. Die nicht mehr so gesunden Beutetiere kommen als Kot der Raubtiere sehr schnell wieder in den Kreislauf des Lebens.

Das Wirken eines sogenannten Schädlings weist immer auf ein anderes Problem hin. Den Schädling blindlings zu bekämpfen heißt, nur die Warnlampen auszuschalten, aber nicht das Problem zu lösen.

So hat die Schnecke die Aufgabe, Bodenschäden zu regenerieren. Die Schnecken mit Häuschen kennen und schätzen wir als Vertilger abgestorbener Pflanzenteile. Über den Kot der Schnecken werden die Pflanzenreste schnell wieder in den Kreislauf des Lebens integriert.

Die überaus gefräßigen Nacktschnecken sind so etwas wie eine schnelle Eingreiftruppe. Deren Eier

sind überall im Boden. Wenn der Boden zu faulen droht, zum Beispiel bei Luftmangel nach einem langen und heftigen Regen, entwickeln sich praktisch über Nacht unzählige kleine Nacktschnecken, die alles fressen, was grün ist. Ganze Felder werden so leer gefressen. Gerade junge Saaten sind gefährdet. Diese bedecken nicht den Boden und das Wetter wirkt besonders heftig auf sie ein. Der Kot der Schnecken ist mit guten Verdauungsmikroben durchsetzt und hilft den Bodenmikroben wieder zu einer gesunden Artenzusammensetzung.

Viele vermeintliche Schädlinge sind nichts anderes als eine Feuerwehr, die Bodenschäden ausgleicht.

Gerade berichtete uns Frau Budian aus Püttlingen sehr genau über ihre Erfahrung mit Schnecken. Vor fünf Jahren, ohne EM im Garten, sammelte sie im Frühjahr jeden Morgen zwei bis drei Eimerchen Schnecken in ihrem Garten ab. Die trug sie dann in den Wald, weil sie die Tiere nicht töten wollte. In diesem Frühjahr, nach vier Jahren intensiver EM-Arbeit, hat sie erst vier Nacktschnecken gefunden. Die lässt sie im Garten, weil sie keinen Schaden anrichten.

8.7.3 EM verringert Schädlingsbefall

In der Praxis ist im ersten Jahr der EM-Anwendung kaum zu erkennen, dass große Veränderungen auftreten. Es gibt keine toten Schnecken und keine toten Blattläuse. Man müsste schon mit EM5 oder EMFPE (siehe Rezepte Seite 216) arbeiten, um den Lebensraum für die Schädlinge unattraktiv zu machen, sowie Bokashi und viel EMa einsetzen, um wirklich im ersten Jahr größere Veränderungen zu bemerken.

Beim Einsatz von möglichst viel organischer Masse und dem Symbioselenker EM in den Folgejahren regeneriert sich der Boden und die Pflanzen werden stärker. Das bestätigen auch die Landwirte, die ab dem zweiten Jahr des Einsatzes von EM feststellen, dass der Boden leichter zu pflügen sei, der Traktor mit dem Pflug schneller fahre und die Teile am Pflug weniger Verschleiß zeigten.

Man bemerkt, dass bei nassem Boden die Erde weniger an den Schuhen haftet. Das Bodenleben verkittet die feinen tonigen Anteile und hält sie zusammen. Deutlich wird dies auch, wenn man einen Finger in den

Nach diesen Thesen ist es angezeigt, sich die philosophische Frage nach dem Sinn von Schädlingen zu stellen. Warum will die Natur so viele unserer Nahrungsmittel unbedingt vertilgen? Die Kosten für Pflanzenschutz, so kann man in den Fachzeitschriften nachlesen, werden immer höher. Könnte es sein, dass die Natur der Meinung ist, unsere Nahrungsmittel seien keine Lebensmittel mehr? Sollten sie vielleicht erst noch einmal durch den Boden umgesetzt werden, um dann als neue Pflanzen von gesundem Boden Leben an die höheren Lebewesen zu vermitteln?

Vielleicht ist es nur ein Gedankenspiel, vielleicht aber auch ein biologisches Gesetz.

nassen Boden steckt und er weitgehend sauber bleibt.

Ist der Boden über die meiste Zeit des Jahres mit gutem Mulchmaterial bedeckt, ernährt dieses das Bodenleben, das seinerseits die Pflanzen gesund heranwachsen lässt. Man braucht keinen Pflanzenschutz mehr.

In unserem Garten werden immer noch einzelne Pflanzen von Schnecken oder Blattläusen befallen. Das hat damit zu tun, dass Gartenwirtschaft Kultur und nicht Natur ist. Mit unserer Tätigkeit haben wir viele Jahre den Boden gestört und schlecht gepflegt, weil wir es nicht besser wussten. Wir greifen immer wieder ein und hemmen dabei den Aufbau natürlicher Strukturen.

Außerdem wird bei uns immer wieder notwendige Tätigkeit im Garten wegen alltäglicher Pflichten verschoben. Bokashi geben wir zu spät oder zu wenig. EM wird zu unregelmäßig gegossen.

EM-Gärten von passionierten Gärtnern sind ein Gedicht. Suchen Sie Kontakt zu EM-Anwendern und EM-Vereinsmitgliedern, damit Sie in der Praxis sehen können, was möglich ist.

Hier nun noch das Rezept für die weiter oben erwähnten EM5[6] und EMFPE[7]:

EM5: 20 % Melasse in heißem Wasser auflösen, dann 60 % kaltes bis handwarmes Wasser und 20 % EM zugeben und über sieben Tage bei 35 bis 37 °C vergären lassen. Dann guten Schnaps und Essig in gleicher Menge wie vorher das EM zugeben.

Dunkel und kühl gelagert ist das Ergebnis vier Monate haltbar. Für den Gebrauch muss es dann mindestens 1 : 100 mit Wasser verdünnt werden. Zur Pilzvorsorge sprüht man EM5 am besten mit einem Pflanzensprüher auf die Ober- und Unterseiten der Blätter der betreffenden Pflanzen.

EMFPE: 10 l EMa-Ansatz mit 2 kg frischen oder 250 g getrockneten Kräutern (Knoblauch, Chili, Wegerich, Ackerschachtelhalm und alles, was wir aus der alternativen Kräuterkunde kennen) ansetzen und in einem

---

6 EM5 hat seinen Namen von den fünf Bestandteilen, aus denen es hergestellt wird: EM, Zuckerrohrmelasse, Wasser, Essig und Schnaps.

7 EMFPE bedeutet mit EM fermentierter Pflanzenextrakt.

verschlossenen Eimer warm stellen, vergären lassen, alle zwei Tage umrühren. Nach ca. zehn Tagen den Sud abgießen, der, kühl und dunkel gelagert, vier Monate haltbar ist.

Zum Eindämmen von Insektenbefall 1 : 100 mit Wasser verdünnt auf die Pflanzen sprühen.

8.8 Wertvolle Bäume retten

Der alte Obstbaum, den der Großvater noch gepflanzt hatte, brachte in der Kindheit immer so schöne Früchte. Doch seit vielen Jahren sind die Blätter immer wieder krank und

die Früchte sind klein und schmecken auch nicht mehr so gut wie früher. Die Äste drohen abzubrechen und auch die Rinde ist krank. Das genau ist die Situation, in der man EM-Technologie braucht.

Prof. Higa ist weltweit ein anerkannter Fachmann für die Rettung besonderer Bäume. Sein Rezept funktioniert wie folgt: Man bereite ein gutes EMa, rühre pro Liter einen Esslöffel Keramikpulver ein und sprühe oder pinsele die Rinde

- *Ein- bis dreimal im Jahr alle verholzten Teile des Baums mit pur EMa, eventuell aufgewertet mit Super Cera Keramikpulver und EM-X, tropfnass einsprühen.*
- *Einmal im Jahr am Rand der Baumkrone alle zwei Fuß eine Handvoll Bokashi einen Spatenstich tief eingraben.*
- *Baumscheibe drei- bis zehnmal im Jahr mit EMa-Verdünnung gießen. Dabei gilt: Viel hilft viel!*

des Baumes damit so hoch, wie man kommt, tropfnass ein. Wer es besonders gut machen will oder extrem kranke oder wertvolle Bäume hat, gibt in das EMa noch 1 ml (20 Tropfen) bis 10 ml EM-X je Liter EMa.

Für einen großen Apfel- oder Birnbaum braucht man etwa 3 bis 5 l EMa für diese Anwendung. Das wiederholt man im Frühjahr und im Herbst.

Um den äußeren Rand der Krone bringt man zusätzlich alle zwei Fuß weit eine Handvoll Bokashi in die Erde. Dazu sticht man mit dem Spaten ein Rasenstück aus, gibt das Bokashi in die Kuhle und tritt dann die Rasensode wieder fest an.

Am äußeren Rand der Krone hat der Baum die meisten Feinwurzeln. Das Bodenleben bringt das Bokashi zu den Stellen, an denen der Baum die Mikroben aufnehmen kann. Dann gießt man die gesamte Baumscheibe wöchentlich bis alle drei Wochen mit EMa-Verdünnung ab.

Wird der Wurzelraum von Platten oder anderen Bauteilen eingeschränkt, verlegt man so weit wie möglich an der Kronenkante einen Bewässerungsschlauch für Tropfbewässerung, durch den man EMa-Verdünnung oder stark verdünnten Bokashisaft direkt in den Wurzelraum einbringen kann.

Bei so behandelten Bäumen hat man im Folgejahr ein völlig anderes Erscheinungsbild. Selbst bei Birnbäumen verschwindet der berüchtigte Birnengitterrost, diese orangefarbenen Pusteln, fast ganz.

Diese Kuren für Bäume haben in den letzten Jahren vielerorts Anwendung bei kranken Kastanien gefunden. Dabei gehen wir von der These aus, dass nicht der Schädling das Problem ist, sondern dass er nur das Problem anzeigt. Die Miniermotte *(Cameraria ohridella)* befällt weißblühende Rosskastanien und frisst deren Blätter schon im frühen Sommer weg. Werden gefährdete Bäume intensiv mit EMa und Keramik behandelt (ein Kilogramm Keramik auf die Baumscheibe, im Frühjahr und im Herbst je etwa 10 Liter EMa pro Baum) geht der Befall zurück, sodass im zweiten bis dritten Jahr der Behandlung kaum noch Schaden am Baum erkennbar ist. In fast allen Regionen Deutschlands haben EM-Aktivisten inzwischen Kastanien „gerettet". Nach unserer Auffassung befallen die Motten nur geschwächte Bäume, eine These, die durch diese Erfahrung untermauert wird.

Ein Tipp: Retten Sie doch die Kastanienbäume in einem Biergarten. Mein Freund Franz hat das getan und trinkt seit der Zeit im Sommer Freibier. Die Bäume zu ersetzen, so der Wirt, wäre 100-mal so teuer geworden wie das „bisschen EM, die Keramik und das lebenslange Freibier." Schöne Kastanien bringen schließlich Umsatz.

8.9 Biologischer Pflanzenschutz – Rezepte und Anweisungen

Die Effektiven Mikroorganismen und altbekannte pflanzliche Hilfen kann man sehr gut miteinander kombinieren. So ist die Zubereitung von Pflanzenjauchen mit EM wesentlich weniger unangenehm riechend als ohne. Verbindet man EM mit den Tees, Brühen und Jauchen, erreicht man eine viel sicherere Wirkung.

Pflanzentees werden hergestellt, indem man frische oder getrocknete Kräuter mit kochendem Wasser übergießt. Diesen Sud sollte man 15 bis 30 Minuten ziehen lassen. Nach dem Abkühlen kann man die Tees mit 50 ml EMa je Liter versetzen, bevor sie als Pflanzenbehandlungsmittel genutzt werden.

Pflanzenbrühe nennt man eine Zubereitung, wenn frische oder getrocknete Pflanzen einen Tag in Wasser eingeweicht werden. Diese wird dann auf kleiner Flamme nach der Einweichzeit etwa 20 Minuten gekocht. Bevor man die Brühe als Pflanzenbehandlungsmittel nutzt, gibt man auch den Brühen 50 ml EMa je Liter dazu.

Kräuterkaltwasserauszug ist eine Zubereitung aus zerkleinerten Pflanzen, die nach 24 Stunden Einweichzeit im Wasser abgesiebt wird. Das muss unbedingt vor Einsetzen der Gärung sein. Vor dem Einsatz als Pflanzenbehandlungsmittel gibt man dem Kaltwasserauszug 50 ml EMa je Liter dazu.

Pflanzenjauchen sind Zubereitungen, für deren Zubereitung man Pflanzen 7 bis 14 Tage vergärt. Der Gärzeitraum ist dann beendet, wenn beim täglichen Umrühren keine Blasen mehr aufsteigen. Der Umsetzungsvorgang ist dann beendet. Dabei entsteht eine Fäulnis, die sehr intensiv riecht. Um diese Fäulnis nicht erst entstehen zu lassen, gibt man dem Ansatz etwa 0,5 Liter EMa je 10 Liter Ansatz dazu. Jeden weiteren Tag gibt man 0,1 Liter EMa je 10 Liter in die Jauche.

➤ *Rezepte zur Herstellung und Verwendung von Kräuterzubereitungen als Pflanzenbehandlungsmittel*

Pflanze	Zutaten für 10 Liter	Verarbeitungsweise	Anwendung	Wirkung
Rainfarn	500 g frisches Kraut oder 40 g getrocknetes Kraut	Tee	Spritzen auf Blätter und Boden	Gg. Blattläuse, Lauchmotte, Himbeerkäfer, Brombeermilbe, auch vorbeugend gg. Pilzkrankheiten
Rhabarber	1500 g frisches Kraut	Tee	Unverdünnt über die Pflanzen sprühen	Gegen Blattläuse und Lauchmotten
Salbei	300 g frisches Kraut	Tee	Angießen von jungen Kohlpflanzen	Gegen Wurzelschädlinge
Schachtelhalm	1 kg frisches Kraut oder 130 g getrocknetes Kraut	Brühe	Vorbeugende Spritzung an sonnigen Tagen vormittags, damit gegen Abend die Pflanzen trocken in die Kühle der Nacht gehen	Vorbeugend gegen Mehltau, Schorf, Rost, Blattflecken und andere Pilzkrankheiten
Brennnessel	1 kg frisches Kraut oder 130 g getrocknetes Kraut	Kaltwasserauszug	Unverdünnt über die Pflanzen sprühen	Gegen Blattläuse
Tomate	6 Handvoll Geiztriebe oder/und Blätter	Kaltwasserauszug (zerdrückte Pflanzenteile 3 – 4 Std. ziehen lassen)	Während der Flugzeiten des Kohlweißlings alle 2 Tage über die Kohlpflanzen gießen	Gegen die Raupe des Kohlweißlings
Brennnessel	1 kg frisches Kraut	Jauche	Flüssigdünger in der Vegetation, Verdünnung 1:10 mit Wasser	Pflanzenstärkend
Zwiebel, Knoblauch	400 g Zwiebeln und 100 g Knoblauch	Jauche	1:10 verdünnen und auf Beete und Baumscheibe gießen	Vorbeugend gegen Pilzerkrankungen insbesondere bei Kartoffeln/Erdbeeren
Beinwell	1 kg frisches Kraut oder 130 g getrocknetes Kraut	Jauche	Flüssigdünger, Verdünnung 1:10 mit Wasser	Kalireich, besonders gut für Tomaten

9

TEICHE

➤ 9 Teiche

Das Sediment bestimmt die Qualität des Wassers.

EM oder EMa und Keramikpulver bringt man am einfachsten in das Sediment, indem man pro qm Grundfläche 20 g Keramikpulver mit 100 g Urgesteinsmehl vermischt, mit EM zu einem festen Brei mischt und daraus kleine Frikadellchen oder Bällchen formt. Diese wirft man gut verteilt in den Teich.

Pro Kubikmeter Wasser im Teich oder Naturschwimmbad gibt man 1 bis 0,1 l EM, zuerst alle vier Wochen, dann seltener ins Wasser.

Hat man Wasser ohne Sediment (Koi-Teich, Pool), leitet man das Wasser durch eine Pflanzenkläranlage.

Pflanzenkläranlagen funktionieren nur, wenn das zu reinigende Wasser durch den Wurzelraum der Pflanzen gezwungen wird.

Wasser im Garten ist wunderschön. Die Grundelemente des Lebens, Feuer, Erde, Wasser, Luft, am Wohnort genießen zu können, ist immer ein besonderes Erlebnis. Leider haben wir die physikalischen und biologischen Besonderheiten des Wassers zu wenig in unserem Bewusstsein. Zum Grundverständnis sei nochmals der Artikel *13.2 Wasser und EM-Keramik* im Anhang empfohlen.

Die Qualität eines Gewässers wird immer vom Sediment bestimmt. Ist das Sediment in Ordnung, kann sich das Wasser regenerieren. Die meisten Menschen meinen Wasserprobleme mit Hilfe von Filtern beheben zu können. Damit bearbeitet man natürlich nicht das Sediment.

Ein Filter ist im Regelfall wartungsintensiv und teuer. Man filtert die organische Substanz aus dem Wasser und versucht über UV-Filter die Fäulnis verursachenden Mikroben zu vernichten. Dabei werden leider aber auch die erwünschten Mikroben getötet. Die toten Mikroben bleiben im Wasser und sind kaum herauszufiltern. Sie werden immer als störende organische Masse die Wasserqualität beeinflussen.

Teiche sind ein sehr umfangreiches Thema. Daher haben sie Anspruch auf eine gesonderte Publikation. Aus diesem Grunde haben wir dieses Thema in der Publikation *EM-Lösungen kompakt: Teiche, Schwimmteiche, Koi-Teiche, Pools* näher beleuchtet.

Teiche sind mit EM-Technologie sicher gesund zu erhalten.

EMLösungen

10
REISEN

➤ 10 EM-Technologie auf Reisen

Wenn wir reisen, haben wir immer EM und auch ein paar EM-Keramik-Pipes bei uns. Natürlich begleitet uns auch immer eine Blumensprüh-flasche. Jedes Hotelzimmer, das wir betreten, muss sich erst einmal eine

- *Hotelzimmer mit EM-Verdün-nung aussprühen.*
- *Pipes mitnehmen und neu gekauftes Trinkwasser damit aufwerten.*
- *Auto, Wohnwagen oder Wohn-mobil mit EM-Verdünnung aussprühen.*
- *In den Mobil-Toiletten die Des-infektionsmittel gegen EM austauschen.*
- *In Hotels und auf Ferienbau-ernhöfen verweilen, die mit EM-Technologie arbeiten.*

Einnebelung mit EM-Verdünnung gefallen lassen. Gerade in Hotels wird nach sehr extremen Hygieneregeln gearbeitet. Da wir aber überzeugt davon sind, dass das, was gegen Mikroben wirkt, auch für Menschen schädlich ist, belegen wir alle Oberflächen der Hotelzimmer mit guten Mikroben.

Natürlich wollen wir ein gesundes Umfeld und nach der morgendlichen Dusche nicht auf den Hautschutz durch die Effektiven Mikroorganismen verzichten.

Da wir sehr gerne Wasser trinken, kaufen wir natürlich viel stilles Mineralwasser. Diese Wässer sind von sehr unterschiedlicher Qualität. Deshalb geben wir in die Mineralwasserflaschen ein paar Pipes und trinken auf diese Weise so gutes Wasser, wie es in der Situation möglich ist.

Selbst ein Glas Wein schmeckt mit ein paar Pipes nach zehn Minuten besser. Da man in der Öffentlichkeit mit der Zugabe von Pipes natürlich Aufsehen erregt, tun wir dies nur, wenn es diskret möglich ist.

Sehr interessant ist EM-Technologie für Reisende mit Wohnwagen oder Wohnmobil. In diesen Fahrzeugen

führt man meistens einen Frischwasser- und einen Abwassertank mit. Das Wasser im Vorratstank ist durch die wechselnden Temperaturen und die Befüllung mit unterschiedlichen Leitungswässern sehr beansprucht. Nach den Erfahrungen vieler Nutzer ist es angeraten, den Frischwassertank ein bis zwei Tage mit einer EM-Verdünnung zu befüllen. Dann wird der Tank wieder gründlich ausgespült und erhält entweder ein bis zwei 35-mm-Pipes oder ein Netz graue Pipes. Der Effekt ist, dass sich im Tank fast keine Algen mehr bilden.

Bei den mobilen Toiletten hat es sich bewährt, statt der sehr scharfen chemischen Mittel ein Gemisch aus einem Drittel EM und zwei Dritteln Wasser einzufüllen. Die Geruchsbelästigung durch Fäkalien wird wesentlich vermindert. Auffallend ist auch, dass der Fäkalientank sich nach der Leerung fast ohne Aufwand ausspülen lässt.

Sinnvoll erscheint auch das Aussprühen der mobilen Wohnungen. Insbesondere, wenn sie über längere Zeit nicht genutzt werden, riechen sie schnell ein wenig muffig. Da sie nicht optimal belüftet werden und sich Kondenswasser bildet, entwickeln sich schnell unerwünschte Pilze, deren Vermehrung man durch die Besiedlung mit den Effektiven Mikroorganismen einschränken kann.

Entsprechende Erfahrungen liegen auch für Toiletten in Gartenhäusern oder abgelegenen Hütten vor.

Auch dort werden so lange EM oder EMa und Keramikpulver in die Fäkalientanks gegeben, bis der erwünschte Zustand erreicht ist. Aussprühen der Wohnräume und Schuppen mit EM-Verdünnung ist ein Muss.

Zum guten Schluss ein Tipp: Fragen Sie bei den EM-Beratern nach, welche Ferienbauernhöfe oder welche Hotels schon mit EM arbeiten. Dort fühlt man sich wohl.

11

AUSBLICK

➤ 11 Ausblick

EM-Technologie ist extrem vielseitig einsetzbar und für Menschen, die eher skeptisch sind und sich nicht so gerne in neue Wissensgebiete einarbeiten, schwer zu verstehen.

Als wir 1997 in Deutschland begannen, über die Effektiven Mikroorganismen zu sprechen, waren viele Fachkollegen aus dem landwirtschaftlichen Bereich der Meinung, EM seien eine vorübergehende Erscheinung. Gibt man heute in der Suchmaschine im Internet den Begriff „Effektive Mikroorganismen" ein, kommen 14 Seiten mit Adressen, die diese Wortkombination beinhalten. Schaue ich darüber und stelle

mir allein die Menschen vor, die Ihren Lebensunterhalt als Hersteller und Verkäufer im deutschsprachigen Raum damit bestreiten, sind es doch einige hundert. Also ist der Gedanke, die Welt aus Sicht der Mikroben zu sehen, nicht von der Bildfläche verschwunden, sondern ist so erfolgreich, dass er ökonomisch seinen Weg geht.

Spricht man über die vielen Verwendungsmöglichkeiten von EM, so kommt es mir oft vor, als würde man einen Bauchladen öffnen: Von jedem etwas, weil alles, was lebt, betroffen ist! Doch es gibt immer mehr Menschen, die sich die Mühe machen, über die Zusammenhänge des Lebens nachzudenken. Die Verwertung von Nahrung ist und bleibt die Grundlage des Lebens. Dass bei der Umsetzung organischer Substanz – man könnte es auch *Verdauung* nennen – Fäulnis nicht zielführend ist, leuchtet ein. Und mit EM kann man sehr sicher Fäulnis verhindern, was jeder direkt ausprobieren und erfahren kann. Also haben in den letzten Jahren unendlich viele Menschen mitgeholfen, dass die „Effektiven Mikroorganismen" einen Stand in der Gesellschaft gefunden haben, der auch gut gegründet ist.

Schaut man auf die Europäische Landwirtschaft, so hat sich dort EM in der landwirtschaftlichen Tierhaltung auch einen festen Platz erobert[1]. Auch ist bemerkenswert, dass sogar in der industriellen Landwirtschaft EM bekannt ist und auch genutzt wird. Doch der Einsatz der industriell hergestellten Hilfsmittel ist für die meisten Tierhalter einfacher, weil sie nicht neu denken müssen. Solange die Antibiotika nicht verboten werden, werden sie zur mikrobiellen Optimierung der Tiere eingesetzt. Bei Nutzung von EM müssten

ganze Systeme angepasst werden, und die Kosten der Anpassung werden vom Markt nicht getragen, meinen die, die wenig EM-Erfahrung haben.

Besonders interessant ist, dass auf Weinprämierungen weltweit über EM gesprochen wird. Konventionelle und ökologisch wirtschaftende Betriebe merken sehr schnell die Qualitätsverbesserungen, die sich bis in die Kellerarbeit auswirken. Gerade die jüngere Generation der sehr gut ausgebildeten Winzer, die über Qualität den höherpreisigen Markt anpeilen, diskutieren über EM, weil einige der besten es schon nutzen.

Was im landwirtschaftlichen Bereich zur Zeit noch fehlt, sind Bodenfachleute, die sich mit EM beschäftigen. Prof. Dr. Manfred Niekisch – Biologe an der Uni Frankfurt, Naturschutzexperte, Direktor des Frankfurter Zoos, Mitglied im Sachverständigenrat der Bundesregierung – legte 2015 in einem Gutachten dar, dass der Stickstoffeinsatz in der Landwirtschaft ein Umweltproblem sei, dessen Folgen noch nicht erkannt würden[2]. Hier

---

1 Siehe *top agrar*, Feb. 2014, S. 15, *Gesunder Darm, gesunde Tiere*

2 Sachverständigenrat für Umweltfragen, Sondergutachten *„Stickstoff: Lösungsstrategien für ein drängendes Umweltproblem",* Hausdruck vom 9.1.2015

würde der Einsatz von EM eine wesentliche Entschärfung der Problematik mit sich bringen. Wir sehen ja jeden Tag in der Praxis, dass die Stickstoffeinlagerung im Boden und die Verwertung in der Pflanze mit EM optimiert werden kann. Im Stall erleben wir, dass Ammoniak und H_2S weniger Probleme machen. Der Gipfel der Kritik von Prof. Niekisch ist, dass 94 % der Böden keinen mineralischen Dünger mehr brauchten, weil schon genug über Mist und Gülle vorhanden sei. Hier müssen noch ganz dicke Bretter gebohrt werden. Und dafür braucht man in unserer westlichen Industrie- und Wissenskultur viele wissenschaftliche Gutachten. Und die kosten unendlich viel Geld.

In weiten Teilen der *Urban Gardening*-Bewegung, natürlich auch in den Prinzessinnengärten in Berlin, ist EM ein nicht wegzudenkender Bestandteil. Hier zeigen begeisterte Junge und Alte den Kreislauf des Lebens auf, indem sie mit organischen Siedlungsabfällen auf Brachgrundstücken, Balkonen, Dächern, aufgegebenen Industrieflächen oder auch in Hinterhöfen Gemüse und Blumen heranwachsen lassen. Wahrscheinlich die stärkste Bewegung gibt es in Havanna, weil dort frisches Gemüse schon lange sehr knapp ist. Weltweit, in Ulm, Köln, Andernach, Moskau oder Vancouver, gärtnern Menschen in der Stadt, sehr oft mit EM. Vandra Thorburn gründete 2009 ein Unternehmen, das Küchenabfälle in New York als Bokashi verwertet. Sie hat heute mehrere Angestellte und findet auch in der regionalen Presse viel Beachtung. Sie war Vorbild für umweltbewusste Gärtner in London, die seit 2014 in London ein ähnliches Projekt sehr professionell und wirtschaftlich einrichten. Diese Bewegung reagiert auf die Kritik, dass Wohnen und Lebensmittelerzeugung heute im Regelfall weit voneinander getrennt sind. Die Menschen haben die Beziehung zu den Lebensgrundlagen verloren. Die Gärtner wollen das Leben erfahren und das geht mit EM einfacher.

Ein weiteres aktuelles Weltproblem ist die Versorgung der Menschen in regenarmen Gebieten mit Wasser. Gerade die Landwirtschaft in solchen Regionen könnte unendlich von den Erkenntnissen, die in EM-Kreisen gemacht wurden, profitieren. Alleine eine konsequente Strategie zur Nutzung der organischen

Siedlungsabfälle in Verbindung mit Terra Preta könnte den Wasserverbrauch um mehr als 50 % reduzieren, weil so viel weniger verdunsten würde. Da gleichzeitig auch sehr deutliche Vorteile in der Pflanzengesundheit auftreten, ist mit EM eine Revolution in der Lebensmittelerzeugung möglich. Gleichzeitig ergäbe sich eine Revolution im Bereich Entsorgung.

Beispiele aus den Tropen zeigen, dass dort EM noch durchschlagender erfolgreich ist. Dort ist es warm und feucht. Das lieben die Mikroben. Ein schönes Beispiel ist Kolumbien. Mit Hilfe der Effektiven Mikroorganismen wurde dort eine sehr bedeutende Zucht von Bio-Garnelen aufgebaut. Der Vorteil dort war, dass man mit recht wenig chemischen Hilfsmitteln arbeitete, dafür aber geringe Erträge hatte. Aber der Druck auf die Offizialberatung wurde immer größer, weil auch die Einkommen zu gering waren. Durch Zufall kam über eine europäische Bioorganisation, die auch in Vietnam und Ecuador mit EM arbeitet, EM-Technologie zu den Shrimps in Kolumbien. Heute gelten die Bio-Shrimps in Kolumbien als die weltweit rentabelsten. Da das EM-Wasser der Farmen bei der Ernte der Shrimps ins Meer abgelassen wird und den dortigen Küstenfischen zugutekommt, entsteht ein doppelter Nutzen.

In Europa wird EM noch recht selten in technischen Bereichen genutzt. Schon 2003 haben wir in Japan erste EM-Häuser besichtigt und konnten in Thailand optimal verbauten Sichtbeton erleben, der unter den tropischen Bedingungen auch nach 20 Jahren völlig intakt ist. Auf der Grundlage dieser Erfahrung wurden zwar auch einige Gebäude in Europa mit EM und EM-Keramik in den Baustoffen erstellt. Der große Durchbruch aber lässt noch auf sich warten. Erfreulich ist, dass ein Farbenhersteller eine EM-Linie aufgestellt hat, die auch in der EM-Szene gut angesehen ist.

Eine Zwischenbilanz: Die Effektiven Mikroorganismen sind weltweit auf den Märkten angekommen. Sie sind noch lange nicht Mainstream in unserer westlichen Industriekultur. Ihre Hauptarbeitsgebiete, Landwirtschaft und Umweltschutz, werden in den nächsten Jahren weiter von den Mikroben besiedelt. Dabei helfen alle EM-Anwender mit.

ANHANG

12 Anhang

12.1 Danksagung

Zuerst ein ganz herzliches Danke-schön an Dr. Higa, den Finder der Effektiven Mikroorganismen. Seine charismatische Persönlichkeit hat viele fasziniert und überzeugt, dass ein Blick aus der Perspektive der Mikroben die Welt häufig besser erklärt. Seine Thesen im Buch „Eine Revolution zur Rettung der Erde" haben mich skeptisch, aber auch tatkräftig in die Materie einsteigen lassen.

Dank geht auch an Franz Mau, der mir eines Tages eine Flasche EM und eine Flasche Zuckerrohrmelasse ins Büro brachte. Er hatte von Frits van den Ham in den Niederlanden von EM gehört und war überzeugt, dass sich mit dieser Denkweise viele Probleme der heutigen Welt bearbeiten lassen. Dank an seinen Sohn Reinhard Mau, mit dem wir in einer jahrelangen Freundschaft profundes EM-Wissen erarbeitet haben. Er nahm uns mit nach Thailand und in andere östliche Länder, sodass wir bei vielen Fachleuten EM-Erfahrung sammeln durften.

Besonderen Dank sagen wir aber auch den vielen Menschen, die wir in EM-Technologie ausbilden durften und mit denen wir auch heute noch in regelmäßigem intensiven Kontakt stehen. Wir helfen uns gegenseitig, Fragestellungen zu konkretisieren und zu beantworten. In diesem fruchtbaren Miteinander entwickelt sich die Erfahrung immer weiter. Nicht zu vergessen sind auch die EM-Kollegen weltweit. In gegenseitigem Vertrauen wird oft kontrovers, aber immer zielführend und lösungsorientiert diskutiert. Auch wenn einige inzwischen eigene Wege gehen, weiß doch jeder, dass er sich bei Fragen an den anderen wenden kann. Uns macht es viel Freude, an der Umsetzung einer Technologie mitzuarbeiten, die einige wesentliche Fragen unserer Zeit beantwortet.

12.2 Kundenbrief

Dr. Sieverding
Tierärztliche Praxis Am Bergweg
Bergweg 20, 49393 Lohne

Kundenbrief Nr. 57, 01/06

Liebe Kundinnen und Kunden,

Wasser ist der Anfang allen Lebens. Getreu diesem Inhalt ist der erste Kundenbrief im neuen Jahr diesem so einfachen und scheinbar unendlich zur Verfügung stehenden Element gewidmet. Im vergangenen Jahr ist von unserer Praxis eine größere Anzahl von Tränkewasserproben auf ihre Keimgehalte untersucht worden. Dabei sind erhebliche hygienische Mängel aufgedeckt worden. Deshalb soll die Bedeutung des Wassers für Mensch und Tier sowie seine Position als Bestandteil der Ernährung hervorgehoben werden.

Es dauerte etwa 3 bis 4 Milliarden Jahre, bis aus dem Wechselspiel zwischen Sonne und Wasser Leben auf der Erde entstand. Die weitaus längste Periode dieser Evolution fand in den Urmeeren statt. Auch wenn die Säugetiere die Meere schon lange verlassen haben, so beginnt ihr Leben als Verschmelzung von Samen und Eizelle immer noch bei einem Wassergehalt von fast 99 %.

Als Säugling besteht der Mensch zu fast 90 % aus Wasser. Im Kleinkindalter verringert sich sein Gehalt auf annähernd 80 %. Beim Erwachsenen beansprucht das Wasser noch 70 % vom Körper. Als alter Mensch sinkt der Wassergehalt auf 60 % ab. Anhand dieser Mengenverhältnisse wird verständlich, wie wichtig Wasser für den Organismus ist. Eine ähnliche Verteilung zwischen flüssigen und festen Bestandteilen zeigt sich übrigens auch auf unserem Mutterplaneten Erde.

Während fast drei Viertel der Erdoberfläche von Wasser bedeckt werden, sind nur etwas mehr als ein Viertel Festland.

Wasser ist neben der Atemluft unser wichtigstes Lebensmittel. Bei einem Menschen mit einem Gewicht von 70 kg befindet sich 60 % des Wassers in den Zellen, 30 % des Wassers liegt zwischen den Zellen und nur 10 % befindet sich in den Blutgefäßen. Auch wenn unser Blutgefäßsystem mit 10 % nur den kleinsten Teil der flüssigen Körpermasse enthält (etwa 5 bis 7 Liter), ist ein intaktes Gefäßsystem absolut lebensnotwendig.

Problematisch wird es, wenn dieses Gefäßsystem verengt oder verstopft ist, d. h. wenn die Gefäße verkalkt sind und kein ausreichender Blutfluss mehr stattfinden kann. Fast die Hälfe aller Todesfälle in den westlichen Industriegesellschaften entstehen infolge eines solchen Gefäßverschlusses am Herzen (Herzinfarkt), im Gehirn (Schlaganfall) oder den Beinen (Gangrän). Nach dem Blut folgt als wasserreichstes Organ das Gehirn, was einige verwundern wird.

Praktisch alle Lebensvorgänge laufen über das Körperwasser im Inneren der Zelle wie auch außerhalb der Zelle. Darüber hinaus dient das Wasser als Wärmeleiter, als Transportmittel, als Lösungsmittel, als Puffersystem, als Ausgleich für den Wärmehaushalt, als Füllstoff und Polsterung und nicht zuletzt als Reinigungsmittel und -vehikel im Körper. Zum Letzteren ist zu sagen, pro Tag werden in der Niere etwa 180 Liter Flüssigkeit ausgeschieden, filtriert und durch Wasserentzug auf wenige Liter Harn aufkonzentriert. Bei diesem Vorgang werden lebenswichtige Stoffe, wie z. B. Eiweiße und Mineralien, rückresorbiert, andere werden als harnpflichtige Stoffe (darunter Salze, Säuren, Schwermetalle, Stoffwechselabbauprodukte) wieder ausgeschieden.

Der Mensch sollte täglich mindestens zwei bis drei Liter reines Wasser (nicht Kaffee, nicht Tee, nicht Milch oder Fruchtsäfte, sondern klares Wasser) verteilt über den Tag zu sich nehmen. Dies ist Grundlage für eine belastbare Gesundheit. Wenn auch der Wasserqualität beim Menschen auf Grund seiner langen Lebenserwartung eine weitaus höhere Bedeutung zukommt, ist die Wasserbeschaffenheit auch in der Tierhaltung nicht minder wichtig.

12.3 Wasser und EM-Keramik

von Daniel Zippel

Unser Planet ist blau, weil das vorherrschende Wasser auf seiner Oberfläche und in der Atmosphäre Licht im blauen Spektrum am stärksten reflektiert. Das Leben auf der Erde ist ohne Wasser undenkbar. Es kam wahrscheinlich aus dem Universum mit Meteoriten und Kometen im Eis auf den jungen Planeten und entfaltete sich in den Meeren. Fast alle Lebensvorgänge basieren daher auf Wasser als Medium. Die Eroberung des festen Landes

durch das Leben konnte daher nur unter Mitnahme des Meeres im Körper der Landlebewesen geschehen.

Viele Prozesse, die sich außerhalb des Körpers im Meerwasser abgespielt haben, mussten auf wässriger Basis in den Körper verlegt werden, bezeichnenderweise mit dem gleichen Salzgehalt wie in den Urmeeren. Wasser spielt also als Medium des Lebens auf unserem Planeten die entscheidende Rolle.

Wasseranomalien

Einige besondere physikalische Eigenschaften, die sogenannten Anomalien des Wassers, setzen es ab von Verbindungen, die nach der Systematik des Periodischen Systems der Elemente mit ihm verwandt sind. Die aus diesen Anomalien resultierenden Verhältnisse geben dem Leben seine Existenz-Nische.

Statt bei 0 °C hat Wasser seine höchste Dichte bei 4 °C. Bei 4 °C sind die Wassermoleküle maximal chaotisch ineinander verschachtelt und nehmen daher am wenigsten Platz weg. Unter 4 °C nimmt die kristalline regelmäßige Anordnung der Moleküle immer mehr zu, die wieder mehr Raum in Anspruch nimmt. Deshalb schwimmt das kältere (weniger dichte) Eis auf dem wärmeren (dichteren)

Wasser und schützt das Leben darunter.

Eigentlich müsste Wasser bei −120 °C schmelzen statt bei 0 °C und bei −100 °C sieden statt bei +100 °C. Die kritische Temperatur, oberhalb derer Wasser in gasförmigem Zustand sich unter Druck nicht mehr verflüssigen lässt, ist 374 °C. Eigentlich müsste sie bei 50 °C liegen.

Wasser braucht doppelt so lange zur Wärmeaufnahme wie theoretisch berechenbar. Seine Oberflächenspannung ist zehnmal größer als zu erwarten wäre. Wasser hat eine enorm hohe Wärmespeicherfähigkeit. Damit ist Wasser für den moderaten und relativ ausgeglichenen Temperaturhaushalt als Blut der Erde und in Körperflüssigkeiten verantwortlich. Es transportiert und reguliert Wärme. Es ist ein sehr gutes Lösungsmittel. Es kommt als einziger Stoff bei den auf der Erde verbreitet auftretenden Temperaturen in allen drei Aggregatzuständen (fest, flüssig, gasförmig) gleichzeitig nebeneinander vor.

Eine weitere Besonderheit des Wassers ist der fließende Übergang zwischen den Aggregatzuständen. In den Adern eines Eiskristalls ist immer noch flüssiges Wasser zu finden. Der kristalline Zustand beginnt bei 0 °C zu schmelzen und ist erst bei 42 °C endgültig beendet, wie auch die Lebensmöglichkeit des Menschen und vieler Lebensformen. In diesem Übergangsbereich befindet Wasser sich im Zustand eines Flüssig-Kristalls. Bei 37,5 °C ist die spezifische Wärmekapazität von Wasser am geringsten.

Wasserstruktur, Cluster

Diese Anomalien und besonderen Eigenschaften des Wassers werden hauptsächlich auf eine Besonderheit im Bindungscharakter des Wassermoleküls zurückgeführt, die Wasserstoffbrückenbindung. Das Wassermolekül (H_2O) setzt sich aus einem Sauerstoff-Atom (O) und zwei Wasserstoff-Atomen (H_2) zusammen, die durch gemeinsame Elektronenpaare verbunden sind.

Sauerstoff und Wasserstoff sind sehr ungleiche Partner, weil der Sauerstoff eine viel höhere Elektronegativität hat. Deshalb werden die gemeinsamen Elektronen sehr stark zum Sauerstoff hinübergezogen, die beiden Wasserstoffatome zeigen daher nach außen ihre positive Ladung, während der Sauerstoff die negative Ladung der Elektronen um sich versammelt. Zwar ist die Anzahl von Protonen und Elektronen in dieser Verbindung ausgeglichen, doch entsteht durch die ungleiche Ladungsverteilung ein Dipol mit einer negativen und einer positiven Seite.

Diese Dipole ziehen sich mit ihren unterschiedlichen Ladungsseiten gegenseitig an und bilden die Wasserstoffbrückenbindung. Die Wassermoleküle, die durch Wasserstoffbrücken miteinander verbunden sind, bilden dadurch Flüssigkristalle, die sogenannten Cluster. Sie entstehen ständig und zerfallen auch wieder. Je mehr Energie dem Wasser durch Bewegung in der natürlichen Wirbelbildung und/oder durch elektromagnetische Strahlung (z. B. Wärme) zugeführt wird, desto geringer ist die Neigung zur Bildung großer Cluster-Strukturen.

Die durchschnittliche Größe dieser ständig entstehenden und sich wieder auflösenden Cluster ist also ein Indikator für den Grad der Energetisierung des Wassers. Wird dem Wasser Energie entzogen, steigt die durchschnittliche Größe der Cluster-Strukturen. Die Cluster-Größe bestimmt die Fähigkeit des Wassers, andere Stoffe zu durchdringen oder zu umschließen.

Große Cluster gehen schwerer durch Zellwände oder Kapillaren und sind wegen geringerer Berührungsflächen weniger gut in der Lage, andere Stoffe zu umlagern und damit zu transportieren. Der ungestörte Naturkreislauf des Wassers durch die Erdkruste und Atmosphäre sorgt mit unterschiedlichen Mitteln immer wieder für eine Energiezufuhr ins Wasser und damit für eine Verkleinerung

oder Auflösung der Cluster-Strukturen. Dies ist eine Grundbedingung für eine regenerative Entwicklung des Lebens.

Wasser als Informationsträger

Der Dipolcharakter des Wassermoleküls bestimmt eine weitere Eigenschaft des Wassers: Es ist durch Magnetismus beeinflussbar. Wie ein Tonband die Tonschwingungen durch einen Wechsel der Magnetisierung der kleinsten Eisenteilchen aufzeichnet und speichert, so speichern Wassermoleküle und -cluster Schwingungen von energetischen Einstrahlungen jeder Art und die elektromagnetischen „Fingerabdrücke" von Stoffen, die im Wasser gelöst oder als Feststoffe enthalten sind oder waren. Abhängig von den weiteren Einflüssen, denen das Wasser ausgesetzt ist, können diese energetischen Spuren im Wasser über sehr lange Zeit gespeichert bleiben, auch wenn die Stoffe längst aus dem Wasser entfernt wurden.

So ist Wasser auch und ganz besonders ein Transporter nicht nur von stofflicher Substanz, sondern von elektromagnetischen Informationen. Im Stoffwechsel des Lebendigen ist, entgegen der unmittelbar wahrnehmbaren Bedeutung des stofflichen, das feinstoffliche (auf Schwingungs-Informationen basierende) Element von viel größerer Bedeutung. Ohne Koordination auf der Informationsebene kann im Organismus keine stoffliche Zuordnung stattfinden. Je besser die Kommunikationsebene im Zellstoffwechsel z. B. über Biophotonen (sehr schwache ultraviolette Laserlichtblitze, mit denen Zellen untereinander und intern kommunizieren) funktioniert, desto vollkommener ist auch der stoffliche Stoffwechsel.

Bei höherer Bewusstseinsentwicklung ist sogar ein rein energetischer Stoffwechsel zur Aufrechterhaltung des Lebens jenseits unserer Normen möglich. Stoffwechselstörungen, also krankhafte Entwicklungen, haben also immer eine Wurzel in einer energetischen Kommunikationsstörung.

Wasser als Mittler von Informationen ist daher auch die Basis einer Informationsmedizin, die in das elektromagnetische Schwingungsgefüge des Lebens korrigierend oder ausgleichend eingreift, der Homöopathie. Je stärker die Verdünnung (und damit die Abnahme seines stofflichen Aspekts) eines

Homöopathikums ist, desto stärker und auf alle Ebenen des Seins ausgreifend ist seine Wirkung. Wasser transportiert ohne Wertung die unterschiedlichsten Informationen in den Organismus oder im Organismus. Es hat einen stark verbindenden Charakter, global wie lokal.

Kolloidalzustand

Die stoffliche Ebene des Lebens braucht zur Aufrechterhaltung einen speziellen physikalischen Zustand, in dem sich Feststoffe in Wasser oder Köperflüssigkeiten befinden müssen: den *Kolloidalzustand*. Diesen unter Aufbietung aller Möglichkeiten aufrecht zu erhalten ist eine weitere Grundbedingung des Lebens. Ein Kolloid ist ein festes Teilchen aus wenigen Atomen, von einer elektrischen Ladungsschicht umgeben. Durch die gleichnamige Ladung stoßen sich die Kolloide in einer Flüssigkeit immer ab und sind dadurch ständig in Bewegung. Sie setzen sich niemals ab.

Entzieht man einem System im Kolloidalzustand durch Zufuhr elektronenraubender Chemikalien oder elektromagnetischer Stör-Felder Energie, so kommt es zu einer Entladung der Kolloide. Sie bilden dann größere Aggregate, die in einer Flüssigkeit der Schwerkraft folgend zu Boden sinken, sich absetzen. In Körperflüssigkeiten ist dies das Ende des Lebens. Beispielsweise befinden sich Eiweißstrukturen im Lebendigen immer im Kolloidalzustand. Erhitzt man sie über 42 °C, verlieren sie ihren Kolloidalzustand, indem sie ausflocken.

Der Wasserkreislauf in der Natur

Der ungestörte Wasserkreislauf in der Natur hat also vereinfacht gesehen folgende Funktionen hinsichtlich der Wasserregeneration: Wasser verdampft in die Atmosphäre und steigt in immer kleiner werdenden Tröpfchen bis hinauf in die höchsten Atmosphäreschichten. Dort sind Wassertröpfchen unvorstellbar klein, haben ideale Kugelform und bestehen fast nur noch aus Oberfläche. Je kleiner ein Tropfen ist, desto größer ist seine Oberfläche im Verhältnis zu seinem Inhalt.

Hier in der Ionosphäre nimmt das Wasser mit seiner maximalen Oberfläche kosmische Energie und Informationen in Form von z. B. Photonen auf. Es macht sich durch Luftströmungen und Temperaturgefälle wieder an den Abstieg und kommt als Regen oder Nebel wieder zur Erde oder ins Meer. Es wird durch Verwirbelung in vertikaler und horizontaler Strömung im Meer fortwährend energetisiert und nimmt dabei z. B. auch die unterschiedlichen energetischen Qualitäten der verschiedenen Mondphasen auf. Auf dem Land versickert es und gibt aus dem Boden und der Luft gelöste Stoffe an tiefere Bodenschichten und poröse Gesteinskörper wieder ab.

Während der Durchströmung der Erdkruste wird es fortwährend mikro- und makroverwirbelt und durchtritt die Magnetlinien des Erdmagnetfeldes in allen erdenklichen Richtungen. Es nimmt die elektromagnetischen Schwingungen der Kristalle des durchströmten Gesteins auf und löst Stoffe aus dem Gestein und nimmt auch feste Substanzen mit.

Wenn das Wasser dann von allein gegen die Schwerkraft in permanenter Verwirbelung in der Erdkruste aufsteigt, sortiert es in der Wirbelströmung die größeren und schwereren Stoffe, wie radioaktive Elemente oder Schwermetalle, aus und kommt mit kleinsten Mineralteilchen an der artesischen Quelle zutage. Die bei Verwirbelung entstehende elektrostatische Aufladung sorgt dafür, dass die Mineralien im Kolloidalzustand sind.

Ein solches Wasser ist in einem hohen natürlichen Energiezustand mit großer innerer Oberfläche und starker Photonenemission und transportiert lebenswichtige Spurenelemente und Mineralien in optimaler Stoffwechsel-Verfügbarkeit, im Kolloidalzustand. Es unterstützt das Lebendige durch sein hohes Energieniveau und verbindet das Leben über Informationen räumlicher und zeitlicher Qualität mit dem Kosmos. Es hat genügend freie Kapazitäten für Transportfunktionen im Organismus, weil es nicht mit Chemikalien überladen ist.

Mensch und Wasser

Die menschlichen Einflüsse verändern diese ideale Qualität in vielen Fällen. In der Atmosphäre kommt das Wasser mit industriellem Feinstaub

Wasser nimmt energetische Schwingungen auf und löst Stoffe aus Gestein.

und Gasen in Kontakt und nimmt diese auf. Es wird durch künstliche Radioaktivität und Elektrosmog entladen und mit lebensfeindlichen Informationen belastet. So kommt es als saurer Regen zur Erde. Energiearm und voller Störinformationen kann es alle Ökosysteme, z. B. Wald, Teiche, Seen und Meere, nicht vitalisieren, sondern belastet diese zusätzlich, indem es Energie aus diesen abzieht, um dadurch wieder stoffwechselverfügbar zu werden.

Die gelösten Chemikalien bilden Säuren, die das Puffersystem des Bodens aus dem Gleichgewicht bringen und damit ehemals festgehaltene und aus dem Verkehr gezogene Stoffe wie Aluminium lösen. Dieses Zellgift findet sich dann in oberflächennahen Quellen wieder und vergiftet sie. In den Boden gebrachte Gifte werden gelöst und in das Grundwasser getragen. Atomversuche stören das Energiegefüge des Planeten und übertragen ihre chaotischen Informationen auf Quellen und Gewässer.

Die vorherrschende globale Negativität von Gedanken und Emotionen erzeugt elektromagnetische Schwingungen im Energiefeld des Einzelnen wie auch des Planeten, die sich auf das Wasser übertragen. Leitungswasser wird durch Druck und Rohrleitungen, die nicht die natürlichen Strömungsgesetze beachten, seiner Energie beraubt. Belastungen aus dem Abwassersystem und -Recycling (Medikamentenreste, Hormone) tragen dazu bei, dass Leitungswasser im Extremfall zu hygienisiertem Brauchwasser wird. Im Stoffwechsel chemisiert es, weil es nicht im Kolloidalzustand ist, und zieht Energie ab, um die großen Clusterstrukturen (voller Altlasten auf der Informationsebene) zu verkleinern und stoffwechselverfügbar zu werden.

Mineralien liegen in anorganischen großen Aggregaten vor und können kaum verwertet werden. Die entstehenden Ablagerungen belasten die Vitalität des Organismus als Abfall-Deponien. Mineralwasser darf legal mehr Schadstoffe enthalten als Leitungswasser. Es wird mit Tiefbohrungen und Hochdruckpumpen unreif der Erde entrissen und dabei zusätzlich energielos gemacht. Die widernatürliche Gewalt reißt große Mineralkomplexe, radioaktive Elemente und Schwermetalle mit sich. Mineralwasser wird mit dem Abfallprodukt der Zellatmung – Kohlensäure – oder durch Bestrahlung bzw. Ultrahocherhitzung haltbar gemacht. Kein Wunder, dass energetisch geschwächte Menschen, Alte und Kranke, Schwierigkeiten haben, größere Mengen davon zu trinken. Der schwache Organismus zeigt einen gesunden Abwehrreflex gegen starke Energieverluste. So entsteht ein Schlamassel, den alle auslöffeln müssen, da sich niemand der globalen Integration durch das negative Energiefeld, das auch das Wasser negativ informiert, entziehen kann.

EM-Keramik

Der Mensch hat die Mittel, die selbst verursachte Misere zum Guten zu wenden. Gebete und positive Gedanken übertragen ihre Schwingungen auf das Wasser, das sie weiterträgt und alles damit integriert. EM reinigt das Wasser oder sorgt dafür, dass es gar nicht erst verschmutzt wird. EM-Keramik gibt die gute Energie dazu.

Zitat von Prof. Higa: „*Der einzigartige Kibushi-Ton ist für die Herstellung der EM-Keramik ausgewählt. Er enthält organisches Material von Pflanzen, die 1 Mio. Jahre alt sind, welches dann die Nahrung von EM wird. Die urzeitlichen Mikroben haben noch Enzyme gebildet. EM, urzeitliche Mikroorganismen und Pflanzen, sie alle kommen in der EM-Keramik zusammen. Es ist, als ob die Ewigkeit der Geschichte in der Keramik eingeschlossen wäre!*"

Eine Modellvorstellung von der Wirkungsweise und ihrer Entstehung: Durch die Fermentation des Tons mit EM kommt es zu stofflichen Umsetzungen und Reifungsprozessen, evtl. restliche Schadwirkungen von Bestandteilen des Tons werden dabei von EM in harmlose Verbindungen zerlegt. Enzyme und andere positive Stoffwechselprodukte reichern sich im Ton an. Die kristalline Matrix der Tonmineralien speichert die typischen energetischen Fingerabdrücke dieser Substanzen und Organismen bei der Fermentation. Beim Brennen des Tons werden diese Schwingungen fixiert, während die verursachenden Mikroorganismen mehrheitlich absterben. Aber ihre energetische Botschaft ist in die Keramik eingebrannt. Die Keramik-Struktur wirkt nun als permanenter Transformator von formloser allgegenwärtiger kosmischer Energie in typische elektromagnetische Schwingungen, die gleichartigen Organismen in der Umwelt eine energetische Basis positiver Resonanz bietet. Zusätzlich wird durch diese Transformation elektromagnetische Strahlung im langwelligen Infrarot-Bereich (Far infrared) abgegeben, die in ihrer Tiefengewebswirksamkeit außerordentlich aktivierend heilsam ist.

EM-Keramik und Wasser

Wie kann nun Wasser von EM-Keramik beeinflusst werden? Die von der Keramik abgegebene elektromagnetische Strahlung energetisiert das Wasser. Es werden dabei große Cluster-Strukturen in wesentlich kleinere zerlegt. Homöopathische Altlasten-Schwingungen werden dabei gelöscht. Die elektromagnetischen Einflüsse der Keramik sind so stark, dass sie sogar die Kristallstruktur von im Wasser gelöstem Kalk verändern, wie dies sonst bei magnetischer Wasserbehandlung beobachtet wird.

Das nun energetisch erneuerte Wasser steht für den Transport neuer Informationen zur Verfügung. Die typischen Schwingungen der beim Brennen der Keramik fixierten Substanzen und Mikroorganismen werden von der Keramik abgestrahlt und auf das Wasser übertragen. Sie bilden ein probiotisches, lebensförderndes Resonanzfeld, das pathogenen Keimen degenerativen Typs kein gedeihliches Umfeld beschert, da diese ein anderes Schwingungsspektrum haben.

So ist zu erklären, warum durch EM-Keramik energetisiertes Wasser generell viel besser gegen Verkeimung im negativen Sinn geschützt ist. Das ermöglicht z. B. die Herstellung von Naturkosmetik ohne Konservierungsmittel oder die reduzierte Chlordosierung im Schwimmbad.

Welches Wasser nehmen für EM?

Grundsätzlich sollte Wasser immer mit EM-Keramik behandelt werden, um den effektiven Mikroorganismen ein unterstützendes Hintergrundfeld für ungestörte Entwicklung zu bieten. Durch die Behandlung möglichst mehrere Stunden oder praktischerweise über Nacht werden die Clusterstrukturen im Wasser verkleinert. So kann Wasser als Medium des mikrobiellen Stoffwechsels die Zellwand leichter durchdringen. Es ist einfach fließfähiger.

Bei Verwendung von Leitungswasser kann Chlor über Nacht ausgasen, wenn es mit EM-Keramik behandelt wird. Optimal ist ein gutes Quellwasser, wenn es mit vertretbaren Mitteln erreichbar ist. Quellwasser ist ein unbehandeltes Wasser, das ohne technische Mittel und Manipulationen direkt an der Quelle abgefüllt wird. Es hat noch seine ursprüngliche natürliche Quell-Energie. Ist der Aufwand hinsichtlich Transport und Kosten zu hoch, um Quellwasser zu bekommen, kann man Leitungswasser auch reinigen. Der Einfachheit und Kostenersparnis halber bieten sich Filter auf Aktivkohlebasis an. Umkehrosmose oder Dampfdestillation ist verhältnismäßig aufwendig hinsichtlich Wasser- bzw. Energieverbrauch.

Wie viele Pipes pro Liter?

Je mehr Pipes im Wasser sind, desto schneller verläuft der Energetisierungsprozess. Bei größeren Wassermengen rechnet man zwei Beutel Pipes oder zwei 35-mm-Pipes pro 5 bis 10 Kubikmeter, z. B. bei einer Zisterne. Bei kleineren Wassermengen wird nach Gefühl oder Faustregel dosiert, z. B. 20 Pipes pro Liter. Das kann aber auch zu viel sein. Für einige reicht es, ein Pipe auf einen Liter Wasser zu geben.[1]

12.4 Krankenhaushygiene: Raum für fiese Keime

Im *Spiegel* Nr. 45 vom 7.11.2005 beschreibt der britische Chirurg und Bakteriologe Mark Spigelman, University College London, in einem Interview, wie und warum Joghurt eine Hilfe bei der Eindämmung der multiresistenten Keime sein kann.

Natürlich sei eine wirksame Desinfektion immer die Voraussetzung, dass pathogene Keime sich nicht übermäßig ausbreiten, und für einen Chirurgen besonders wichtig. Dann aber seien die Hände auch frei von den erwünschten Bakterien. Diese Situation sei weder für die Weiterentwicklung der Hygiene im Operationssaal noch für seine Hände erwünscht,

da mit der Desinfektion auch alle nützlichen Hausbakterien abgetötet seien. Bakterien können nicht übereinander wachsen. Deswegen sei es sinnvoll, die Hände mit einer Schicht erwünschter Bakterien zu überziehen. Solange die harmlosen Keime auf den Händen dominieren, können sich dort die MRSA nicht etablieren.

Besonders interessant an diesem Interview ist die nächste Passage: Wirklich ausprobiert habe er diese Vorgehensweise bisher nicht. Er wolle nur eine Diskussion anstoßen. Er kritisiert, dass die Medizin mit der Fixierung auf Desinfektion auf einer Technologiestufe steckengeblieben sei, die noch aus der Zeit vor den Antibiotika stammt. Seit mehr als 40 Jahren gebe es das Problem der MRSA und dennoch bleibe man bei der Strategie, die zu diesem Problem geführt habe. Seine Idee: Was wir wirklich versuchen müssten, wäre, antibiotikafreie Krankenhäuser zu gründen.

Sucht man weiter im Internet mit den passenden Schlagwörtern, so sind (fast) unzählige Vorschläge und Anweisungen zu finden, die den alten Regeln folgen. Gibt man aber „Sitzmann 4/2001" ein, erscheint

[1] Quelle: Daniel Zippel, Köln; Quelldorado@aol.com

ein Schriftstück über sinnvolle und wirkungsvolle Therapien bei MRSA. Nach einer phasengerechten antiseptischen Behandlung, zum Teil auch mit Phytotherapeutika, sollte man eine Rekolonisation des Patienten mit Joghurt-Packungen und Essig-Abwaschungen machen. Auch die Wundpflege mit biochirurgischen Methoden (Made einsetzen, Honig) werden dort genannt.

Wahrscheinlich hat ein Mensch mit Namen Sitzmann im Jahre 2001 genau den Weg vorgeschlagen, der zur Minderung von ganz viel Schmerz bei sehr vielen Patienten führen würde.

Trotz seiner Erkenntnisse wagte es der Chirurg und Bakteriologe Mark Spigelman nicht, aus der engen Zwangsjacke der gesetzlichen Vorschriften auszusteigen, die ärztliches Handeln bestimmen.

12.5 Literatur zu Effektiven Mikroorganismen, EM und zum Verständnis von Mikroben

Bischof, Marco: Biophotonen – Das Licht in unseren Zellen. Frankfurt (ZWEITAUSENDEINS) Dezember 2005

Deep Subsurface Microbiology. Bulletin der ETH Zürich, Nr. 294, August 2004

EM-Journal, Organ des gemeinnützigen EM e. V. (erscheint alle drei Monate), ist das zentrale Kommunikationsorgan der EM-Anwender im deutschsprachigen Europa. Eine Mitgliedschaft im EM e. V. wird dringend empfohlen, da über den Verein die beste und schnellste Informationsverbreitung stattfindet. Unter www.EmeV.info können Sie einige Ausgaben des Journals aus der Datenbank herunterladen.

Henning, Erhard: Geheimnisse der fruchtbaren Böden. Xanten (Organischer Landbau-Verlag), neu aufgelegt 2011

Higa, Teruo: Eine Revolution zur Rettung der Erde. Xanten (Organischer Landbau-Verlag) 2003

Higa, Teruo: Effektive Mikroorganismen – unsere Perspektive. Heimerzheim (edition FM) 2013

Higa, Teruo und Chinen, Ryuichi: EM-Salz. Vitalität und Gesundheit durch reines Salz und Effektive Mikroorganismen. Heimerzheim (edition EM) 2014

Konemann, Elmer W.: Am anderen Ende des Mikroskops. Heidelberg (Spektrum Akademischer Verlag) neu aufgelegt 2010

Mau, Franz-Peter: EM. München (Goldmann) 2011

Rundengespräche der Kommission für Ökologie, 23, Bedeutung der Mikroorganismen für die Umwelt

**Rusch, Hans Peter: Bodenfruchtbar-
keit. Eine Studie biologischen Denkens**.
Xanten (Organischer Landbau-Verlag) neu
aufgelegt 2011

**Rusch, Volker: Bakterien – Freunde
oder Feinde?** Stuttgart (Urania Verlag)
1999 (nur noch antiquarisch verfügbar).

**Scheub, Ute et al., Terra Preta. Die
schwarze Revolution aus dem Regenwald: Mit Klimagärtnern die Welt retten
und gesunde Lebensmittel produzieren**.
München 2013

**Tanaka, Shigeru: EM-X. Über die hei-
lende Kraft von Antioxidantien aus Effektiven Mikroorganismen (EM)**. Heimerzheim (edition EM) 2010

**Zerluth, Josef/Gienger, Michael: Gu-
tes Wasser.** Saarbrücken (Neue Erde Verlag) 2004

Wissenschaftliche Literatur über EM
liegt in den englischsprachigen Zusam-
menfassungen der internationalen Wis-
senschaftstagungen von EMRO vor. Diese kann über die EM-Hersteller eingesehen
oder erworben werden.

12.6 Die Autoren

Ernst Hammes und Gisela van den Höövel

Ernst Hammes ist pensionierter Landwirtschaftsberater. Nach dem Studium der
Landwirtschaft war er Referendar in Schleswig-Holstein, machte eine pädagogische
Ausbildung in Stuttgart, war dann Landwirtschaftsberater im Kreis Vechta in Nie-
dersachsen und wechselte später zur Land-
wirtschaftskammer nach Bonn. In einem
sehr vielfältigen Berufsleben lernte er alle
Bereiche der Landwirtschaft kennen. Seit
über 20 Jahren ist das Bodenleben sein
Steckenpferd. Als er 1998 EM, die *Effektiven
Mikroorganismen*, kennenlernte, wusste er sofort: Das ist die Lösung für Landwirtschaft und Umwelt. Es folgten mehrere
Studienaufenthalte im In- und Ausland und
Vorträge bei nationalen und internationalen EM-Wissenschaftstagungen.

Hammes schrieb zahlreiche Fachartikel,
gründete den EM e.V. mit und arbeitete mit
am EM-Buch von Franz Peter Mau. Nach

seiner vorzeitigen Pensionierung baute er
die Ausbildung zum zertifizierten EM-Berater mit auf. Zusammen mit seiner Ehe-
frau Gisela van den Höövel, die wegen ihrer vielfältigen EM-Erfahrung auch in der
Beraterausbildung tätig war, hat er ein eigenes Umwelt-Beratungsunternehmen für
Haushalte, Landwirtschaft und Industrie
gegründet. Bundesweit halten sie Vorträge
und Seminare zu EM. Sie vermitteln auch
EM Fachleute aus vielen unterschiedlichen
Bereichen für Beratungen, Vorträge und
Seminare. Außerdem schreibt Ernst Hammes seit 2006 erfolgreich Sach- und Praxis-
bücher zum Thema EM.

Mehr unter:
www.umwelt-lebensberatung.de

Das Buch

Die Verfasser geben weder direkt noch indirekt medizinische Ratschläge, noch verordnen sie eine Diät ohne medizinische Beratung als Behandlungsform für Krankheiten. Ernährungsfachleute und andere Experten auf dem Gebiet der Gesundheit und Ernährung vertreten unterschiedliche Meinungen. Es werden weder Diagnosen gestellt noch Verordnungen erteilt. Die Zielsetzung dieser Veröffentlichung liegt lediglich darin, Erfahrungen und Informationen aus der Wissenschaft anzubieten und die Zusammenarbeit des Lesers mit dem Arzt zu beiderseitigem Nutzen zu unterstützen.

Die Aussagen der Autoren beruhen auf Erfahrung und einem ausgiebigen Literaturstudium. Lesen Sie selbst in den Literaturquellen nach und bilden Sie sich eine eigene Meinung.

Verantwortung für Ihr Handeln können und wollen die Autoren und der Verlag nicht übernehmen.

Probiotika und Nahrungsergänzungsmittel, die man ohne Rezept erwerben kann, verstehen wir als Hausmittel. Hausmittel zu verwenden ist nicht immer ungefährlich. Eine Mutter, die ihr Kind mit Hausmitteln behandelt, greift auf die Erfahrung der Vorfahren zurück oder auf Erkenntnisse, die in der Literatur beschrieben werden, und erzieht sich zur genauen Beobachterin.

Hausmittel zu benutzen heißt, die Verantwortung selber zu übernehmen und die Körperreaktionen sorgfältig zu beobachten. Wenn man sich nicht sicher ist, sollte man sich an jemand wenden, der in Gesundheitsfragen ausgebildet ist, also an einen Heilpraktiker, Arzt oder Apotheker.

Genehmigte Lizenzausgabe
tosa GmbH
Industriestraße 19
64407 Fränkisch-Crumbach 2020
www.tosa-verlag.de

ISBN 978-3-86313-510-2

Layout, Satz und
Umschlaggestaltung:
design cat GmbH